ARTHUR MÜLLER

AM

INH. LYDIA SLEIFIR-THON & STEFFEN THON
– TRADITION SEIT 1907 –
Goldschmiedemeister

Ich schmiede Dich ... ... für immer und ewig.

Ein Rezept zum Selbstschmieden

Trauringe à la Arthur Müller

Zutaten:

1
Brautpaar

1
geschulter Meister-goldschmied

1
persönliches Ringdesign

1
große Portion Leidenschaft

Zubereitung:

In unserer wunderschönen, über hundert Jahre alten **Goldschmiede-werkstatt** kommen wir zu dritt zusammen, um zu schmelzen, zu walzen, zu sägen und zu hämmern. Der Meister führt Sie Schritt für Schritt durch den Schmiedeprozess. **Sie werden werkeln, staunen, Neues lernen und den magischen Moment erleben, wenn aus einer Schmelze zwei Ringe für die Ewigkeit entstehen.** Den Feinschliff übernimmt der Profi, damit Sie schlussendlich ein echtes Meisterstück am Finger tragen.

Appetit bekommen?

Vereinbaren Sie jetzt einen unverbindlichen Beratungstermin, um Ihre Trauringe selbst zu gestalten und zu schmieden. **Die Beratung und das Schmiedeerlebnis sind für Sie kostenlos.** Wir berechnen Ihnen nur die Ringe und bieten on top den Rahmen für ein emotionales, intimes Erlebnis vor der Hochzeit – **weil wir lieben, was wir tun.**

Schmieden Sie Ihre Trauringe selbst!

Goldschmiede Arthur Müller · Schröderstr. 2 · 21335 Lüneburg · Tel.: (04131) 4 47 18
www.goldschmiede-arthur-mueller.de GoldschmiedeArthurMueller

BEST-OF
DAS GOLDENE KOCHBUCH

TRENDREZEPTE, MODERNE KÜCHE UND KLASSISCHE GERICHTE

450 Rezeptfotos und Abbildungen

400 Rezepte und Rezeptideen aus Deutschland und aller Welt

100 zusätzliche Infos und Tipps zu Rezeptvarianten, Lebensmittelverwendung und Zubereitung

17 Koch-, Back- und Getränkekategorien

GONDROM MEDIA

INHALT

OLYMP
STRELLSON
MAERZ MUENCHEN
Barbour
COPENHAGEN
ALBERTO Pants We Love
CARL GROSS SINCE 1925
MILESTONE
CG CLUB of GENTS
MEYER trousers for a perfect fit
DIGEL
CASA MODA
ETERNA
EUREX BY BRAX
WELLENSTEYN
VON Jungfeld
ROECKL MÜNCHEN 1839
RAGMAN
WELLINGTON OF BILMORE
GÜNSCHE
LÜNEBURG
HERRENMODE • SEIT 1902
Schröderstraße 13 • 21335 Lüneburg
Tel. 04131 31525 • E-Mail: info@guensche-mode.de • www.guensche-mode.de

LÜNEBURG
die HANSEstadt

Lüneburg – liebenswert und lebendig

Lüneburg hat zwei Gesichter: Das einer ehrwürdigen Hansestadt mit Sehenswürdigkeiten aus 1050 Jahren und ein anderes, ein frisches und sehr lebendiges Gesicht, das vor allem von den vielen Studierenden und jungen Familien in der Stadt lebt. Dabei vereint Lüneburg, seit 2007 wieder Hansestadt, Gegensätze, die sich bei näherer Betrachtung bestens ergänzen.

Auf Salz gegründet und durch Salz reich und mächtig erblüht. Das, in aller Kürze, ist Lüneburgs Vergangenheit. Heute ist Lüneburg mit rund 78.000 Einwohnerinnen und Einwohnern wirtschaftlicher Motor Nordost-Niedersachsens. Die Stadt profitiert von der Nähe zur Metropole Hamburg und steht auf den drei Säulen: hohe Lebensqualität, innovative Wirtschaft und Wissenschaft und markanter Stadtcharakter.

Die Hansestadt Lüneburg ist Oberzentrum und großer Behörden- und Gerichtsstandort. Rückgrat der Wirtschaft sind der gut sortierte Mittelstand, der Tourismus, die Universität und natürlich Großbetriebe. Für Unternehmen, die sich in Lüneburg ansiedeln wollen, bieten die großen Industrie- und Gewerbegebiete attraktive Voraussetzungen. Ein wichtiges Stichwort ist hier der Zusammenschluss der Wirtschaftsregion zwischen Lüneburg und Stade in der Süderelbe AG.

Schon lange ein Standbein der Lüneburger Wirtschaft ist der Tourismus. Seit die ARD-Nachmittagsserie „Rote Rosen" täglich den Charme der Stadt bundesweit in die Wohnzimmer strahlt, kommen die Besucher noch zahlreicher. Millionen Tagesgäste jährlich besichtigen die einzige Stadt Norddeutschlands, deren historischer Kern im Zweiten Weltkrieg unzerstört blieb.

Viel zu bieten hat Lüneburg auch den Einheimischen: Die Hansestadt wartet mit einem renommierten Drei-Sparten-Theater auf, beherbergt zahlreiche Museen, darunter das Deutsche Salzmuseum, und bietet eine bunte Vielfalt an Kultureinrichtungen. Anziehungskraft besitzt auch das Kurzentrum mit der Salztherme Lüneburg, kurz Salü – gleich neben dem 100 Jahre alten Kurpark. Und über das Gastronomie-Angebot kursiert seit Jahren das Gerücht, Lüneburg habe europaweit die zweithöchste Kneipendichte nach Madrid – fest steht: Langweilig wird es hier nie.

Hansestadt Lüneburg

LÜNEBURG
die HANSEstadt.

Liebes Ehepaar,

dies ist ein ganz besonderer Tag für Sie und ich freue mich, dass Sie sich dafür entschieden haben, in unserer schönen Hansestadt Lüneburg zu heiraten.

Liebe geht ja bekanntlich durch den Magen – oder wie ein französisches Sprichwort meint:

„Wo die Liebe den Tisch deckt, da schmeckt es am besten."

Daher möchten wir Ihnen mit dem Goldenen Kochbuch ein paar Rezepte, Ideen und Inspirationen an die Hand geben, mit denen Sie viele gemeinsame Abende gestalten können. Ich hoffe, dieses Kochbuch lässt Sie immer wieder an Ihren schönen Hochzeitstag zurückdenken.

Ich wünsche Ihnen viele schöne Stunden am Esstisch, beim Erzählen und Schwelgen in Erinnerungen. Alles Gute für Ihre gemeinsame Zukunft!

Herzliche Grüße

Ihre Claudia Kalisch
Oberbürgermeisterin der Hansestadt Lüneburg

GESAMTVERANTWORTLICH
GESTALTUNG & KONZEPT
Peter Neise

COVER, SATZ & LAYOUT
Valentina Seidel

AUTOR
Paul M. Novak

FOTOS
Anna M. Tränkner
Ariane B lle
Karl Newedel
Adobe Stock-Fotos

REZEPTE
REZEPTBEARBEITUNG
Rainer Meidinger
Peter Neise

HINWEIS:
Die Rezepte, Zutaten und Ratschläge in diesem Buch sind vom Verlag sorgfältig erwogen und geprüft, dennoch kann eine Garantie nicht übernommen werden. Eine Haftung des Verlages und seiner Beauftragten für Personen-, Sach- und Vermögensschäden ist ausgeschlossen.

HERAUSGEBER:
© Gondrom GmbH & Co. KG - Gondrom Media, Bühlstr. 4, D-95463 Bindlach
www.gondrom-media.de - support@gondrom-media.de

2. Auflage 2023 (5940-02) - ISBN 978-3-9821-5940-9 - Printed in Germany

Starters

1. KAPITEL

Salate

2. KAPITEL

Suppen & Eintöpfe

3. KAPITEL

FRIEDAs
AM WASSERTURM

Klein & schnell

4. KAPITEL

Pasta italiana & Pizza

5. KAPITEL

Kartoffeln, Reis & Co.

6. KAPITEL

FRIEDAs
AM WASSERTURM

must try

SEITE 31

Gratinierte Feigen mit Gorgonzola

SEITE 53

Gebratener Spargelsalat

SEITE 63

Pestosüppchen

Klein & schnell

4. KAPITEL

Pasta italiana & Pizza

5. KAPITEL

Kartoffeln, Reis & Co.

6. KAPITEL

Der Lüneburg-Schmuck mit echtem
Lüneburger Salz
veredelt mit 925er Sterlingsilber
Geschmack.
Das weiße Gold.
Lüneburger Pracht.
Unser Salz.
Juwelier
SÜPKE
Große Bäckerstr. 1 • Lüneburg • www.suepke.de • 04131 / 31713

SEITE 81

Fish and Chips

SEITE 94

Spaghetti alle vongole (mit Muscheln)

SEITE 115

Gnocchi mit Basilikum-Pesto

Aufläufe & Pfannen

7. KAPITEL

Beilagen & Gemüse

8. KAPITEL

Veggie & Vegan

9. KAPITEL

must try

SEITE 129

Brokkoli-Auflauf

SEITE 145

Mungobohnensalat

SEITE 157

Rote Linsen-Burger

Low Carb & Paleo

10. KAPITEL

Wok & Currys

11. KAPITEL

Fisch & Meer

12. KAPITEL

must try

SEITE 188

Avocado-Sushi mit Forellenkaviar

SEITE 205

Sesam-Rindfleischgemüse

SEITE 225

Rotbarsch in Curryrahm mit Früchten

INHALT

Fleisch, Geflügel & Wild

13. KAPITEL

Grillen & BBQ

14. KAPITEL

Hot & cold Drinks

15. KAPITEL

must try

SEITE 231

Rinderfilet mit Rosmarinkartoffeln

SEITE 249

Pulled Pork-Burger

SEITE 281

Sangria-Bowle

Cupcakes & Süßes

16. KAPITEL

Kuchen & Torten

17. KAPITEL

must try

SEITE 287

Lava Cake (mit flüssigem Kern)

SEITE 315

American Cheesecake

Kapitel-Icons

- Starters (Vorspeisen)
- Salate
- Suppen & Eintöpfe
- Klein & schnell
- Pasta italiana & Pizza
- Kartoffeln, Reis & Co.
- Aufläufe & Pfannen
- Beilagen & Gemüse
- Veggie & Vegan
- Low Carb & Paleo
- Wok & Currys
- Fisch & Meer
- Fleisch, Geflügel & Wild
- Grillen & BBQ
- Hot & cold Drinks
- Cupcakes & Süßes
- Kuchen & Torten

KAPITEL-ICONS

Diese befinden sich immer auf der **rechten Buchseite oben** und leiten durch die vielfältigen Kategorien von Speisen, Getränken und Backwaren. Zusätzlich helfen die in den entsprechenden Kategoriefarben dargestellten Rezeptnamen und Zutatenkästen zur Orientierung.

HINWEIS

Im Kapitel „Veggie & Vegan" befinden sich ausschließlich Rezepte dieser Ernährungsform. Weitere Zubereitungsarten in vegetarischer oder veganer Form sind jedoch auch in vielen anderen Kapiteln wie ● Salate, ● Suppen & Eintöpfe, ● Kartoffeln, Reis & Co. etc. zu finden.

Kapitel-Icon

(hier 9. Kapitel „Veggie & Vegan")

Rezeptname

Raw Food Bowl (Buddha Bowl)

Rezept-
anleitung
mit Steps

1 Spinatblätter waschen und trocken tupfen, Cherrytomaten abspülen, trockenreiben und halbieren. Salatgurke waschen und auf einem Küchenhobel in feine, lange Streifen schneiden. Radieschen vom Bund abschneiden, putzen, waschen, trockenreiben und in feine Scheibchen schneiden.

2 Die Paprikaschote waschen, halbieren, Kerngehäuse und Scheidewände entfernen und in dünne, längliche Streifen schneiden. Die Kichererbsen in ein Sieb abgießen, kurz abspülen und abtropfen lassen. Tofu roh in Würfel schneiden oder - nach Belieben - auch in etwas Olivenöl in der Pfanne anbraten.

3 Den Rotkohl halbieren, die äußeren Blätter entfernen und auf einem Küchenhobel fein reiben. Rotkohl kann man roh genießen oder auch weichkochen. Zutaten in vier mittelgroße Bowls (Schüsseln) geschichtet und voneinander getrennt einfüllen und die Kichererbsen und den Tofu mit Sesamsaat bestreuen.

4 Für das Dressing verrührt man das Olivenöl, die Tahini-Paste, die Sojasauce und den Ahornsirup zu einer Würztunke und schmeckt diese mit Salz und Pfeffer ab. Das Dressing kann man in Schälchen zum Tunken bereitstellen oder als Marinade direkt über die Rohkost geben.

ZUTATEN 4

150 g Spinatblätter
100 g Cherrytomaten
1 Salatgurke
100 g Kichererbsen (gekocht)
1 Bd. Radieschen
1 gelbe Paprika
½ Rotkohl
200 g Tofu Natur
50 g Sesamsaat
8 EL Olivenöl
4 EL Tahini-Sesampaste (dunkel)
2 EL dunkle Sojasauce
1 EL Ahornsirup
Salz und Pfeffer

VEGAN

Zubereitung: ca. 35 Min.

Einkaufsliste

Portionen

Die in den Rezepten genannten Zutaten sind jeweils für die als Portionen angegebenen Mengen errechnet. Hierbei handelt es sich jedoch immer nur um Erfahrungswerte, Abweichungen werden durch das jeweilige Essverhalten bestimmt.

Einheiten (Teller, Schüsseln, Gläser etc.)

Teller	Schüssel/ Bowl	Pizza	Glas/ Becher
Cookie	Cupcake/ Muffin	Gebäck/ Tortenstück	Cake-Pop

Besondere Ernährungsformen im Buch

VEGGIE (Vegetarisch)	VEGAN (Vegan)	LOW CARB (Low Carb)	PALEO (Paleo)
Verzicht auf Lebensmittel tierischen Ursprungs, außer Milch und Milchprodukte, Eier, Honig	Verzicht auf Lebensmittel tierischen Ursprungs	Low = wenig Carb = Kohlenhydrate Gewinnung der vom Körper benötigten Energie aus Fett bzw. Fettreserven	Steinzeit-Ernährung oder Steinzeitdiät genannt, mit Fokus auf hohe Lebensmittelqualität und Nachhaltigkeit

Maßeinheiten und Mengenangaben

EL	Eßlöffel	ml	Milliliter
TL	Teelöffel	cl	Zentiliter (10 ml)
g	Gramm	l	Liter (1000 ml)
kg	Kilogramm (1000 Gramm)	Bd.	Bund (ein kleiner Strauß)
Stk.	Stück	Zweig	einzelner Zweig aus einem Bund
Pck.	Packung/Päckchen	Msp.	Messerspitze (0,1 - 0,5 g in Pulverform)
Spr.	Spritzer/Spur	Pr.	Prise (was zwischen Daumen und Zeigefinger passt)

Brokkoli-Cremesuppe

OW CARB

Portionen/
Einheiten
(Teller, Schüsseln, Gläser etc.)

ZUTATEN 4

VEGGIE

1 Brokkoli
1 Zwiebel
1 Knoblauchzehe
½ Bd. Petersilie
2 EL Olivenöl
750 ml Gemüsebrühe
100 ml Kochsahne
Salz und Pfeffer
4 TL Kokosmilch
2 TL Chiliflocken
1 EL Salatkerne Mix
1 Zweig Minze

Zubereitung: 30 Min.
Garzeit: ca. 20 Min.

Einkaufsliste

Mengen-
angaben

1 Brokkoli in Röschen teilen, waschen und abtropfen lassen, den Strunk schälen und in kleine Stücke schneiden. Zwiebel schälen, halbieren und klein schneiden, Knoblauch schälen und klein hacken. Petersilie abspülen, trocken tupfen und fein hacken.

2 In einem großen Topf Olivenöl erhitzen, Zwiebel und Knoblauch …in 2-3 Min. anschwitzen und mit Gemüsebrühe aufgießen. …al kurz aufkochen lassen und Hitze reduzieren. Brokkoliröschen u… …runkstücke hinzugeben und 15 Min. köcheln lassen. An…ßend Sahne und Petersilie unterrühren und alles mit Salz und …fer abschmecken.

3 M…em Stabmixer die Suppe fein pür…n, vom Herd nehmen und in …rn portionieren. Jeweils …einem TL Kokosmilch, etwas C…locken, einigen Minzebl…hen und Salatkernen dekorier… und warm servieren.

Besondere Ernährungsform
(hier „Veggie" = Vegetarisch)

Zeitangaben

Anwendungbeispiel:

Zucchini-Parmesan Chips

Zubereitung: (reine Arbeitszeit)	15 Minuten
Kühl-/Ruhezeit: (reine Kühl-/Ruhezeit)	15 Minuten
Gar-/Backzeit: (reine Gar-/Backzeit)	20 Minuten
Gesamtzeit:	50 Minuten

Bei vielen Rezepten könne parallel zu den Gar- und Backvorgängen andere Zubereitungsschritte ausgeführt werden. Dadurch verkürzt sich die Gesamtzeit der Herstellung des Gerichts.

Die in den Anleitungen genannten Zeiten sind **Erfahrungswerte** und können, je nach Fähigkeiten und unterschiedlichsten Kochgeräten, sowohl nach oben, als auch nach unten abweichen.

QR-Code für die Einkaufsliste

Mit einem Smartphone/Tablet über die Kamerafunktion oder eine QR-Code App die Codes in den Zutatenlisten einscannen.

Beim Öffnen der generierten PDF-Dateien erscheinen dann die gesamten und vollständigen Zutatenlisten für einen bequemen Einkauf ohne Stift und Block.

Da es sich bei den Einkaufslisten um dynamische PDF-Dokumente handelt, können diese auch interaktiv verwaltet und bearbeitet werden. Hierzu ist eine PDF-Reader App erforderlich.

Adobe Acrobat Reader

Download

JETZT BEI Google Play

Laden im App Store

Tutorial

Erdbeer-Sahnetorte

ZUTATEN 16

Für den Boden:
200 g Butterkekse
100 g Butter

Für die Füllung:
500 g Erdbeeren
600 g Vanillejoghurt
80 g Puderzucker
8 Blatt Gelatine
½ Zitrone
300 g Schlagsahne

Für den Tortenguss:
2 Pck. roter Tortenguss
250 g Erdbeerkonfitüre
2 cl Kirsch- oder Orangenlikör

Außerdem:
Gefrierbeutel,
Springform Ø 26 cm

Zubereitung: 40 Min.
Backzeit: ca. 20 Min.
Kühlzeit: mind. 3 Std.

Einkaufsliste

1 Butterkekse in einen Gefrierbeutel geben, gut verschließen und mit einer Teigwalze oder einem Topfboden krümelig zerkleinern. Anschließend in einem Topf Butter schmelzen, die Kekskrümel dazugeben und alles zu einem Teig vermengen.

2 Eine Spring-Backform leicht ausbuttern, Keksteig gleichmäßig auf dem Boden verteilen und gut andrücken. Den Keksboden ca. 20 Min. im vorgeheizten Backofen bei 160 °C Ober-/Unterhitze (Umluft 140 °C) backen. Anschließend herausnehmen und auskühlen lassen.

3 Erdbeeren in einem Sieb waschen, einige Exemplare zur Deko zur Seite legen und den Rest an den Stielansätzen gerade abschneiden. Die Erdbeeren in der Springform, mit der Schnittfläche nach unten, auf dem Keksboden stellen und gleichmäßig verteilen.

4 Gelatine-Blätter in kaltem Wasser 5 Min. einweichen, Sahne mit einem Handrührgerät oder der Küchenmaschine steifschlagen.

5 Zwischenzeitlich Joghurt, Puderzucker und den Saft einer halben Zitrone in einer Schüssel glattrühren. Die Gelatine leicht ausdrücken und in einem Topf bei geringer Hitze auflösen. Danach Gelatine mit einem Schneebesen unter den Joghurt rühren und die geschlagene Sahne vorsichtig unterheben. Anschließend die Joghurt-Sahnemasse zügig in der Backform auf den Erdbeeren verteilen, oben glattstreichen und die Torte für m[illegible] Std. kaltstellen.

6 Erdbeerkonfitüre in einem Topf mit dem Likör erhitzen, glattrühren, vom Herd nehme[illegible] Tortenguss-Pulver einrühren. Ist der Guss zu fest, etwas Wasser oder Saft hinzugeben. An[illegible]ießend sofort auf der Torte verteilen, glattstreichen und die Erdbeer-Sahnetorte 1-2 Std. kaltstellen. Zum S[illegible]ren mit den restlichen Erdbeeren dekorieren.

Zeitangaben
(Zubereitung, Gar-/Backzeit, Kühlzeit etc.)

QR-Code für die Einkaufsliste
(einfach scannen und alle Zutaten erfassen)

MENÜVORSCHLÄGE

Romantik pur

VORSPEISE
Gratinierte Feigen mit Gorgonzola - S. 31

•

HAUPTSPEISE
Lachscurry mit schwarzem Reis - S. 215

•

DESSERT
Lava Cake - S. 287

•

DRINK
Whipped Coffee - S. 272

Vegetarisches Menü

VORSPEISE
Rote Linsen-Suppe - S. 64

•

HAUPTSPEISE
Tofu-Austernpilze - S. 167

•

DESSERT
Blätterteig Himbeermascarpone - S. 290

•

DRINK
Golden Milk - S. 275

Gartenparty

APERITIF
Aperol Rosé - S. 283

•

VORSPEISE
Hirtensalat mit Feta - S. 43

•

HAUPTSPEISE
Makrelen mit Grillgemüse - S. 255

•

DRINK
Sangria-Bowle - S. 281

• Mit Freunden •

SNACK
Focaccia mit Antipasti - S. 27
•
VORSPEISE
Pestosüppchen - S. 63
•
HAUPTSPEISE
Mangoldrouladen mit Süßkartoffeln - S. 200
•
DRINK
Espresso-Tonic - S. 279

• Veganes Menü •

VORSPEISE
Rote Bete-Carpaccio - S. 149
•
HAUPTSPEISE
Quinoa-Auberginen - S. 175
•
DESSERT
Seidentofu-Kokoscreme - S. 306
•
DRINK
Power-Smoothie mit Matcha - S. 269

• 4 Kids •

DRINKS
Erdbeer-Mangosmoothie - S. 271
Melonen-Limo - S. 279
•
HAUPTSPEISE
Gratinierte Zucchinischiffchen - S. 35
•
SÜSSES
Dreierlei Cake-Pops - S. 298-299
Donuts - S. 319

Starters

1. KAPITEL

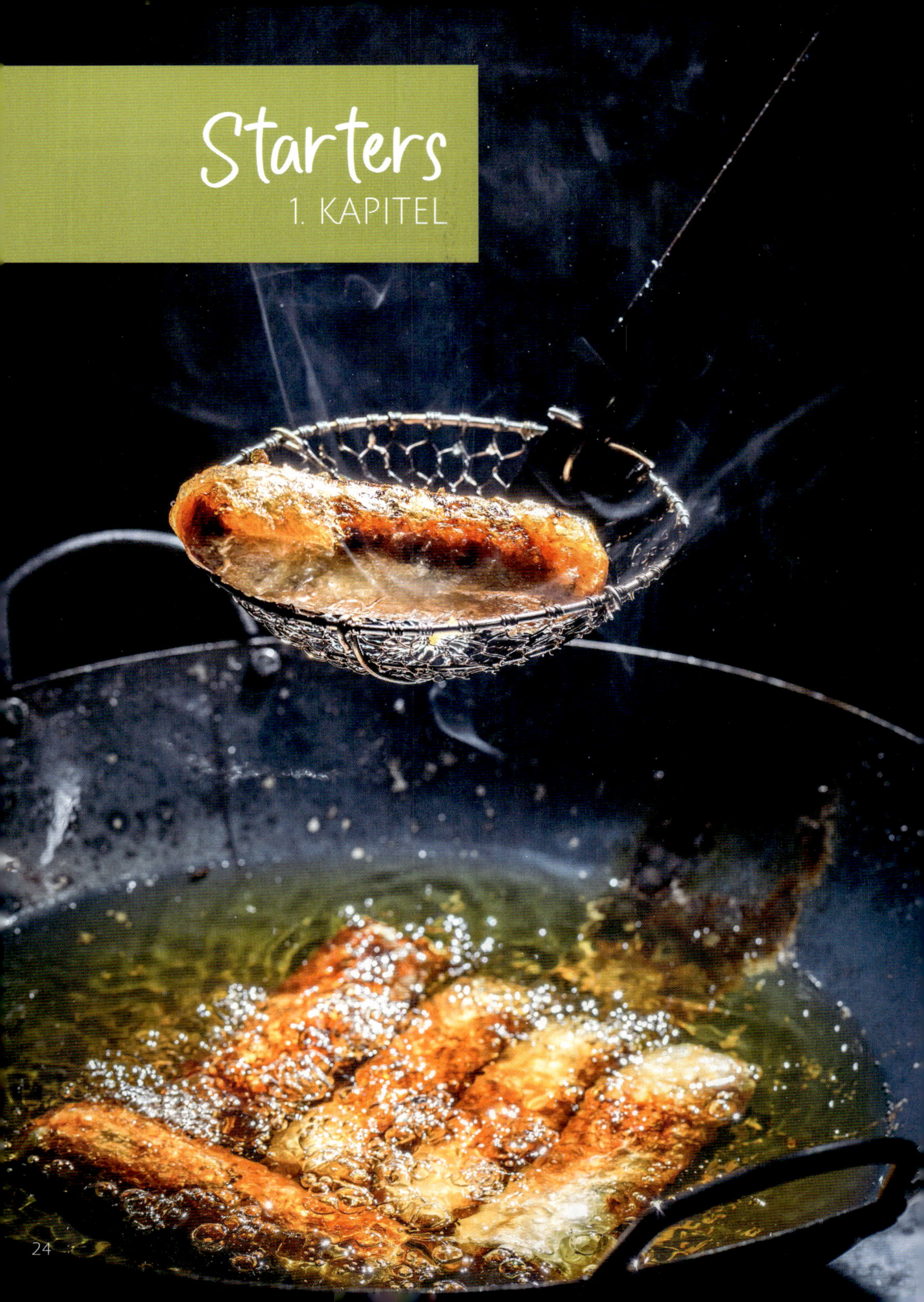

Frühlingsrollen mit Ingwer-Sojadip

1 Avocado waschen, trockenreiben und der Länge nach bis zum Kern einschneiden. Die beiden Hälften gegeneinander drehen und so vom Kern lösen. Fruchtfleisch mit einem großen Löffel von der Schale lösen und in kleine Würfel schneiden. In einer Schale mit dem Saft einer halben Limette beträufeln.

2 Karotten waschen und schälen. Paprika waschen, halbieren sowie Kerne und Scheidewände entfernen. Karotten und Paprika in 6-7 cm lange, dünne Gemüsestifte schneiden. 2 Frühlingszwiebeln putzen, waschen und in feine Ringe schneiden, Koriander waschen, trocken tupfen und die Blättchen abzupfen.

3 Sojabohnen Sprossen in einem Sieb abtropfen lassen. Anschließend zur Avocado geben, gut vermengen und mit 1 TL Zucker, 1 EL Sojasauce und 1 EL Mirin Reiswein marinieren. Mit Salz und Pfeffer abschmecken und durchziehen lassen.

4 Für den Dip 1 Frühlingszwiebel putzen, waschen und in sehr feine Ringe schneiden. Den Ingwer schälen, sehr fein hacken und zusammen mit den Frühlingszwiebelröllchen und 8 EL Sojasauce zu einem Dip verrühren. Anschließend auf 4 kleine Schälchen verteilen.

5 Das Reispapier einzeln kurz in kaltes Wasser tauchen und auf einer Bambusmatte nach und nach füllen. Dazu jeweils Gemüsesticks, Avocado-Sojabohnen-Masse, Frühlingszwiebelröllchen und Korianderblätter in die Mitte setzen und das Reispapier an den beiden Seiten nach innen schlagen. Danach zu einer Rolle formen und darauf achten, dass die Enden gut anliegen; evtl. nochmals mit etwas Wasser bepinseln. Anschließend alle Frühlingsrollen auf diese Weise herstellen.

ZUTATEN 4

Für die Fühlingsrollen:

VEGAN

1 Avocado
½ Limette
2 Karotten
1 rote Paprika
150 g Sojabohnen Sprossen (Glas)
1 TL Zucker
1 EL Sojasauce
1 EL Mirin Reiswein
Salz und Pfeffer
2 Frühlingszwiebeln
2 Zweige Koriander
200 g Reispapier
1 l Erdnuss- oder Pflanzenöl

Für den Dip:

1 Frühlingszwiebel
1 kleines Stk. Ingwer
8 EL Sojasauce

Außerdem:
Bambusmatte
WOK oder tiefe Pfanne

Zubereitung: 40 Min.
Garzeit: 10 Min.

Einkaufsliste

6 In einem WOK oder einer tiefen Pfanne 1 Liter Öl erhitzen. Die richtige Hitze ist erreicht, wenn man einen Holzlöffel oder Kochlöffelstiel ins heiße Öl taucht und sich daran Bläschen bilden (Holzlöffelprobe). Die Frühlingsrollen werden nach und nach schwimmend im Öl frittiert, bis diese eine leicht bräunliche oder goldgelbe Farbe angenommen haben. Anschließend auf Küchenpapier abtropfen lassen und zusammen mit dem Dip servieren.

Gefüllte Portobelli mit Couscous

1 Couscous nach Packungsanleitung mit kochendem Salzwasser übergießen und zugedeckt 10 Min. quellen lassen. Paprika und Staudensellerie waschen, putzen und in sehr kleine Würfel schneiden. Petersilie und Minze waschen, trocken tupfen und fein hacken. Alles zum Couscous geben und gut vermengen.

2 Die Champignons leicht abbürsten (nicht abwaschen) und den Stil entfernen. Die Pilzköpfe mit ein paar Spritzern Limettensaft und 1 EL Olivenöl marinieren und mit Salz und Pfeffer würzen. Anschließend mit der Couscous-Masse füllen und nebeneinander in eine Auflaufform setzen. Mit Gemüsebrühe angießen und im vorgeheizten Backofen 10-15 Min. überbacken. Hierzu verwendet man am besten die Grillfunktion des Ofens.

3 Den Joghurt mit dem Saft und dem Abrieb der Limette, sowie Salz und etwas Cayennepfeffer abschmecken und zu den gefüllten Champignons reichen.

ZUTATEN 4

60 g Couscous
1 rote Paprika
1 Stange Staudensellerie
4 Zweige Petersilie
4 Zweige Minze
4 Riesenchampignons (Portobelli)
1 EL Olivenöl
Salz und Pfeffer
100 ml Gemüsebrühe
400 g Naturjoghurt
1 Limette
Cayennepfeffer (gemahlen)

VEGGIE

Außerdem:
Auflaufform

Zubereitung: 20 Min.
Garzeit: ca. 10-15 Min.
Ruhezeit: 10 Min.

Einkaufsliste

Info

Ein Portobello ist ein Riesenchampignon, der durch seine Lamellenausbildung einen kräftigeren Geschmack als ein normaler Champignon aufweist. Er eignet sich nicht nur zum Füllen, sondern auch zum Braten, Grillen oder Marinieren.

Focaccia mit Antipasti

1 In einer großen Rührschüssel die Trockenhefe in 350 ml lauwarmem Wasser auflösen, ersatzweise kann man auch ½ Würfel frische Hefe verwenden.

2 Die Schüssel beiseite stellen und die Hefe im Wasser 10 Min. „gehen“ lassen. Anschließend zuerst das Mehl nach und nach ins Hefewasser einarbeiten (mit den Händen oder einer Küchenmaschine mit Knethaken), anschließend **50 ml** des Olivenöls und das Salz dazugeben und alles kräftig durchkneten. Die Rührschüssel dann mit einem feuchten Küchentuch abdecken und den Teig an einem warmen Ort für ca. 1 Std. „gehen“ lassen.

3 Zwischenzeitlich 2 Backbleche mit Olivenöl einpinseln und leicht mit Mehl bestäuben. Oliven und getrocknete Tomaten abtropfen lassen und in grobe Stücke zerteilen. Thymian und Rosmarin waschen, trocken tupfen und sehr klein schneiden oder hacken.

4 Nach dem „Gehen“ verdoppelt sich das Volumen des Teiges und dieser wird auf einer leicht bemehlten Arbeitsfläche nochmals kräftig durchgeknetet. Anschließend die Oliven, die getrockneten Tomaten, die Kapern und die fein geschnittenen Kräuter mit einarbeiten.

5 Den Teig halbieren, jeweils auf ein Backblech setzen und daraus ovale Fladen mit ca. 28 x 23 cm Größe formen. Vor dem Backen „geht“ der Teig dann nochmals für ca. 20 Min. auf den Blechen.

6 Mit den Fingern kleine Vertiefungen in die Fladen drücken, mit dem restlichen Olivenöl bepinseln und mit dem Meersalz gleichmäßig bestreuen. Anschließend bei 200 °C Ober-/Unterhitze (Umluft 180 °C) im vorgeheizten Backofen ca. 25-30 Min. goldbraun backen und danach auf einem Kuchengitter etwas auskühlen lassen.

ZUTATEN 4

500 g Mehl (Type 550)
2 TL Trockenhefe
75 ml Olivenöl
1 TL Salz
50 g schwarze Oliven
1 EL Kapern (eingelegt)
50 g getrocknete Tomaten (in Öl)
2 Zweige Thymian
1 Zweig Rosmarin
1 TL Meersalz
etwas Mehl zum Bestäuben

VEGAN

Zubereitung: 20 Min.
Back-/Garzeit: ca. 20 Min.

Einkaufsliste

Sushi Reis (Grundrezept)

ZUTATEN 4

175 g Sushi Reis
1 TL Salz
2 EL Reisessig
1 EL Mirin Reiswein

Außerdem:
Porzellan- oder Holzschüssel & Holzlöffel

VEGAN

Zubereitung: ca. 10 Min.
Garzeit: 20 Min.
Kühlzeit: ca. 10 Min.

Einkaufsliste

1 Den Reis in einem Sieb unter fließendem Wasser gründlich waschen, gut abtropfen lassen und in einen Topf mit 350 ml Wasser geben. Den Reis einmal kurz aufkochen, auf mittlere Hitze reduzieren und abgedeckt 20 Min. ausquellen lassen.

2 Anschließend in eine vorher ausgespülten Porzellan- oder Holzschüssel geben und mit Salz, Reisessig und Mirin würzen. Mit einem großen Holzlöffel den Reis durch ständiges Umstechen so schnell wie möglich abkühlen (nicht rühren!). Den Reis bis zur Verwendung mit einem feuchten Küchentuch abdecken, damit dieser nicht austrocknet.

Nigiri-Sushi

ZUTATEN 4

150 g Lachsfilet
150 g Thunfischfilet
8 Garnelen (frisch oder TK)
1 TL Sojasauce
fertigen Sushi Reis (siehe Grundrezept)
etwas Wasabi Paste
Sojasauce als Dip

Zubereitung: ca. 20 Min.
Ruhezeit: 10 Min.

Einkaufsliste

1 Lachs- und Thunfischfilets abspülen, trocken tupfen und mit einem sehr scharfen Messer schräg in ca. 2 cm breite Streifen schneiden.

2 Die Garnelen (TK vorher auftauen) mit 1 TL Sojasauce marinieren und 10 Min. in der Sauce ziehen lassen. Anschließend längs aufschneiden und etwas flach drücken. Den fertigen Sushi Reis (Grundrezept) zu länglichen Röllchen oder ovalen Schiffchen formen und abwechselnd mit dem Fisch belegen. Hierzu bestreicht man den Lachs, den Thunfisch oder die Garnelen jeweils dünn mit Wasabi Paste und legt den Fisch dann auf den Reis. Gut andrücken! Das Nigiri-Sushi mit in kleinen Schälchen abgefüllter Sojasauce servieren.

Maki-Sushi

1 Salatgurke waschen, trocken tupfen und längs halbieren. Das Kerngehäuse mit einem Löffel entfernen. Anschließend in ca. 8 cm lange, schmale Streifen schneiden. Den Lachs abspülen, trocken tupfen und ebenfalls in 8 cm lange, schmale Streifen schneiden. Die Nori-Blätter längs halbieren.

2 Den fertigen Sushi Reis (Grundrezept) mit angefeuchteten Händen in 8 Portionen aufteilen und auf je ein halbes Nori-Blatt setzen. Nacheinander die Nori-Blätter mit dem Reis auf die Bambusmatte legen und den Reis flach drücken. Jede Portion mit Lachs- und Gurkenstreifen belegen und Wasabi Paste dünn darauf streichen. Die Füllung mit den Händen festhalten, die Bambusmatte nach vorne klappen, aufrollen und fest zu einer Rolle zusammendrücken. Die Matte zurückschlagen und die Sushi Rolle am Ende andrücken.

3 Nun wird dieser Vorgang für alle 8 vorbereiteten Portionen wiederholt. Anschließend jede einzelne Sushi Rolle mit einem scharfen Messer in 6 gleichgroße Stücke teilen und das Maki-Sushi mit dem eingelegten Ingwer und Sojasauce zum Dippen servieren.

ZUTATEN 4

4 Nori-Blätter
150 g Salatgurke
150 g Lachsfilet
etwas Wasabi Paste
fertigen Sushi Reis (siehe Grundrezept)
Sojasauce als Dip
eingelegter Ingwer

Außerdem:
Bambusmatte zum Rollen

Zubereitung: ca. 30 Min.

Einkaufsliste

1

2

3

4

Ura-Maki (Inside Out)

1 Die Sesamsaat in einer Pfanne ohne Öl kurz anrösten und nicht zu dunkel werden lassen. Die Avocado halbieren; hierzu mit einem Messer an der langen Seite der Frucht ansetzen und vorsichtig bis zum Kern ringsum einschneiden. Durch Drehen der beiden Hälften in entgegengesetzter Richtung lässt sich die Avocado teilen und vom Kern lösen. Avocados werden nicht geschält, das Fruchtfleisch wird mit einem großen Löffel, entlang der Schale, herausgelöst. Anschließend in schmale Spalten schneiden und mit etwas Zitronensaft beträufeln.

2 Die Bambusmatte mit Klarsichtfolie umwickeln und ein Nori-Blatt darauflegen. Mit angefeuchteten Händen ein Viertel des fertigen Sushi Reises (Grundrezept) darauf geben und den Reis gut auf dem Nori-Blatt verteilen. Am Rand etwas Platz lassen. Anschließend mit dem gerösteten Sesam bestreuen und das Nori-Blatt mit dem Reis auf der Bambusmatte umdrehen. Das Nori-Blatt liegt nun oben und wird mit den Surimi Sticks, den Avocadospalten und etwas Wasabi Paste, im Abstand von ca. 2 cm zum unteren Rand, bestrichen/belegt.

3 Mit den Daumen die Bambusmatte anheben und mit den anderen Fingern die Füllung fixieren. Dann die Bambusmatte etwas nach vorne umschlagen und mit Druck auf die Füllung aufrollen. Die Bambusmatte zurückklappen und die Sushi Rolle mit angefeuchteten Händen fertig aufrollen. Am Ende den Rand des Nori-Blatts mit Wasser anfeuchten und fest andrücken. Mit einem scharfen Messer die Enden der Rolle sauber abtrennen und 8 gleichgroße Makis herstellen. Die anderen Sushi Rollen werden analog der Beschreibung hergestellt, serviert wird Ura-Maki mit Sojasauce, eingelegtem Ingwer und Wasabi Paste.

ZUTATEN 4

100 g Sesamsaat
4 Nori-Blätter
200 g Surimi Sticks
1 Avocado
etwas Zitronensaft
etwas Wasabi Paste
fertigen Sushi Reis
(siehe Grundrezept)
Sojasauce als Dip
eingelegter Ingwer
Wasabi Paste

Außerdem:
Bambusmatte zum Rollen,
Klarsichtfolie

Zubereitung: ca. 45 Min.

Einkaufsliste

Gratinierte Feigen mit Gorgonzola

ZUTATEN 4

- 8 reife Feigen
- 100 g Gorgonzola
- 2 EL Olivenöl
- 2 EL Ahornsirup
- ½ TL rosa Pfefferbeeren
- Salz
- 2 EL Haselnusskrokant
- 1 Baguette (Stangenweißbrot)

VEGGIE

Außerdem:
Auflaufform

Zubereitung: ca. 15 Min.
Garzeit: 5-6 Min.

Einkaufsliste

1 Die Feigen kurz abspülen und trocken tupfen, anschließend kreuzförmig einschneiden und in eine Auflaufform setzen. Den Gorgonzola über die Feigen zerbröckeln und mit Olivenöl und Ahornsirup beträufeln.

2 Anschließend mit rosa Pfefferbeeren und wenig Salz würzen und mit Haselnusskrokant bestreuen. Im vorgeheizten Backofen auf Grillfunktion 5-6 Minuten gratinieren und mit Baguette servieren.

Lachs auf Kresse mit Apfelmeerrettich

ZUTATEN 4

- 1 Apfel (säuerlich)
- ½ Zitrone
- 1 rote Zwiebel
- 1 TL Honig
- 200 g Crème fraîche
- 2 EL Sahnemeerrettich
- Salz und Pfeffer
- 200 g Brunnenkresse (frisch)
- 1 EL Balsamicoessig
- 2 EL Olivenöl
- 400 g Graved Lachs in Scheiben

Zubereitung: 15 Min.

Einkaufsliste

1 Den Apfel schälen, fein raspeln und mit dem Saft der halben Zitrone beträufeln. Die Zwiebel häuten und in sehr kleine Stücke schneiden. Alles zusammen in eine Schüssel geben und mit dem Honig, der Crème fraîche und dem Sahnemeerrettich verrühren. Anschließend mit Salz und Pfeffer abschmecken.

2 Die Brunnenkresse waschen, trocken tupfen und anschließend mit dem Balsamicoessig und dem Olivenöl marinieren. Kurz mit Salz und Pfeffer abschmecken und auf 4 Tellern verteilen. Die Lachsscheiben darauf anrichten und den Apfelmeerrettich dazu reichen.

Jakobsmuscheln mit Orangen-Chicorée

ZUTATEN 4

12 Jakobsmuscheln (ausgelöst)
2 Orangen
2 Chicorée
2 EL Olivenöl
Salz und Pfeffer
1 Pr. Zucker
50 g Butter
2 Zweige Thai-Basilikum

Zubereitung: ca. 25 Min.
Garzeit: 10 Min.

Einkaufsliste

1 Die Butter sehr kaltstellen. Die Orangen abspülen, trocken tupfen und schälen. Nicht in Spalten teilen, sondern die Spalten mit einem sehr scharfen Messer, jeweils neben der Haut, aus den Orangen schneiden (filetieren). Den austretenden Orangensaft dabei auffangen.

2 Beim Chicorée den Strunk entfernen und die einzelnen Blätter mit lauwarmem Wasser gut abspülen. Trocken tupfen und in ca. 2 cm breite Streifen schneiden. Die Jakobsmuscheln ebenfalls waschen, trocken tupfen und in 2 EL Olivenöl für 2-3 Min. von jeder Seite anbraten. Aus der Pfanne nehmen und warm stellen.

3 Anschließend den Chicorée in die Pfanne geben, mit Salz, Pfeffer und Zucker würzen und die Orangenfilets hinzugeben. Mit dem aufgefangenen Orangensaft aufgießen und die Flüssigkeit mit jeweils kleinen Stückchen der eiskalten Butter nach und nach binden. Den Orangen-Chicorée-Salat auf Tellern verteilen und die Jakobsmuscheln darauf anrichten. Alles noch kurz mit etwas Salz und Pfeffer würzen und mit einigen Thai-Basilikum-Blättern garniert servieren.

Info Der Name *Jakobsmuschel* wird abgeleitet vom heiligen Jakobus, der als Schutzpatron der Pilger gilt. Deshalb wird die Jakobsmuschel auch als „Pilgermuschel" bezeichnet. Als beste Fanggebiete für die *Große Pilgermuschel* gelten Irland, Schottland und Frankreich. Frische Ware erhält man von Oktober bis Mai, TK-Ware das ganze Jahr über.

Gefüllte Weinblätter

1 Die Weinblätter abgießen und in warmem Wasser einweichen. Den Reis nach Packungsanleitung bissfest kochen und beiseite stellen. Die Tomaten häuten (kurz in kochendem Wasser blanchieren, dann lässt sich die Haut besser abziehen), das Kerngehäuse entfernen und sehr klein schneiden oder hacken. Die Hälfte der Petersilie klein hacken, den Rest zum Dekorieren verwenden.
Die Knoblauchzehe und die Zwiebel häuten und ebenfalls klein schneiden.

2 In einer großen Schüssel den Reis, das Hackfleisch, Zwiebeln, Knoblauch, die abgetropften Kapern sowie die Petersilie gut vermengen und alles mit Paprikapulver, Salz und Pfeffer abschmecken. Die Füllmasse für 30 Min. kaltstellen.

3 Die Weinblätter abgießen und nochmals unter fließend kaltem Wasser abspülen. Anschließend auf Küchenpapier abtropfen lassen. Aus dem Fleischteig kleine Röllchen in Daumengröße formen und jeweils auf ein Weinblatt setzen. Die Weinblätter anschließend an den Seiten nach innen einschlagen und dann zur Spitze hin aufrollen.

4 Das Olivenöl mit dem ausgepressten Saft **einer** Zitrone verrühren, die Weinblätter in eine Auflaufform setzen und mit der Zitronen-Öl-Mischung übergießen. Die Auflaufform abdecken und die Weinblätter für 20 Min. bei 180 °C Ober-/Unterhitze (Umluft 160 °C) im Backofen garen. Die Weinblätter mit Fleischfüllung werden warm verzehrt und vorher mit der restlichen Petersilie bestreut und mit einigen Scheiben Zitrone garniert.

ZUTATEN 4

300 g eingelegte Weinblätter (Beutel/Glas)
125 g Rundkornreis
2 EL Olivenöl
1 Zwiebel
1 Knoblauchzehe
3 Tomaten
1 EL Kapern (eingelegt)
300 g Hackfleisch (Rind oder Lamm)
1 Bd. glatte Petersilie
1 TL Paprikapulver (edelsüß)
Salz und Pfeffer
2 Zitronen

Außerdem:
Auflaufform mit Deckel

Zubereitung: ca. 40 Min.
Kühlzeit: 30 Min.
Garzeit: 20 Min.

Einkaufsliste

Carpaccio vom Thunfisch

ZUTATEN 4

250 g Thunfischfilet
3 EL Weinessig
1 Limette
4 EL Olivenöl
4 Tomaten
Salz und Pfeffer
2 Zweige Basilikum

Außerdem:
Klarsichtfolie oder Gefrierbeutel/Vakuumbeutel

Zubereitung: ca. 25 Min.
Garzeit: 2-3 Min.

Einkaufsliste

1 Den Thunfisch abspülen, trocken tupfen und mit einem sehr scharfen Messer in feine Scheiben schneiden. Jede Scheibe zwischen Klarsichtfolie oder einem aufgeschnittenen Gefrierbeutel/Vakuumbeutel legen und mit dem Boden einer Stielkasserolle (gerader Topf mit Stiel) vorsichtig platt klopfen (plattieren). Danach die Thunfischscheiben auf den Tellern verteilen.

2 Die Tomaten häuten (kurz in kochendem Wasser blanchieren, dann lässt sich die Haut besser abziehen), das Kerngehäuse entfernen und sehr klein schneiden oder hacken. Die Limette auspressen, mit Essig und Olivenöl in eine Schüssel geben, die Tomatenstückchen dazu nehmen und alles gut verrühren.

3 Die angerichteten Thunfischscheiben mit Salz und Pfeffer würzen und mit der Essig-Öl-Mischung marinieren. Mit fein geschnittenen Basilikumblättern bestreuen und servieren.

Tipp Carpaccio richtig schneiden

Für Thunfisch-Carpaccio verwendet man sehr frischen Fisch. Die Carpaccio-Scheiben werden quer zur Faser und in einem Zug ca. 5 mm dünn aufgeschnitten und anschließend zwischen Klarsichtfolie oder einem aufgeschnittenen Gefrier-/Vakuumbeutel plattiert. Mit dem Topfboden einer Stielkasserolle (gerader Topf mit Stiel) klopft man die Fischscheiben vorsichtig in die gewünschte Stärke. Bei Verwendung von Thunfisch als TK-Ware kann man den Fisch bis zur Taugrenze antauen und anschließend, in noch leicht gefrorenem Zustand, in dünne Scheiben schneiden. Wichtig ist, dass man ein äußerst scharfes Messer verwendent.

Gratinierte Zucchinischiffchen

ZUTATEN 4

2 mittelgroße Zucchini
50 g Pinienkerne
50 g getrocknete Tomaten
2 Zweige Thymian
2 EL Olivenöl
250 g Schafskäse (Feta)
1 EL Pesto Verde (Glas)
100 ml Gemüsebrühe
Salz und Pfeffer

VEGGIE

Außerdem:
Auflaufform

Zubereitung: ca. 20 Min.
Garzeit: 20 Min.

Einkaufsliste

1 Zucchini der Länge nach halbieren und mit einem Löffel aushöhlen. Pinienkerne in einer Pfanne mit **1 EL** Olivenöl kurz goldbraun anrösten und auf Küchenpapier abtropfen lassen.

2 Getrocknete Tomaten in kleine Würfel schneiden, Thymian abspülen, trocken tupfen und fein hacken. Alles zusammen mit den Pinienkernen, dem abgetropften und etwas zerbröckelten Schafskäse und 1 EL Olivenöl in einer Schüssel gut vermengen und mit Salz und Pfeffer abschmecken.

3 Die Zucchinischiffchen in eine große Auflaufform setzen, mit etwas Pesto bestreichen und die Feta-Mischung darin verteilen. Die Gemüsebrühe in die Auflaufform gießen und die Zucchinischiffchen bei 200 °C Ober-/Unterhitze (180 °C Umluft) ca. 20 Min. im Backofen garen. Herausnehmen und warm servieren.

Info Zucchini gehört zur Pflanzenfamilie der Kürbisgewächse und ist eine Unterart des Gartenkürbisses. Zucchini können roh, gekocht, gebraten oder auch gegrillt verzehrt werden. Auch die großen, gelben Zucchiniblüten sind für den Verzehr geeignet.

Crostini sind geröstete Weizen-Landbrotscheiben, die mit verschiedenen Pasten und Cremes, aber auch mit Gemüse zubereitet werden. Crostini genießt man kalt oder warm als Antipasti.

Crostini mit Hähnchenleber

ZUTATEN 4

1 kleine Zwiebel
6 EL Olivenöl
250 g Hähnchenleber
100 ml Weißwein (trocken)
3 Sardellenfilets (in Öl)
2 EL Kapern (eingelegt)
100 ml Geflügelbrühe
30 g Butter
Salz und Pfeffer
12 Scheiben Ciabatta
(ital. Weißbrot)

Zubereitung: ca. 20 Min.
Garzeit: 30 Min.

Einkaufsliste

1 Sardellenfilets gut abspülen und trocken tupfen, die Kapern abtropfen lassen und die Zwiebel häuten und sehr klein schneiden. Die Hähnchenleber gut abspülen, von Haut, Sehnen und Fett befreien und nochmals reinigen. Anschließend mit Küchenpapier abtupfen und etwas zerteilen.

2 In einer Pfanne **3 EL** vom Olivenöl erhitzen und die Zwiebel goldgelb anbraten. Die Leber dazugeben und 5-10 Min. mit anbraten. Anschließend mit 100 ml Weißwein ablöschen und etwas einreduzieren. Nun die in kleine Stücke geschnittenen Sardellenfilets sowie die etwas zerkleinerten Kapern hinzugeben und das Ganze, unter ständiger Zugabe von etwas Geflügelbrühe, ca. 10 Min. köcheln.

3 Zwischenzeitlich die Weißbrotscheiben in einer weiteren Pfanne mit dem restlichen Olivenöl goldbraun anrösten und auf Küchenpapier abtropfen lassen.

4 Die Lebermasse in einem Mixbecher noch etwas zerkleinern, mit Salz und Pfeffer abschmecken und die vorher etwas angewärmte Butter unterziehen. Leberfarce auf den gerösteten Brotscheiben verteilen und noch warm servieren.

Crostini mit Olivenpaste

ZUTATEN 4

1 Knoblauchzehe
3 Sardellenfilets (in Öl)
250 g schwarze Oliven
6 EL Olivenöl
1 EL Kapern (eingelegt)
etwas Zitronensaft
Salz und Pfeffer
12 Scheiben Ciabatta
(ital. Weißbrot)

Zubereitung: ca. 10 Min.
Garzeit: 5-6 Min.

Einkaufsliste

1 Knoblauch schälen und fein hacken, Oliven (ohne Stein) abgießen und abtropfen lassen. Die Sardellenfilets gut abspülen, trocken tupfen und grob zerkleinern.

2 Die schwarzen Oliven etwas zerkleinern und zusammen mit dem Knoblauch, den Sardellenfilets, den Kapern sowie **3 EL** von dem Olivenöl mit einem Mixer zu einer feinen Paste verarbeiten. Mit Salz, Pfeffer und etwas Zitronensaft abschmecken.

3 Zwischenzeitlich die Weißbrotscheiben in einer Pfanne mit dem restlichen Olivenöl goldbraun anrösten und auf Küchenpapier abtropfen lassen.

4 Die gerösteten Ciabatta-Brotschreiben gleichmäßig mit der Olivenpaste bestreichen und noch warm servieren.

Tomaten-Bruschetta

Info

Das klassisch „Bruschetta al pomodoro" besteht nur aus geröstetem Weißbrot und einem Tomatenbelag mit Basilikum.

ZUTATEN

4

400 g Tomaten
4 EL Olivenöl
2 Knoblauchzehen
Salz und Pfeffer
½ Bd. Basilikum
8 Scheiben Ciabatta (ital. Weißbrot)

VEGAN

Zubereitung: ca. 20 Min.
Garzeit: 5-6 Min.

Einkaufsliste

1 Die Tomaten waschen, trocken tupfen und häuten. Das Abziehen der Schalen wird durch das vorherige „Blanchieren" (kurz in kochend heißem Wasser eintauchen) erleichtert. Das Kerngehäuse entfernen und die Tomaten in kleine Stücke schneiden.

2 Basilikum waschen, ebenfalls trocken tupfen und in feine Streifen schneiden. Zum Dekorieren der Brote ein paar ganze Blätter beiseite legen. Die Tomaten und das Basilikum gut vermengen und den Belag mit Salz und Pfeffer abschmecken.

3 In einer großen Pfanne mit Olivenöl die Weißbrotscheiben kross rösten und auf Küchenpapier abtropfen lassen. Mit den beiden gehäuteten und jeweils halbierten Knoblauchzehen die Belagsseiten der Brote fest einreiben.

4 Anschließend die Tomaten mit den Basilikumstreifen auf den Brotscheiben verteilen und mit einigen ganzen Basilikumblättern garnieren.

Paprikapizza mit Garnelen

1 Garnelen (TK vorher auftauen) waschen und trocken tupfen. Den Blätterteig auf einer bemehlten Arbeitsfläche dünn ausrollen und in runde Pizzaform mit einem Durchmesser von ca. 15 cm bringen. Danach ein Backblech mit **1 EL** Olivenöl bepinseln und mit etwas Mehl bestäuben. Die Pizzen daraufsetzen und den Teig mit einer Gabel mehrfach einstechen. Anschließend mit **2 EL** Olivenöl bepinseln und mit Ajvar gleichmäßig bestreichen.

2 Die Kräuter waschen, trocken tupfen und sehr fein hacken, die gegrillten Paprika abtropfen lassen und in sehr feine Streifen schneiden. Alles zusammen ebenfalls auf den Böden verteilen.

3 Die Pizzen im vorgeheizten Backofen bei 210 °C Ober-/Unterhitze ca. 15-20 Min. goldbraun backen. 5 Min. vor Ende der Backzeit die Garnelen mit dem restlichen Olivenöl in der Pfanne kräftig anbraten und mit dem Cognac übergießen. Den Alkohol entzünden und die Garnelen so lange flambieren, bis die Flamme erlischt.

4 Die fertigen Pizzen aus dem Backofen nehmen, mit je 3 Garnelen belegen und mit etwas Salz und Pfeffer würzen.

ZUTATEN 4

12 Garnelen (TK)
1 Pck. Blätterteig (ca. 250-300 g)
etwas Mehl (Type 405)
5 EL Olivenöl
5 EL Ajvar
200 g gegrillte Paprika (Glas)
2 Zweige Oregano
2 Zweige Thymian
2 Zweige Basilikum
3 EL Cognac
Salz und Pfeffer

Zubereitung: 20 Min.
Back-/Garzeit: 20 Min.

Einkaufsliste

Crunchige Hähnchenleber mit Linsen

1 Die Linsen gründlich waschen und abtropfen lassen. Die Hähnchenleber gut abspülen, von Haut, Sehnen und Fett befreien, nochmals reinigen und auf Küchenpapier abtropfen lassen. Die Schalotte häuten und klein schneiden.

2 In einem Topf m t 2 EL Olivenöl die Schalotte farblos anschwitzen, die Linsen, das Lorbeerblatt und den Thymianzweig dazugeben und mit Geflügelbrühe aufgießen. Zur besseren Entfaltung des Geschmacks kann man den Thymianzweig vorher mit der flachen Messerklinge etwas "anklopfen".

3 Die Linsen bei schwacher Hitze ca. 10 Min. garen, anschließend mit Salz und Pfeffer sowie dem Balsamicoessig abschmecken. Rote Linsen werden beim Kochen **gelb-orange!**

4 Zwischenzeitlich die Hähnchenleber in verquirltem Ei wenden und mit den zerbröselten Cornflakes panieren. Die Cornflakes zerkleinert man am besten in einem Gefrierbeutel, in dem man mit dem flachen Topf- oder Pfannenboden darauf klopft.

ZUTATEN 4

200 g Rote Linsen
1 Schalotte (milde Zwiebel)
1 Lorbeerblatt (getrocknet)
1 Zweig Thymian
300 ml Geflügelbrühe
Salz und Pfeffer
2 EL Balsamicoessig
2 EL Olivenöl
200 g Hähnchenleber
1 Ei
100 g Cornflakes
100 ml Pflanzenöl

Zubereitung: ca. 20 Min.
Garzeit: 25 Min.

Einkaufsliste

5 Die Leber in einer heißen Pfanne mit dem Pflanzenöl von jeder Seite knusprig anbraten, herausnehmen, etwas auf Küchenpapier abtropfen lassen und anschießend mit den Roten Linsen anrichten.

Tomate-Mozzarella (Caprese)

ZUTATEN

4

- 6 große Tomaten
- 250 g Mozzarella
- 1 Bd. Basilikum
- 4 EL Olivenöl
- Oregano (getrocknet)
- Knoblauchsalz
- Salz und Pfeffer

VEGGIE

Zubereitung: ca. 20 Min.

Einkaufsliste

1 Die Tomaten waschen, trocken tupfen und in ca. 1 cm dicke Scheiben schneiden. Den Mozzarella in einem Sieb abtropfen lassen und ebenfalls in dünne Scheiben schneiden.

2 Auf vorbereiteten Tellern zuerst die Tomaten auflegen, leicht salzen und pfeffern und dann die Mozzarellascheiben darauflegen. Den Käse mit etwas Knoblauchsalz und getrocknetem Oregano würzen und darauf einzelne Basilikumblätter anrichten. Zuletzt alles mit Olivenöl beträufeln und in der Mitte mit einem Basilikumzweig dekoriert servieren.

Gebratener Romanesco

ZUTATEN

4

- 1 Romanesco (Blumenkohlsorte)
- 1 Knoblauchzehe
- 50 g getrocknete Tomaten
- 100 g Serrano Schinken
- 2 EL Olivenöl
- 1 EL Balsamicoessig
- Salz und Pfeffer
- 50 g Parmesan (ital. Hartkäse)

Zubereitung: ca. 15 Min.
Garzeit: 15-20 Min.

Einkaufsliste

1 Romanesco in Röschen teilen und 5-6 Min. in Salzwasser kochen. Herausnehmen und abtropfen lassen. Zwischenzeitlich den Serrano Schinken in Streifen und die getrockneten Tomaten in grobe Würfel schneiden. Knoblauch schälen, fein hacken und in einer Pfanne mit Olivenöl anbraten. Serrano-Streifen und getrocknete Tomaten dazugeben und alles 3-4 Min. garen.

2 Romanesco mit in die Pfanne geben und weitere 2-3 Minuten mitgaren. Anschließend mit Balsamicoessig ablöschen, Hitze reduzieren und etwa 5 Min. ziehen lassen. Mit Salz und Pfeffer würzen, auf Tellern anrichten und mit darüber gehobeltem Parmesan servieren.

Garnelen-Wan Tan

ZUTATEN 4

Für die Wan Tan:

20 Wan Tan Teig-Blätter
500 g Garnelen (frisch oder TK)
1 kleine Chilischote
½ Bd. Koriander
1 kleines Stk. Ingwer
3 Frühlingszwiebeln
2 Eier
1 l Erdnuss- oder Pflanzenöl

Für den Dip:

4 EL Sojasauce
1 kleine Chilischote
1 kleines Stück Ingwer
½ Limette
2-3 EL Erdnussöl

Außerdem:
WOK, tiefe Pfanne
oder Fritteuse

Zubereitung: ca. 20 Min.
Garzeit: 10-15 Min.

Einkaufsliste

1 Die Wan Tan Blätter mit einem feuchten Tuch abdecken, die rohen Garnelen (TK vorher auftauen) waschen, trocken tupfen und grob zerkleinern. Ebenso eine Chilischote, den Koriander, den geschälten Ingwer und die Frühlingszwiebeln klein schneiden. Alles zusammen mit den Garnelen und **einem** Ei in einen großen Mixbecher geben und grob zerkleinern.

2 Von dieser Masse je einen Teelöffel mittig auf ein Wan Tan Blatt setzen und die Ränder der Blätter mit einem verquirlten Ei bestreichen. Anschließend zu einem Dreieck zusammenfalten und die Ränder fest andrücken.

3 In einem mit heißem Öl gefüllten WOK (oder einer tiefen Pfanne/einer Fritteuse) die Wan Tan nach und nach ca. 5-6 Min. goldbraun frittieren und auf Küchenpapier abtropfen lassen.

4 Wan Tan reicht man mit einem Dip aus 4 EL Sojasauce, einer klein geschnittenen Chilischote, etwas klein gehacktem Ingwer, etwas Limettensaft und 2-3 EL Erdnussöl.

Tipp

Wan Tan vegetarisch und vegan

Wan Tan sind Teigtaschen aus der chinesischen Küche und werden aus Weizennudelteig hergestellt. Füllen kann man Wan Tan auch - für eine vegetarisch/vegane Variante - mit verschiedenen Gemüsen wie Spinat, Karotten, Chinakohl oder auch mit Pilzen.

Salate

2. KAPITEL

Hirtensalat mit Feta

ZUTATEN

4

- 4 große Tomaten
- 1 Salatgurke
- 1 rote Zwiebel
- 2 grüne Spitzpaprika
- 2 Knoblauchzehen
- 1 Chilischote
- 250 g Schafskäse (Feta)
- 1 Zweig Minze
- ½ Bd. Petersilie
- ½ Zitrone
- 4 EL Olivenöl
- Salz und Pfeffer
- 4 kleine Fladenbrote

VEGGIE

Zubereitung: 25 Min.
Ruhezeit: 15 Min.

Einkaufsliste

1 Die Tomaten waschen, trocken tupfen und in kleine Stücke schneiden, die Salatgurke schälen und ebenfalls in mundgerechte Stücke teilen. Die Zwiebel häuten, halbieren und in dünne Ringe schneiden, die Knoblauchzehen schälen und klein hacken.

2 Paprika waschen, halbieren, das Kerngehäuse und die Scheidewände entfernen und klein schneiden. Die Chilischote waschen und in feine Ringe schneiden; dabei die Kerne entfernen.

3 Alles in eine große Salatschüssel geben und gut vermengen, dann mit Salz würzen und zum Durchziehen 15 Min. beiseite stellen.

4 Zwischenzeitlich den Schafskäse in kleine Würfel schneiden oder Feta aus dem Glas abtropfen lassen. Die Minzblätter und die Petersilie waschen, gut trocken tupfen und klein hacken.

5 Die durch das Salzen dem Gemüse entzogene Flüssigkeit - durch Abdecken der Salatschüssel mit einem Teller - abgießen. Schafskäse, Minze und Petersilie zum Salat geben und alles gut untermischen. Mit Salz, Pfeffer, dem Saft einer halben Zitrone und dem Olivenöl anmachen, gut unterrühren und Salat in der Schüssel oder auf Tellern servieren. Zum Hirtensalat reicht man kleine Fladenbrote.

Tipp

Griechisches oder türkisches Fladenbrot (Pita oder Pide) besteht aus einfachen Zutaten wie Mehl, Hefe, Wasser, Zucker und Salz. Manchmal wird auch Olivenöl zum Teig gegeben oder zum Kneten verwendet. Bestreut werden können Fladenbrote z. B. mit Oregano oder Sesamsaat und Schwarzkümmel.

GRIECHENLAND

Avocadosalat mit Flusskrebsen

1 Avocados der Länge nach mit einem großen Messer bis zum Kern einschneiden, die Hälften entgegengesetzt drehen und die Avocados öffnen. Den Kern entfernen und das Fruchtfleisch mit einem großen Löffel aus der Schale höhlen. Avocados dann in mundgerechte Spalten schneiden und mit frisch gepressten Zitronensaft beträufeln.

2 Die Flusskrebse in ein Sieb abgießen, kalt abspülen und auf Küchenpapier abtropfen lassen. Die Cherrytomaten waschen, trocken tupfen und halbieren. Die Frühlingszwiebeln putzen und in feine Ringe schneiden. Die Brunnenkresse abschneiden, kalt abspülen und abtropfen lassen. Den Feldsalat waschen, putzen (Wurzelansatz entfernen) und trocken tupfen.

3 Den Apfelessig, das Walnussöl und das Traubenkernöl in einer Schüssel mit einem Schneebesen kräftig verrühren, mit Salz, Pfeffer und etwas Cayennepfeffer würzen und so das Dressing herstellen. Anschließend alle vorbereiteten Zutaten in einer großen Schüssel gut vermengen und mit dem Essig-Öl-Dressing marinieren. Auf Tellern anrichten und servieren.

ZUTATEN 4

- 3 Avocados
- 1 Zitrone
- 125 g Cherrytomaten
- 75 g Brunnenkresse (frisch)
- 200 g Feldsalat
- 3 Frühlingszwiebeln
- 4 EL Apfelessig
- 2 EL Walnussöl
- 4 EL Traubenkernöl
- Salz und Pfeffer
- Cayennepfeffer (gemahlen)
- 400 g Flusskrebsfleisch (in Lake)

Zubereitung: 30 Min.

Einkaufsliste

Geflügel-Reissalat mit roten Bohnen

1 Reis unter fließendem Wasser gründlich waschen, abtropfen lassen und in einen Topf mit Salzwasser geben. Nach Packungsanleitung garen und anschließend etwas auskühlen lassen.

2 Hähnchenkeulen waschen, trocken tupfen und mit Chimichurri-Gewürz sowie Salz und Pfeffer einreiben. Auf ein mit Backpapier belegtes Backblech geben, mit **1 EL** Olivenöl beträufeln und im vorgeheizten Backofen bei 200 °C Ober-/Unterhitze (180 °C Umluft) ca. 15 Min. garen.

3 Die Kidney-Bohnen (**Achtung:** nur vorgekochte und keine rohen Bohnen verwenden) in ein Sieb abgießen und kalt abspülen. Die Paprika waschen, halbieren, das Kerngehäuse und die Scheidewände entfernen und in kleine Stücke schneiden. Die Zwiebel häuten und fein würfeln, den Koriander abspülen, trocken tupfen und - bis auf wenige Blättchen zum Dekorieren - fein hacken.

4 Die Hähnchenkeulen aus dem Backofen nehmen, etwas auskühlen lassen und anschließend das Hähnchenfleisch von den Knochen lösen. Dieses dann in kleine Würfel schneiden und zusammen mit dem Reis und allen anderen Zutaten in einer großen Salatschüssel vermengen.

5 Aus dem restlichen Olivenöl, dem Weinessig, etwas frisch gepresstem Zitronensaft sowie Salz und Pfeffer eine Marinade anrühren und diese vor dem Anrichten über den Salat geben.

ZUTATEN 4

250 g Langkornreis
4 Hähnchenkeulen
½ TL Chimichurri-Gewürz (getrocknet)
Salz und Pfeffer
4 EL Olivenöl
200 g grüne Paprika
1 rote Zwiebel
½ Bd. Koriander
1 EL Weinessig
½ Zitrone
250 g Kidney-Bohnen (Dose/Glas)

Zubereitung: 25 Min.
Garzeit: 30 Min.
Kühlzeit: 30 Min.

Einkaufsliste

Mediterraner Brotsalat mit Meeresfrüchten

ZUTATEN 4

350 g Meeresfrüchte (in Öl)
4 Tomaten
150 g Rucola
75 g schwarze Oliven
5 EL heller Balsamicoessig
6 EL Olivenöl
Salz und Pfeffer
1 Pr. Zucker
1 Baguette (Stangenweißbrot)

Zubereitung: 20 Min.
Garzeit: 10-15 Min.

Einkaufsliste

1 Baguette in dünne Scheiben schneiden, auf ein Backblech legen und im vorgeheizten Backofen bei 180 °C Ober-/Unterhitze (160 °C Umluft) 10-15 Minuten goldbraun rösten. Zwischenzeitlich wenden, damit beide Seiten gleichmäßig braun werden.

2 Die Tomaten waschen, trocken tupfen und in kleine Spalten schneiden. Den Rucola waschen, putzen, in mundgerechte Stücke zupfen und auf Küchenpapier abtropfen lassen. Die Meeresfrüchte in ein Sieb abgießen und auf Küchenpapier abtropfen lassen.

3 Sämtliche Zutaten in einer großen Schüssel mischen, die schwarzen Oliven hinzugeben und mit Balsamicoessig, Olivenöl, Salz, Pfeffer und einer Prise Zucker anmachen und abschmecken.

4 Die gerösteten Brotscheiben aus dem Backofen nehmen, etwas zerteilen und unter den Salat mischen. Alles zusammen auf Tellern anrichten.

Info Als **Meeresfrüchte** (ital.: Frutti di mare) bezeichnet man nur wirbellose, essbare Meerestiere wie z.B. Muscheln, Garnelen, Scampi, Krabben und Tintenfische. Der englische Begriff **Seafood** steht dagegen für alle Meeresbewohner, also auch Fische und Meeressäuger.

Rucolasalat mit Parmesanspänen

ZUTATEN 4

400 g Rucola
200 g Cherrytomaten
50 g Pinienkerne
50 g Parmesan (ital. Hartkäse)
3 EL Balsamicoessig
4 EL Olivenöl
Salz und Pfeffer
½ TL Dijon Senf

VEGGIE

Zubereitung: 20 Min.
Garzeit: 3-4 Min.

Einkaufsliste

1 Die Rucolablätter gründlich waschen, schlechte Blätter und feste Stile aussortieren und zum Abtropfen auf Küchenpapier legen. Die Cherrytomaten waschen, trocken tupfen und halbieren, die Pinienkerne in einer Pfanne ohne Öl goldbraun anrösten, herausnehmen und abkühlen lassen.

2 Das Dressing aus Balsamicoessig, Olivenöl, Dijon Senf, Salz und Pfeffer mit einem Schneebesen gut verrühren. Verwendet man hierzu eine große Salatschüssel, kann man die Rucolablätter und die Cherrytomaten direkt darin mit den Händen marinieren. Andernfalls richtet man erst den Salat auf Tellern an und überzieht ihn dann mit der Marinade.

3 Am Schluss die Pinienkerne darüber streuen und den Parmesan in feinen Spänen darüber hobeln.

Thunfischsalat mit schwarzen Oliven

1 Die Eier für ca. 8-10 Min. hart kochen, kalt abschrecken, abpellen und jeweils in 4 gleichmäßige Spalten schneiden.

2 Bei den Salatköpfen den unteren Strunk entfernen und Köpfe in Blätter teilen. Salatblätter gut unter fließendem Wasser kalt abspülen, trocken tupfen und in mundgerechte Stücke zerteilen.

3 Die Tomaten waschen, trockenreiben und in Viertel oder Spalten schneiden. Zwiebeln schälen, halbieren und in schmale Streifen schneiden. Schwarze Oliven (ohne Stein) abtropfen lassen. Thunfischdosen öffnen, den Fisch etwas mit dem Dosendeckel zusammenpressen und Flüssigkeit abgießen. Petersilie abspülen, trocken tupfen und Blättchen von den Stielen zupfen.

4 In einer großen Salatschüssel aus Olivenöl, Balsamicoessig, Salz und Pfeffer eine Marinade anrühren. Anschließend den Salat und das Gemüse darin gut marinieren.

5 Zum Servieren den Salat auf Teller verteilen, mit groben Stücken vom Thunfisch sowie den hartgekochten Eiern belegen und mit Petersilienblättchen garnieren.
Den Thunfischsalat kann man aber auch direkt in einer großen Salatschüssel reichen.

ZUTATEN 4

1 kleiner Batavia Salat
1 kleiner Friséesalat
4 Tomaten
2 rote Zwiebeln
100 g schwarze Oliven
4 Eier
2 Dosen Thunfisch
(im eigenen Saft)
4 EL Olivenöl
3 EL heller Balsamicoessig
Salz und Pfeffer
1 Zweig Petersilie

Zubereitung: 30 Min.
Garzeit: 8-10 Min.

Einkaufsliste

Info Thunfisch aus der Dose, bezeichnet mit *natur*, *naturale* oder auch *im eigenen Saft*, weist einen geringeren Fettgehalt als *Thunfisch in Öl* auf. Nachhaltiger und damit umweltgerechter Fischfang wird durch das blaue MSC-Siegel auf den Konserven gekennzeichnet.

ITALIEN

Sojabohnen Sprossen-Salat

ZUTATEN
4

400 g Sojabohnen Sprossen (Glas)
2 Frühlingszwiebeln
2 EL Sojasauce
1 EL Mirin Reiswein
2 EL Reisessig
2 EL Sesamöl
Salz
1 Pr. Zucker
50 g Sesamsaat

VEGAN

Zubereitung: 15 Min.
Ruhezeit: 1 Std.

Einkaufsliste

1 Die Sojabohnen Sprossen in ein Sieb abgießen und abtropfen lassen. Die Frühlingszwiebeln putzen und in feine Ringe schneiden.

2 In einer Schüssel aus der Sojasauce, dem Mirin Reiswein, dem Reisessig und dem Sesamöl eine Marinade herstellen und mit Salz und 1 Prise Zucker abschmecken.

3 Sojabohnen Sprossen und Frühlingszwiebeln in einer großen Schüssel gut vermengen und mit der Marinade übergießen. 1 Stunde beiseite stellen und durchziehen lassen. Anschließend den Salat auf Tellern anrichten und mit Sesamsaat bestreut servieren.

Tipp Sojabohnen Sprossen-Salat kann auch mit vielen anderen Gemüsezutaten oder auch mit Fleisch oder Meeresfrüchten zubereitet werden.

Nordischer Matjessalat

1 Matjesfilets waschen, trocken tupfen und in ca. 2-3 cm breite Stücke schneiden. Apfel halbieren, die Schale und das Kerngehäuse entfernen und in kleine Würfel/Stücke schneiden. Gewürzgurken abtropfen lassen und ebenso klein schneiden. Zwiebel schälen, halbieren und in feine Streifen schneiden. Sämtliche Zutaten in einer großen Schüssel vermengen.

2 Aus Naturjoghurt, Crème fraîche, frisch gepresstem Zitronensaft und fein gehacktem Dill eine Sauce verrühren und mit Salz und Pfeffer abschmecken. Über den Fisch geben und alles gut unterheben. Matjessalat vor dem Verzehr mindestens 3 Std. durchziehen lassen.

ZUTATEN
4

5 Matjes-Doppelfilets
400 g Naturjoghurt
1 EL Crème fraîche
½ Zitrone
1 Apfel (säuerlich)
1 rote Zwiebel
2 Gewürzgurken
Salz und Pfeffer
1 Zweig Dill

Zubereitung: 20 Min.
Ruhezeit: mind. 3 Std.

Einkaufsliste

Glasnudelsalat „sweet chili“

ZUTATEN 4

150 g Glasnudeln
2 Frühlingszwiebeln
100 g Cherrytomaten
300 g Hackfleisch (gemischt)
Salz und Pfeffer
2 EL Olivenöl
½ Limette
1 TL Sesamöl
1 EL Sojasauce
etwas Sweet Chili Sauce

Zubereitung: ca. 20 Min.
Garzeit: 4-5 Min.
Ruhezeit: 10 Min.

Einkaufsliste

1 Die Glasnudeln in einer Schüssel mit 500 ml kochendem Wasser überbrühen und 10 Min. ziehen lassen. Anschließend in ein Sieb abgießen, mit kaltem Wasser abschrecken und in mundgerechte Stücke schneiden.

2 Zwischenzeitlich die Frühlingszwiebeln waschen, putzen, das obere Grün entfernen und in feine Ringe schneiden. Die Cherrytomaten abspülen, trockenreiben und halbieren.

3 In einer Schüssel aus Sesamöl, Sojasauce, dem Saft einer halben Limette sowie etwas Sweet Chili Sauce eine Marinade anrühren und diese gut verquirlen.

4 Das Hackfleisch in einer Pfanne mit 2 EL Olivenöl scharf anbraten und 4-5 Min. bei hoher Temperatur garen; dabei ständig mit einem Holzlöffel oder-spatel zerkrümeln. Glasnudeln dazugeben, gut vermengen und mit Salz und Pfeffer abschmecken.

5 Hackfleisch-Glasnudeln auf Tellern oder in Bowls anrichten und mit der Sweet Chili Marinade überziehen.

Info Glasnudeln entstammen der ostasiatischen Küche und werden nur aus Wasser und Stärke hergestellt. Sie werden nicht gekocht, sondern lediglich mit kochendem Wasser übergossen und ziehen dann für einige Minuten. Glasnudeln sind relativ geschmacksneutral und eignen sich somit für Salate oder Suppen, können jedoch auch frittiert oder gebraten werden.

ZUTATEN 4

250 g Artischockenherzen (Glas/Dose)
50 g getrocknete Tomaten (in Öl)
½ Bd. Basilikum
5 EL Olivenöl
1 EL Weinessig
1 Knoblauchzehe
½ TL Dijon Senf
Salz und Pfeffer
1 Pr. Zucker
50 g Kapern (eingelegt)
1 EL Mehl (Type 405)

VEGAN

Zubereitung: ca. 20 Min.
Garzeit: 2-3 Min.
Ruhezeit: 10 Min.

Einkaufsliste

Info Artischocken frisch oder eingelegt haben wenig Kalorien und viele Ballaststoffe. Da das Gemüsen den Appetit anregt, ist es besonders für Vorspeisen und Salate geeignet. Artischocken werden jedoch auch häufig für Pizzabeläge oder zur Zubereitung von mediterranen Gerichten verwendet.

Artischockensalat mit Kapern

1 Artischockenherzen in einem Sieb abgießen, kurz abwaschen, vierteln und auf Küchenpapier abtropfen lassen.

2 Getrocknete Tomaten abtropfen lassen und in Streifen schneiden. Basilikumblätter abspülen, trocken tupfen, einige ganze Blätter zur Seite legen und die restlichen in feine Streifen schneiden. Basilikumstreifen zusammen mit den getrockneten Tomaten und den Artischockenherzen in einer Schüssel vermengen.

3 Aus **3 EL** des Olivenöls, dem Weinessig, einer gehäuteten und sehr klein gehackten Knoblauchzehe und dem Senf eine Marinade anrühren und diese mit Salz und Pfeffer sowie 1 Prise Zucker abschmecken. Über die Artischocken geben und alles gut mit den Händen marinieren. Den Salat für 10 Min. durchziehen lassen.

4 Zwischenzeitlich die Kapern abtropfen lassen und in 1 EL Mehl wälzen. Mit dem restlichen Olivenöl in einer Pfanne für 2-3 Min. goldbraun anbraten und auf Küchenpapier abtropfen lassen.

5 Den Salat auf Tellern anrichten, mit den knusprigen Kapern bestreuen und mit ganzen Basilikumblättern garniert servieren.

Gebratener Spargelsalat

1 Grünen Spargel waschen und trocken tupfen, evtl. holzige Enden abschneiden (grüner Spargel muss nicht geschält werden). In einer großen Pfanne mit **3 EL** des Olivenöls den Spargel ca. 9-10 Minuten braten und anschließend beiseite stellen.

2 Zwischenzeitlich Strauchtomaten waschen, trockenreiben und halbieren. Den Schafskäse in kleine Stücke bzw. Würfel schneiden oder Feta aus dem Glas abtropfen lassen.

3 Das Dressing aus dem restlichen Olivenöl, dem Balsamicoessig, dem Walnussöl sowie einer Prise Zucker herstellen und mit Salz und Pfeffer abschmecken.

4 Der Spargel und die Tomaten auf Tellern anrichten, mit dem gewürfelten oder etwas zerbröselten Fetakäse bestreuen und mit dem Dressing überziehen.

ZUTATEN 4

- 500 g grüner Spargel
- 200 g Strauchtomaten
- 150 g Schafskäse (Feta)
- 5 EL Olivenöl
- 3 EL Balsamicoessig
- 2 EL Walnussöl
- 1 Pr. Zucker
- Salz und Pfeffer

VEGGIE

Zubereitung: ca. 15 Min.
Garzeit: 9-10 Min.

Einkaufsliste

Tipp Zum gebratenen Spargelsalat passt auch Spinat, Rucola, hart gekochte Eier oder Radieschen, aber auch Huhn- oder Rindfleischstreifen.

Hähnchen-Spinatsalat

ZUTATEN 4

125 g Hähnchenbrustfilet
125 g Babyspinatblätter
75 g Radicchio Salat
50 g Champignons
50 g Parmaschinken (Scheiben)
5 EL Olivenöl
1 EL Weinessig
½ Orange
1 EL Naturjoghurt
Salz und Pfeffer

Zubereitung: 25 Min.
Garzeit: ca. 10 Min.

Einkaufsliste

1 Spinatblätter waschen und auf Küchenpapier abtropfen lassen. Radicchio in Blätter teilen, kurz in lauwarmes Wasser tauchen und anschließend trocken tupfen. Die Blätter in mundgerechte Stücke zerteilen.

2 Das Hähnchenbrustfilet abspülen, trocken tupfen und in Streifen schneiden. Das Fleisch mit Salz und Pfeffer würzen und in einer Pfanne mit **2 EL** des Olivenöls ca. 5-6 Min. goldbraun anbraten. Herausnehmen und beiseite stellen. Die Parmaschinken-Scheiben etwas zerteilen und in der gleichen Pfanne mit **1 EL** des Olivenöls kross anbraten.

3 Champignons abbürsten (nicht abwaschen) und in dünne Scheiben schneiden; dabei auch die Stiele verwenden.

4 In einer Schüssel das Dressing aus 2 EL Olivenöl, Weinessig, Saft einer halben Orange, etwas Orangenabrieb der Schale und dem Naturjoghurt herstellen und alles gut verquirlen. Mit Salz und Pfeffer abschmecken.

5 Die Salatblätter, das Hähnchenfleisch, den Parmaschinken und die Champignons in einer großen Schüssel vermengen, auf Tellern anrichten und mit der Marinade überziehen.

Tipp

Blattsalate sollte man nur kurz zum Reinigen wässern, damit möglichst viel Nährstoffe erhalten bleiben. Dabei die Blätter kurz ins Wasser tauchen oder unter fließendem Wasser abspülen.

Senf-Dressing

SALATDRESSING

ZUTATEN

4

- 2 EL Kräuter Essig
- 1 TL Salz
- 2 TL Dijon Senf
- 1 Knoblauchzehe
- 8 EL Olivenöl
- Pfeffer

VEGAN

Zubereitung: 10 Min.

Einkaufsliste

1 Knoblauch häuten, sehr fein hacken und zusammen mit dem Senf, dem Essig und 1 TL Salz glatt verrühren. Das Olivenöl nun tröpfchenweise, unter ständigem Rühren mit einem **Holzlöffel**, einarbeiten, bis eine Emulsion entsteht.

2 Mit etwas Pfeffer abschmecken und direkt über den Salat geben oder in ein Glas/eine Schale abfüllen und zum Salat reichen.

Gorgonzola-Dressing

1 Gorgonzola klein schneiden und in einem Mixbecher mit der Gabel zerdrücken. Mit der Milch und dem Olivenöl aufmixen und glattrühren.

2 Mit Salz und Pfeffer abschmecken und direkt über den Salat geben oder in ein Glas/eine Schale abfüllen und zum Salat reichen.

SALATDRESSING

ZUTATEN

4

- 160 g Gorgonzola
- 100 ml Milch
- 5 EL Olivenöl
- Salz und Pfeffer

VEGGIE

Zubereitung: 5 Min.

Einkaufsliste

French-Dressing

SALATDRESSING

ZUTATEN

4

- 2 Eier
- ½ Zitrone
- 1 TL Dijon Senf
- Salz und Pfeffer
- 125 ml Olivenöl
- 100 g Schlagsahne

VEGGIE

Zubereitung: 15 Min.

Einkaufsliste

1 Die Eier trennen und nur die Eigelbe verwenden. Mit 1 TL Senf, 1 EL Zitronensaft sowie Salz und Pfeffer verquirlen. Das Olivenöl nun tröpfchenweise, unter ständigem Rühren mit einem **Holzlöffel**, einarbeiten, so dass eine dicke Mayonnaise entsteht.

2 Die Sahne steif schlagen und vorsichtig unter das Dressing ziehen. Am Schluss noch mit etwas Zitronensaft abschmecken und direkt über den Salat geben oder in ein Glas/eine Schale abfüllen und zum Salat reichen.

Paprika-Dressing

1 Paprika aus dem Glas in ein Sieb abgießen, abtropfen lassen und von der Flüssigkeit 2 Esslöffel auffangen. Alle Zutaten und die aufgefangene Flüssigkeit der Paprika mit einem Mixer homogen verarbeiten und anschließend mit Salz und Pfeffer abschmecken.

2 Das Dressing direkt über den Salat geben oder in ein Glas/eine Schale abfüllen und zum Salat reichen.

SALATDRESSING

ZUTATEN 4

150 g gegrillte Paprika (Glas)
5 EL Olivenöl
2 TL Rotweinessig
Salz
Pfeffer

VEGAN

Zubereitung: 5 Min.

Einkaufsliste

SALATDRESSING

ZUTATEN 4

150 g Naturjoghurt (fettarm)
100 g Saure Sahne
2 EL Ketchup
2 TL Senf
etwas Zitronensaft
1 TL Zucker
etwas Schnittlauch
etwas Petersilie
Salz und Pfeffer

VEGGIE

Zubereitung: 10 Min.

Einkaufsliste

American-Dressing

1 Joghurt, Sahne, Ketchup und Senf mit einem Mixer homogen verarbeiten. Anschließend mit etwas Zitronensaft, 1 TL Zucker und den klein gehackten Kräutern verfeinern.

2 Evtl. noch salzen und pfeffern (nach Geschmack) und direkt über den Salat geben oder in ein Glas/eine Schale abfüllen und zum Salat reichen.

Kaviar-Dressing

SALATDRESSING

ZUTATEN 4

100 g Crème fraîche
100 g Naturjoghurt
1 TL Senf
1 EL Sherry Essig
2 EL Traubenkernöl
Salz und Pfeffer
½ Zitrone
100 g Kaviar (z.B. Keta Kaviar)

Zubereitung: 5 Min.

Einkaufsliste

1 Crème fraîche, Joghurt, Senf, Essig und Öl mit einem Mixer homogen verarbeiten. Mit etwas Zitronensaft sowie Salz und Pfeffer abschmecken und den Kaviar locker unterheben.

2 Das Dressing direkt über den Salat geben oder in ein Glas/eine Schale abfüllen und zum Salat reichen.

Balsamico-Dressing

1 Knoblauchzehe häuten und sehr fein hacken. Zusammen mit dem Balsamicoessig, dem Senf und dem Honig in eine Schüssel geben, mit Salz und Pfeffer würzen und gut verquirlen.
Das Olivenöl nun tröpfchenweise, unter ständigem Rühren mit einem **Holzlöffel**, einarbeiten, so dass eine Emulsion entsteht.

2 Das Dressing direkt über den Salat geben oder in ein Glas/eine Schale abfüllen und zum Salat reichen.

SALATDRESSING

ZUTATEN 4

1 Knoblauchzehe
6 EL dunkler Balsamicoessig
1 EL Dijon Senf
1 EL Honig
8 EL Olivenöl
Salz und Pfeffer

VEGGIE

Zubereitung: 10 Min.

Einkaufsliste

Chili-Öldressing

SALATDRESSING

ZUTATEN 4

1 Knoblauchzehe
1-2 Chilischoten
6 EL weißer Balsamicoessig
1 EL Dijon Senf
8 EL Olivenöl
Salz und Pfeffer

VEGGIE

Zubereitung: 10 Min.

Einkaufsliste

1 Knoblauchzehe häuten und zusammen mit den Chilischoten sehr fein hacken. Beides mit dem Balsamicoessig und dem Senf in eine Schüssel geben, mit Salz und Pfeffer würzen und gut verquirlen. Das Olivenöl nun tröpfchenweise, unter ständigem Rühren mit einem **Holzlöffel**, einarbeiten, so dass eine Emulsion entsteht.

2 Das Dressing direkt über den Salat geben oder in ein Glas/eine Schale abfüllen und zum Salat reichen.

Suppen & Eintöpfe

3. KAPITEL

Andalusischer Gazpacho

ZUTATEN

4

500 g Tomaten
1 Salatgurke
1 rote Paprika
1 grüne Paprika
1 Zwiebel
1 Knoblauchzehe
7 EL Olivenöl
150 g altbackenes Weißbrot
½ Zitrone
Cayennepfeffer (gemahlen)
Salz und Pfeffer
2 EL Rotweinessig
Thymian (getrocknet)
Oregano (getrocknet)
1 ¼ l Gemüsebrühe
1 Zweig Basilikum

VEGAN

Zubereitung: 40 Min.
Garzeit: ca. 20 Min.
Kühlzeit: mind. 2 Std.

Einkaufsliste

1 Tomaten kurz in kochendem Wasser blanchieren und kalt abschrecken. Die Haut abziehen, das Kerngehäuse entfernen und alles in kleine Stücke schneiden. Salatgurke waschen, trockenreiben und längs halbieren. Das Kerngehäuse entfernen und ebenfalls in kleine Stücke oder Würfel schneiden.

2 Paprika waschen, trockenreiben und halbieren. Kerne und Scheidewände entfernen und zu kleinen Würfelchen schneiden. Zwiebel häuten, halbieren und fein würfeln, Knoblauchzehe schälen und sehr klein schneiden oder hacken.

3 Vom Weißbrot **100 g** kurz in Wasser einweichen und dann gut ausgedrückt in einen großen Mixbecher geben. Das restliche Weißbrot wird später zu Croûtons verarbeitet. **3 EL** des Olivenöls, die Tomaten sowie jeweils zwei Drittel der Gurken- und Paprikawürfel mit in den Mixer geben und alles pürieren. Die restlichen Würfel als spätere Suppeneinlage beiseite stellen.

4 Vom Olivenöl **2 EL** in einen großen Topf geben, die Zwiebel und den Knoblauch darin andünsten und die pürierte Masse dazu geben. Alles mit Gemüsebrühe aufgießen und mit etwas Rotweinessig, Cayennepfeffer, getrocknetem Thymian und Oregano, sowie frisch gepresstem Zitronensaft abschmecken. Evtl. nochmals mit Salz und Pfeffer nachwürzen.

ANDALUSIEN

5 Die Suppe abkühlen lassen und mindestens 2 Std. im Kühlschrank kaltstellen. Die übrigen Weißbrotscheiben in Würfelchen schneiden und mit dem restlichen Olivenöl in einer Pfanne zu Croûtons rösten. Herausnehmen und auf Küchenpapier abtropfen lassen.

6 Den eiskalten Gazpacho in Tellern verteilen und mit den restlichen Gurken- und Paprikawürfelchen bestreuen. Am Schluss einige Croûtons sowie Basilikumblättchen darüber geben und servieren.

Info

Das bekannteste Gericht der andalusischen Küche ist die kalte Gemüsesuppe *Gazpacho*

Karotten-Kürbiscreme mit Ingwer

1 Kürbis waschen, grob zerkleinern, das Kerngehäuse entfernen und in kleine Stücke schneiden. Karotten schälen und in feine Würfel schneiden. Die Zwiebel häuten und fein hacken, Ingwer mit einem Löffel schälen und klein schneiden.

2 In einem großen Topf mit Olivenöl die Zwiebel anschwitzen und mit dem Orangensaft ablöschen. Anschließend den Kürbis und die Karotten dazugeben und etwas köcheln. Den Ingwer unterrühren, mit Gemüsebrühe aufgießen und zugedeckt weitere 20 Min. sanft köcheln.

3 Danach die Saure Sahne dazugeben und alles mit einem Stabmixer fein pürieren. Mit Salz und Pfeffer abschmecken.

4 Sesamsaat in einer Pfanne ohne Öl kurz anrösten, die Suppe auf Tellern anrichten und mit Sesam bestreut heiß servieren.

ZUTATEN

4

1 kleiner Hokkaidokürbis (400 g)
400 g Karotten
1 Zwiebel
2 EL Olivenöl
100 ml Orangensaft
1 l Gemüsebrühe
1 kleines Stk. Ingwer
2 EL Saure Sahne
2 TL Sesamsaat
Salz und Pfeffer

VEGGIE

Zubereitung: 25 Min.
Garzeit: 30 Min.

Einkaufsliste

Speisekürbisse

Info

Neben Kürbissorten wie Butternut, Muskat, Pattisson oder auch Sweet Dumpling gehört der Hokkaidokürbis zu den beliebtesten Speisekürbissen. Seine dünne Schale wird beim Kochen weich und kann mitverzehrt werden. Die Kerne des Hokkaido können getrocknet und später ausgesät oder auch verzehrt werden.

Gemüseeintopf mit Geflügelwürstchen

1 Kartoffeln, Karotten und Sellerie waschen, trockenreiben und in ca. 1 cm große Würfelchen schneiden. Den Lauch waschen, die oberen grünen Blätter entfernen und in feine Ringe schneiden. Den Knoblauch schälen und sehr klein schneiden. Den Majoran abspülen, trocken tupfen und fein hacken.

2 Olivenöl in einem großen Topf erhitzen und den Knoblauch glasig anschwitzen. Anschließend das vorbereitete Gemüse dazu geben und alles andünsten. Mit der Gemüsebrühe aufgießen und zugedeckt bei mittlerer Hitze 25 Min. köcheln lassen. Nach 15 Min. die gesäuberten und in Stücke geschnittenen grünen Bohnen und den Majoran dazugeben.

3 Inzwischen die Würstchen schräg in mundgerechte Stücke schneiden. Die Hälfte vom Gemüse aus dem Topf nehmen, grüne Currypaste und Crème fraîche unterrühren und alles mit einem Mixstab pürieren. Das pürierte Gemüse wieder mit in den Topf geben, die Würstchen einlegen und mit Salz und Pfeffer abschmecken. Sobald die Würstchen im Eintopf erhitzt sind, die Suppe in Teller abfüllen und mit klein geschnittenen Schnittlauchröllchen bestreut servieren.

ZUTATEN 4

- 500 g Kartoffeln (festkochend)
- 300 g Karotten
- 300 g Knollensellerie
- 1 Stange Lauch/Porree
- 1 Knoblauchzehe
- 1 Zweig Majoran
- 2 EL Olivenöl
- 1,5 l Gemüsebrühe
- 150 g grüne Bohnen
- ½ TL grüne Currypaste
- 50 g Crème fraîche
- 300 g Geflügelwürstchen (Glas)
- Salz und Pfeffer
- ½ Bd. Schnittlauch

Zubereitung: 30 Min.
Garzeit: ca. 35 Min.

Einkaufsliste

Scharfe Surimisuppe

ZUTATEN 4

2 Schalotten (milde Zwiebeln)
2 EL Olivenöl
1 l Fisch Fond
2 EL scharfes Ajvar
1 EL Speisestärke
Salz und Pfeffer
250 g Surimi Sticks
1 Zweig Dill, Petersilie
oder Koriander

Zubereitung: 15 Min.
Garzeit: 20 Min.

Einkaufsliste

1 Schalotten häuten, halbieren, in kleine Würfel schneiden und diese in einem Topf mit 2 EL Olivenöl glasig andünsten. Den Fisch Fond angießen, das Ajvar unterrühren und alles 15 Minuten sanft köcheln lassen. Speisestärke mit etwas Wasser glattrühren und mit einem Schneebesen in die Suppe einrühren. Surimisuppe mit Salz und Pfeffer abschmecken.

2 Die Surimi Stick in ein Sieb abgießen, abtropfen lassen und in 1-2 cm breite Röllchen schneiden. Die Suppe anrichten, das Surimi gleichmäßig darin verteilen und mit etwas Dill, Petersilie oder Koriander garniert servieren.

Norddeutsche Krabbensuppe

ZUTATEN 4

600 g Kartoffeln (festkochend)
100 g Lauch/Porree
100 g Schinkenspeck
1 EL Olivenöl
1 Zwiebel
1 l Fisch Fond
200 g Crème fraîche
Salz und Pfeffer
Muskatnuss
300 g Nordseekrabben
1 Zweig glatte Petersilie

Zubereitung: 25 Min.
Garzeit: 30 Min.

Einkaufsliste

1 Zwiebel häuten und klein schneiden, Schinkenspeck klein würfeln. Alles zusammen mit 1 EL Olivenöl in einem großen Topf anbraten. Kartoffeln schälen und klein würfeln, Lauch waschen, trockenreiben und das obere Grün entfernen. Lauch in feine Ringe schneiden und zusammen mit den Kartoffelwürfeln in den Topf geben. Den Fisch Fond aufgießen und die Suppe für 20 Min. köcheln lassen.

2 Anschließend Crème fraîche einrühren und alles mit einem Stabmixer fein pürieren. Zum Schluss mit Salz, Pfeffer und etwas Muskatnuss würzen und die gewaschenen Krabben unterheben. Mit grob gehackter Petersilie bestreut servieren.

Pestosüppchen

1 Für das Pesto Knoblauchzehen schälen und grob hacken, das Basilikum und die Petersilie abspülen, trocken tupfen und ebenfalls grob schneiden. Den Parmesan fein reiben und alles zusammen in einen großen Mixbecher geben. **100 ml** des Olivenöls dazu gießen und das Pesto mit dem Mixer fein pürieren. Mit Salz und Pfeffer abschmecken und beiseite stellen.

2 Kartoffeln waschen, schälen und klein schneiden, die Zwiebel häuten, halbieren und klein hacken. Zucchini schälen, halbieren, das Kerngehäuse mit einem Löffel entfernen und in kleine Stücke schneiden. Die Zuckerschoten waschen, trocken tupfen und klein schneiden.

3 In einem Topf mit dem restlichen Olivenöl die Zwiebel glasig anschwitzen, Kartoffeln, Zucchinistücke und Zuckerschoten dazugeben und mit der Gemüsebrühe aufgießen. Bei mäßiger Hitze ca. 15 Min. köcheln lassen.

4 Anschließend die Suppe mit einem Stabmixer pürieren, das Pesto einrühren und alles nochmals mit Salz und Pfeffer abschmecken. Das Pestosüppchen serviert man mit gerösteten Ciabatta- oder Weißbrotscheiben.

Tipp

Wer möchte, kann sein Pestosüppchen auch mit Pinienkernen zubereiten. Entweder man verwendet 2 EL Pinienkerne im Pesto, oder man röstet eine Hand voll Kerne ohne Öl in der Pfanne und gibt diese dann als Topping über die Suppe.

ZUTATEN 4

2 Knoblauchzehen
1 Bd. Basilikum
½ Bd. Petersilie
50 g Parmesan (ital. Hartkäse)
125 ml Olivenöl
Salz und Pfeffer
200 g Kartoffeln (festkochend)
1 Zwiebel
1 Zucchini
100 g Zuckerschoten
1 l Gemüsebrühe
Ciabatta (ital. Weißbrot)

VEGGIE

Zubereitung: 40 Min.
Garzeit: ca. 20 Min.

Einkaufsliste

Rote Linsen-Suppe

ZUTATEN 4

200 g Rote Linsen
2 Karotten
1 Zwiebel
1 Knoblauchzehe
1 kleines Stk. Ingwer
1 Chilischote
2 EL Olivenöl
750 ml Gemüsebrühe
300 ml Kokosmilch
1 EL rote Currypaste
½ Limette
Salz und Pfeffer
2 Zweige Koriander

VEGAN

Zubereitung: 25 Min.
Garzeit: ca. 20 Min.

Einkaufsliste

1 Rote Linsen unter fließendem Wasser gut durchspülen und in einem Sieb abtropfen lassen.

2 Karotten waschen, schälen und feinwürflig schneiden, die Zwiebel häuten, halbieren und ebenfalls klein würfeln. Knoblauch schälen und fein schneiden, Ingwer mit einem Löffel schälen und klein hacken. Chilischote abspülen, trockenreiben und in feine Ringe schneiden.

3 In einem großen Topf mit 2 EL Olivenöl die Zwiebel, den Knoblauch, den Ingwer und die Chilischote anschwitzen, anschließend Karotten und Rote Linsen dazugeben. Alles kurz mit andünsten und anschließend mit Gemüsebrühe aufgießen. Bei geringer Hitze ca. 10 Min. köcheln lassen.

4 Danach die Suppe mit einem Stabmixer nur grob pürieren, mit Kokosmilch aufgießen und mit roter Currypaste, frisch gepresstem Limettensaft sowie Salz und Pfeffer abschmecken.

5 Koriander abspülen, trocken tupfen und die Blätter grob zerkleinern. Die Suppe in Tellern oder Bowls servieren und mit den Korianderblättern bestreuen.

Geeistes Paprikasüppchen

1 Paprikaschoten waschen, trockenreiben und halbieren. Die Kerne und die Scheidewände entfernen und alles in kleine Stücke schneiden. Die Zwiebel und den Knoblauch schälen und sehr fein würfeln. Die Chilischote waschen und in feine Ringe schneiden.

2 Olivenöl in einem Topf erhitzen und die Zwiebel und den Knoblauch andünsten. Anschließend Paprika und Chilischote dazugeben und ebenfalls anschwitzen. Mit der Gemüsebrühe auffüllen und zugedeckt ca. 15 Min. weiterköcheln lassen.

3 Danach die Suppe mit einem Stabmixer fein pürieren, mit Rotweinessig, einer Prise Zucker und Salz und Pfeffer abschmecken und mit Crème fraîche verfeinern. Vom Herd nehmen, etwas abkühlen lassen und anschließend im Kühlschrank für mindestens 1,5 Std. kaltstellen.

4 Zum Servieren auf Tellern anrichten und mit einen Löffel eine Spur Crème fraîche dekorieren.

ZUTATEN 4

VEGGIE

4 rote Paprika
1 Zwiebel
1 Knoblauchzehe
1 Chilischote
2 EL Olivenöl
1 l Gemüsebrühe
1 EL Rotweinessig
Salz und Pfeffer
1 Pr. Zucker
2 EL Crème fraîche

Zubereitung: 20 Min.
Garzeit: 20 Min.
Kühlzeit: 1,5 Std.

Einkaufsliste

Zucchinicreme mit Safran

1 Kartoffel waschen, schälen und in kleine Würfel schneiden, die Zwiebel häuten und fein schneiden/hacken. Zucchini schälen, halbieren, das Kerngehäuse mit einem Löffel entfernen und ebenfalls in kleine Würfel schneiden.

2 Zwiebel und Kartoffel in einem Topf mit 2 EL Olivenöl andünsten, Zucchini dazugeben und mit Pernod ablöschen. Anschließend mit der Gemüsebrühe aufgießen, zwei Drittel der Safranfäden unterrühren und die Suppe ca. 20 Min. weiterköcheln.

3 Die Saure Sahne zur Suppe geben und alles mit einem Stabmixer zu einer sämigen Konsistenz verarbeiten. Mit Salz und Pfeffer abschmecken, in Tellern verteilen und mit den restlichen Safranfäden garnieren. Suppe mit Baguette heiß servieren.

ZUTATEN 4

VEGGIE

1 große Kartoffel
1 Zwiebel
4 Zucchini
2 EL Olivenöl
2 EL Pernod
1 l Gemüsebrühe
1 g Safranfäden
3 EL Saure Sahne
Salz und Pfeffer
1 Baguette (Stangenweißbrot)

Zubereitung: 15 Min.
Garzeit: 25 Min.

Einkaufsliste

Tipp Für eine vegane Variante der Suppe einfach vegane Sahne zum Kochen verwenden.

Fischeintopf mit Lauch und Dill

ZUTATEN 4

200 g Lachsfilet
200 g Zanderfilet
200 g Rotbarschfilet
200 g Seelachsfilet
2 Stangen Staudensellerie
1 Stange Lauch/Porree
2 rote Zwiebeln
2 Knoblauchzehen
2 EL Olivenöl
1 l Fisch Fond
1 g Safranfäden
1 EL Pernod
Salz und Pfeffer
1 Zweig Dill

Zubereitung: ca. 20 Min.
Garzeit: 25 Min.

Einkaufsliste

1 Die küchenfertigen Fischfilets abspülen, trocken tupfen und in mundgerechte Streifen schneiden. Staudensellerie und Lauch waschen, trockenreiben, die oberen Blätter entfernen und alles in kleine Stücke schneiden. Die Zwiebeln schälen, halbieren und in Streifen schneiden, den Knoblauch schälen und klein schneiden.

2 Das Gemüse in einem Topf mit Olivenöl glasig anschwitzen, mit Fisch Fond ablöschen und die Safranfäden hinzugeben. Das Ganze für 8-10 Min. sanft köcheln lassen.

3 Pernod unterrühren, die Fischstücke einlegen und die Suppe nochmals 10 Min. garziehen (nicht mehr kochen lassen).

4 Zwischenzeitlich den Dill abspülen, trocken tupfen und fein hacken. Den Eintopf nochmals mit etwas Salz und Pfeffer abschmecken, in Teller füllen und mit dem Dill bestreut servieren.

Bihun-Suppe mit Bambusstreifen

ZUTATEN 4

300 g Hähnchenbrustfilet
1 Karotte
100 g Champignons
1 rote Paprika
80 g Bambusscheiben (Glas/Dose)
100 g Glasnudeln
20 g Mu-Err Pilze (getrocknet)
1 l Geflügelbrühe
1 TL Speisestärke
3 EL Sojasauce
1 TL Sambal Oelek
Salz und Pfeffer

Zubereitung: ca. 25 Min.
Garzeit: ca. 20 Min.
Einweichzeit: 10 Min.

Einkaufsliste

1 Die Mu-Err Pilze für 10 Min. in lauwarmes Wasser geben und einweichen.

2 Zwischenzeitlich das Hähnchenbrustfilet waschen, trocken tupfen und in einem Topf mit der Geflügelbrühe ca. 10 Min. bei schwacher Hitze köcheln. Herausnehmen und in Streifen schneiden.

3 Karotte schälen und klein schneiden, die Paprika waschen, trockenreiben und halbieren. Die Kerne und Scheidewände entfernen und in kleine Stücke schneiden. Die Champignons leicht abbürsten und in feine Scheiben schneiden. Bambusscheiben in ein Sieb abgießen, abtropfen lassen und zusammen mit den eingeweichten Mu-Err Pilzen zerkleinern.

4 Die Glasnudeln in Stücke brechen und sämtliche Zutaten, inkl. dem Hähnchenbrustfilet, in den Topf mit der Geflügelbrühe geben. 5-6 Min. sanft köcheln, danach mit Speisestärke abbinden (Speisestärke vorher mit etwas Wasser glattrühren) und mit Sojasauce, Sambal Oelek, Salz und Pfeffer abschmecken. Die Suppe in Teller füllen und heiß servieren.

Steckrübeneintopf mit Speckdatteln

1 Steckrübe, Kartoffeln und Karotten waschen, schälen und in ca. 1 cm große Würfel schneiden. Die Zwiebel schälen, halbieren und klein schneiden, den Majoran abspülen, trocken tupfen und fein hacken. Ein paar ganze Blättchen Majoran zum Dekorieren zur Seite legen.

2 Vom Olivenöl **2 EL** in einem großen Topf erhitzen und darin die Zwiebel glasig andünsten, anschließend das Gemüse dazugeben und ebenfalls anbraten. Majoran hinzugeben und alles mit der Gemüsebrühe aufgießen. Zugedeckt ca. 30 Min. köcheln lassen.

3 Nach der Garzeit 2 Schöpfkellen Gemüse entnehmen und beiseite stellen, den restlichen Topfinhalt mit einem Stabmixer grobstückig pürieren (es sollten noch Stückchen des Gemüses erkennbar sein). Jetzt das entnommene Gemüse wieder hinzufügen, gut untermengen und alles mit Salz und Pfeffer abschmecken.

4 Die Speckdatteln in einer Pfanne mit dem restlichen Olivenöl goldbraun anbraten und sobald der Speck knusprig ist, herausnehmen. Jeweils 3 Speckdatteln auf einen Holzspieß ziehen. Eintopf auf Tellern verteilen, je 1 Spieß Speckdatteln an den Rand legen und die Suppe mit ein paar Majoranblättchen garniert servieren.

ZUTATEN 4

1 Steckrübe (ca. 1 kg)
250 g Karotten
300 g Kartoffeln (festkochend)
1 Zwiebel
1 Zweig Majoran
3 EL Olivenöl
1 l Gemüsebrühe
12 Speckdatteln
(Datteln im Speckmantel)
Salz und Pfeffer

Außerdem:
Holzspieße

Zubereitung: 30 Min.
Garzeit: 45 Min.

Einkaufsliste

Mexikanische Bohnensuppe

1 Das Schnitzelfleisch abspülen, trocken tupfen und in mundgerechte Streifen schneiden. Zwiebeln häuten, halbieren und klein schneiden, den Knoblauch schälen und klein hacken. Tomaten kurz in kochendem Wasser blanchieren, kalt abschrecken und die Haut abziehen. Dies gelingt sehr leicht, wenn man die Tomaten vor dem Blanchieren oben kreuzförmig einritzt.

ZUTATEN 4

500 g Schweineschnitzel
3 große Zwiebeln
1 Knoblauchzehe
3 EL Olivenöl
3 Tomaten
400 g stückige Tomaten (Dose/Glas)
500 ml Gemüsebrühe
1 rote Paprika
1 grüne Paprika
1 gelbe Paprika
2 Chilischoten
200 ml Chili Sauce
200 g Kartoffeln (festkochend)
400 g Kidney-Bohnen (Dose/Glas)
150 g Mais (Dose/Glas)
Salz und Pfeffer
Cayennepfeffer (gemahlen)
Currypulver
1 Zweig Petersilie
Nachos oder Weißbrot

Zubereitung: 45 Min.
Garzeit: 35 Min.

Einkaufsliste

2 Das Olivenöl in einem großen Topf erhitzen und das Schnitzelfleisch darin gut anbraten, anschließend Zwiebeln und Knoblauch mit anschwitzen. Die zerkleinerten frischen Tomaten sowie die Dosentomaten dazugeben, mit einer Dosenmenge Wasser und der Gemüsebrühe aufgießen und 10 Min. köcheln lassen.

3 Zwischenzeitlich die Kartoffeln waschen, schälen und in kleine Würfel scheiden, die Chilischoten in feine Ringe schneiden. Die Paprika waschen, trockenreiben und halbieren. Die Kerngehäuse und Scheidewände entfernen und ebenso in kleine Würfel schneiden. Nun die Kartoffelwürfel, die Chilischoten und die Chili Sauce zur Suppe geben, alles gut verrühren und weitere 10 Min. köcheln lassen. Mit reichlich Salz und etwas Pfeffer, sowie Cayennepfeffer und Currypulver würzen und abschmecken.

4 Jetzt die Paprikawürfel zugeben, gut verrühren und die Suppe nochmals für 10 Min. köcheln lassen. Anschließend die in einem Sieb abgetropften Kidney-Bohnen und Maiskörner dazugeben, alles gut vermengen und die Hitze wegnehmen. Die Suppe soll nun nicht mehr kochen und nur noch 5 Min. ziehen.

5 Am Schluss in Teller verteilen, mit ein paar frischen Petersilie Blättern garnieren und mit Nachos oder Weißbrot servieren.

Tipp Eine vegatarische/vegane Variante der Bohnensuppe kommt auch ohne Fleisch aus; einfach weglassen und es wird aus der mexikanischen Suppe ein schmackhafter Gemüseeintopf.

MEXIKO

Kaltes Schotensüppchen mit Melisse

1 Zuckerschoten waschen, trocken tupfen und einen kleinen Teil davon in feine Streifen schneiden. Den Rest der Schoten halbieren. Frühlingszwiebeln waschen, trockenreiben, die oberen grünen Blätter entfernen und alles in feine Ringe schneiden.

2 Die Frühlingszwiebeln, die Erbsen und die halben Zuckerschoten in einem großen Topf mit **2 EL** Olivenöl anschwitzen, mit Weißwein ablöschen und einmal aufkochen lassen. Mit der Gemüsebrühe auffüllen und abgedeckt 10 Min. köcheln. Anschließend Buttermilch dazugeben und das Süppchen mit einem Stabmixer fein pürieren. Mit Salz, Pfeffer und einer Prise Zucker abschmecken, etwas abkühlen lassen und dann mindestens 1 Std. im Kühlschrank kaltstellen.

3 Zwischenzeitlich die zurückgelegten Streifen der Zuckerschoten mit 1 EL Olivenöl in einer Pfanne anschwitzen. Die Zitronenmelisse waschen, trocken tupfen und in feine Streifen schneiden. Ein paar ganze Blättchen zur Seite legen.

4 Die Suppe in Schalen oder Tellern abfüllen, mit den Schoten- und Melissestreifen garnieren und kalt servieren.

ZUTATEN 4

VEGGIE

- 250 g Zuckerschoten
- 300 g Erbsen
- 1 Bd. Frühlingszwiebeln
- 3 EL Olivenöl
- 500 ml Gemüsebrühe
- 500 ml Buttermilch
- 100 ml Weißwein (trocken)
- Salz und Pfeffer
- 1 Pr. Zucker
- 2 Zweig Zitronenmelisse

Zubereitung: 20 Min.
Garzeit: ca. 20 Min.
Kühlzeit: mind. 1 Std.

Einkaufsliste

Info

Zuckerschoten, auch Kaiserschoten, Zuckererbsen oder Knackerbsen genannt, können auch roh mit der Hülse verzehrt werden. Der französische Name „Mange-tout" bedeutet *iss alles*.

Klare Tomatenessenz

1 Tomaten kurz in kochendem Wasser blanchieren, herausnehmen und die Schalen abziehen. Vierteln, das Kerngehäuse entfernen und nochmals etwas zerkleinern. Die Zwiebel und den Knoblauch schälen und grob zerteilen.

2 In einem großen Topf mit Olivenöl zuerst die Zwiebel und danach auch den Knoblauch anschwitzen, die Tomatenstücke dazugeben und alles mit dem Weißwein ablöschen. 5 Min. einköcheln lassen, anschließend die Gemüsebrühe und die gewaschenen und grob zerkleinerten Basilikumblätter hinzugeben. Mit Salz und Pfeffer abschmecken und abgedeckt weitere 30 Minuten sanft köcheln lassen.

3 Die Suppe vom Herd nehmen, durch ein feinmaschiges Küchensieb gießen und erkalten lassen.

4 Nun erfolgt das sogenannte „Klären", wodurch die feinen und verbliebenen Trübstoffe entfernt werden. Hierzu die Eier trennen, nur das Eiweiß wird verwendet und mit einigen Eiswürfeln verquirlt. Zusammen mit den beiden Sternanis in die Suppe geben und diese, unter ständigem Rühren, aufkochen. Nochmals 30 Min. am Siedepunkt ziehen lassen. Den sich an der Oberfläche gebildete Schaum der Trübstoffen mit einer Schaumkelle abnehmen und die Suppe durch ein Passiertuch (hierfür eignet sich auch ein sauberes und unbehandeltes Küchentuch) gießen. Die Suppe müsste nun „klar" sein, wer mag, kann die Essenz noch mit etwas Sherry verfeinern.

5 Anschließend Tomatenessenz in Teller abfüllen und mit ein paar Basilikumblättchen garnieren.

ZUTATEN 4

VEGGIE

1 kg Tomaten
1 Zwiebel
1 Knoblauchzehe
2 EL Olivenöl
1 l Gemüsebrühe
100 ml Weißwein (trocken)
2 Zweige Basilikum
Salz und Pfeffer
2 Eier
2 Sternanis
trockener Sherry (Dry)

Außerdem:
Passiertuch, Eiswürfel

Zubereitung: ca. 35 Min.
Garzeit: 1 Std. 10 Min.
Kühlzeit: mind 30 Min.

Einkaufsliste

Klein & schnell

4. KAPITEL

Classic-Burger

ZUTATEN 4

1 Römersalat (Romana)
500 g Hackfleisch (vom Rind)
1 rote Zwiebel
2 Tomaten
2 Gewürzgurken
4 Scheiben Schmelzkäse
Salz und Pfeffer
4 EL Olivenöl
4 EL Ketchup
4 EL Salat Mayonnaise
½ Zitrone
1 EL Whisky oder Cognac
1 EL Sojasauce
4 Burger Buns (Burger-Brötchen)

Außerdem:
4 Burger-Spieße
evtl. Burgerpresse

Zubereitung: 30 Min.
Garzeit: 10 Min.

Einkaufsliste

1 Tomaten waschen, trockenreiben und in mitteldicke Scheiben schneiden. Gewürzgurken abtropfen lassen und der Länge nach in sehr dünne Scheiben schneiden. Vom Salat die äußeren Blätter entfernen und vom Herz 8 schöne Blätter verwenden. Diese waschen und trocken tupfen. Die Zwiebel schälen und in Ringe schneiden.

2 Das küchenfertige Rinderhackfleisch halbieren, eine Hälfte davon kräftig kneten, bis Eiweiß austritt. Anschließend mit der ungekneteten Hackfleischmasse vermengen und daraus 4 Patties formen. Der Durchmesser der Hackfleischscheiben sollte etwas größer als die Burger-Brötchen sein, da das Fleisch beim Braten etwas schrumpft. Die fertig geformten Patties kurz kühl stellen.

3 Zwischenzeitlich aus dem Ketchup, der Salat Mayonnaise und etwas frisch gepresstem Zitronensaft mit dem Schneebesen eine Cocktailsauce herstellen. Diese mit etwas Whisky oder Cognac und Sojasauce verrühren und abschmecken. Die Sauce ebenfalls kurz kaltstellen.

4 Burger-Patties in einer großen Pfanne mit **2 EL** Olivenöl von beiden Seiten scharf anbraten und je Seite 2-3 Min. weitergaren. Anschließend mit Salz und Pfeffer würzen und mit den Käsescheiben belegen. Im Backofen bei Oberhitze oder Grillfunktion überbacken, bis der Käse zu schmelzen beginnt.

5 Zwischenzeitlich die halbierten Burger-Brötchen an der Schnittfläche anrösten; hierzu das restliche Olivenöl in eine Pfanne geben oder auf die Schnittflächen pinseln und dann kurz rösten.

6 Am Schluss die Burger wie folgt aufschichten: Die Brötchenhälften mit Cocktailsauce bestreichen, darauf je 1 Salatblatt legen. Nun die Hackfleisch-Patties daraufsetzen und diese mit den Tomatenscheiben, Gewürzgurken und Zwiebelringen belegen. Hierauf kommt dann nochmals ein Salatblatt mit einer Brötchenhälfte. Die Burger kann man mit Burger-Spießen in Form halten.

Tipp Mit einer im Handel erhältlichen Burgerpresse lassen sich ganz einfach gleichmäßige Patties herstellen. Damit sich das Hackfleisch wieder gut aus der Form löst, sollte dieses vorher gut gekühlt und die Form etwas befeuchtet werden.

Couscous „marokkanische Art"

1 Couscous in eine Glasschüssel geben, mit **1 EL** Olivenöl mischen und mit der aufgekochten Gemüsebrühe übergießen. Anschließend abgedeckt ca. 10 Min. quellen lassen. Die Rosinen in lauwarmes Wasser einweichen.

2 Paprika waschen, trockenreiben, halbieren, die Kerngehäuse entfernen und in Streifen schneiden. Die Zwiebeln häuten, halbieren und grob zerkleinern. In einer Pfanne mit dem restlichen Olivenöl Paprika und Zwiebeln farblos anbraten und mit Salz, Pfeffer, Harissa Chili Paste sowie Cumin würzen. Rosinen abtropfen lassen, dazugeben und alles zugedeckt 5 Min. dünsten.

3 Pinienkerne in einer zweiten Pfanne ohne Öl bei mittlerer Hitze goldbraun anrösten. Couscous auf einer großen Platte anrichten, das Gemüsen darauf geben, die Pinienkerne darüber streuen und das Gericht mit zuvor abgespülten und abgezupften Korianderblättern garnieren.

ZUTATEN 4

VEGAN

400 g Couscous
2 EL Olivenöl
400 ml Gemüsebrühe
2 rote Spitzpaprika
2 gelbe Spitzpaprika
2 kleine Zwiebeln
Salz und Pfeffer
½ TL Harissa Chili Paste
1 Msp. Cumin (Kreuzkümmel)
50 g Rosinen
50 g Pinienkerne
½ Bd. Koriander

Zubereitung: ca. 20 Min.
Ruhezeit: 10 Min.
Garzeit: 10-15 Min.

Einkaufsliste

Gorgonzola-Muffins

1 Den Backofen auf 200 °C Ober-/Unterhitze (Umluft 180 °C) vorheizen und eine Muffinbackform oder ein Blech dünn mit Öl auspinseln.

2 Zwiebel schälen, halbieren und klein schneiden, ebenso die etwas abgetropften, getrockneten Tomaten. **1 EL** Olivenöl in einem Topf erhitzen und die Zwiebel und die Tomatenstücke darin 2-3 Min. anschwitzen. Herausnehmen und abkühlen lassen.

3 Zwischenzeitlich Gorgonzola etwas zerdrücken und mit 4 EL Olivenöl, der Milch, dem ganzen Ei und fein geriebenem Parmesan verrühren. Die Zwiebel-Tomatenmischung untermengen und alles mit Salz und Pfeffer abschmecken. Das Mehl und das Backpulver vermischen und rasch unter die Käsemasse rühren.

4 Den Teig in die Muffinform gießen, dabei die Förmchen zu zwei Drittel füllen. Im vorgeheizten Backofen 15-20 Min. goldbraun backen, anschließend herausnehmen und in der Form abkühlen lassen.

ZUTATEN 8

50 g getrocknete Tomaten (in Öl)
6 EL Olivenöl
1 kleine Zwiebel
150 g Gorgonzola
125 ml Milch
1 Ei
50 g Parmesan (ital. Hartkäse)
Salz und Pfeffer
250 g Mehl (Type 405)
3 TL Backpulver

VEGGIE

Außerdem:
Muffinbackform/-Blech

Zubereitung: ca. 15 Min.
Garzeit: ca. 25 Min.

Einkaufsliste

Info

Backformen oder -bleche für Muffins erhält man im Handel in unterschiedlichen Größen und Materialien. Neben den klassischen Papiermanschetten für je 1 Muffin gibt es Backformen und -bleche für 6, 12 oder 24 Stück. Diese bestehen aus Materialien wie Silikon, Blech, Edelstahl oder auch Keramik.

Polenta-Pilzpancakes

1 Polenta Maisgrieß und Mehl in einer Rührschüssel vermengen, anschließend die Milch und **2 EL** Olivenöl dazugeben. Den Teig verquirlen, beiseite stellen und 15 Min. quellen lassen.

2 Zwischenzeitlich die Eier trennen und das Eiweiß mit je 1 Prise Salz und Zucker mit einem Mixer steif schlagen. Das Eigelb unter den Polenta-Teig rühren, anschließend den Eischnee vorsichtig unterheben.

3 Die Pilze leicht abbürsten und putzen, in Stücke schneiden und in einer Pfanne mit **2 EL** Olivenöl kurz anbraten. Rosmarin abspülen, trocken tupfen und sehr fein hacken. Einige kleine Zweige zur Deko beiseitelegen. Gehackten Rosmarin zu den Pilzen geben und alles mit Salz und Pfeffer abschmecken. Pilze aus der Pfanne nehmen und auf Küchenpapier abtropfen lassen.

4 Nun die Pancakes in einer kleinen Pfanne oder einer speziellen Pfanne für Pancakes (meist mit 4 runden Einteilungen) herausbacken. Hierzu ein wenig Olivenöl in die Pfanne geben und den Teig dünn einlaufen lassen. Wenn die Unterseite gebräunt ist, Pancakes wenden und goldbraun fertig backen.

5 Zum Servieren die Pancakes mit den Pilzen belegen, einigen rosa Pfefferbeeren darüberstreuen und mit Rosmarin dekorieren.

Tipp

Polenta-Pancakes schmecken auch als süßes Gericht. Anstatt der herzhaften Pilzbeilage kombiniert man die Pancakes dann mit Zutaten wie Ahornsirup, Cranberry- oder Pflaumen-Kompott, Saucen aus gefrorenen Beeren oder auch mit frischem Obst.

ZUTATEN 4

VEGGIE

- 75 g Polenta Maisgrieß
- 50 g Mehl (Type 405)
- 375 ml Milch
- 6-8 EL Olivenöl
- 2 Eier
- Salz und Pfeffer
- 1 Pr. Zucker
- 2 Zweige Rosmarin
- einige rosa Pfefferbeeren
- 300 g gemischte Pilze

Zubereitung: ca. 20 Min.
Garzeit: ca. 15 Min.
Ruhezeit: 15 Min.

Einkaufsliste

Garnelen im Olivenbackteig

1 Tiefgefrorene Riesengarnelen auftauen, frische direkt verarbeiten. Zuerst waschen, trocken tupfen und - falls vorhanden - die Schalen bis auf das Schwanzende entfernen. Am Rücken entlang etwas einschneiden und den Darm entfernen. Anschließend mit Salz und Pfeffer würzen, mit etwas Zitronensaft beträufeln und 10 Min. ziehen lassen.

2 Zwischenzeitlich die Oliven (ohne Stein) abtropfen lassen und sehr fein hacken. Thymian abspülen, trocken tupfen und ebenfalls klein schneiden. Mehl in einer Schüssel mit dem Backpulver mischen, 250 ml kaltes Wasser dazugeben und mit einem Schneebesen zu einem glatten Teig verquirlen. Oliven und Thymian untermischen.

3 Garnelen mit ein wenig Mehl bestäuben, abklopfen und durch den Oliven-Backteig ziehen. In einer tiefen Pfanne oder einer Fritteuse mit dem Öl ca. 4-5 Min. goldbraun ausbacken. Herausnehmen, etwas abtropfen lassen und servieren.

TAPAS

ZUTATEN 4

16 Riesengarnelen (frisch oder TK)
Salz und Pfeffer
etwas Zitronensaft
100 g schwarze Oliven
2 Zweige Thymian
100 g Mehl (Type 405)
1 TL Backpulver
1 l Erdnuss- oder Pflanzenöl

Zubereitung: ca. 20 Min.
Garzeit: 5 Min.
Ruhezeit: 10 Min.

Einkaufsliste

TAPAS

ZUTATEN 4

20 getrocknete Pflaumen
2 TL schwarzer Tee (Blätter)
20 Scheiben Bauchspeck
20 Mandelkerne
2 EL Olivenöl
Salz

Außerdem:
kleine Holzspieße

Zubereitung: ca. 20 Min.
Garzeit: 10 Min.
Ruhezeit: mind. 1 Std.

Einkaufsliste

Backpflaumen mit Speck

1 Den schwarzen Tee mit 200 ml heißem Wasser aufbrühen und die Pflaumen damit übergießen. Mindestens 1 Std. einweichen lassen.

2 Die Mandelkerne 2-3 Min. in kochendem Salzwasser blanchieren, herausnehmen, kalt abschrecken und mit Küchenpapier trocken tupfen. Die Pflaumen abtropfen lassen, ebenfalls trocken tupfen und jeweils mit einem Mandelkern füllen; dazu die Mandeln einfach in die Pflaumen drücken. Anschließend die Pflaumen einzeln mit je einer sehr dünn geschnittenen Scheibe Bauchspeck umwickeln und mit den Holzspießen fixieren.

3 In einer großen Pfanne mit 2 EL Olivenöl die umwickelten Pflaumen 8-10 Min. bei mittlerer Hitze goldbraun braten, dabei mehrmals wenden. Backpflaumen aus der Pfanne nehmen und heiß servieren.

Überbackene Tomaten

1 Die Zwiebel häuten und in kleine Würfel schneiden, Knoblauch schälen und sehr klein schneiden oder hacken.

2 Olivenöl in einer Pfanne erhitzen, die Zwiebel darin glasig dünsten und das Hackfleisch dazugeben. Unter Rühren bei starker Hitze 3-4 Min. scharf anbraten. Anschließend Knoblauch dazugeben, mit Salz, Pfeffer, Paprikapulver und Oregano würzen und weitere 5 Min. bei mittlerer Hitze garen.

3 Tomaten waschen, trockenreiben und am oberen Drittel einen Deckel abschneiden. Das Kerngehäuse mit einem Löffel entfernen und die Tomaten aushöhlen. Jetzt das Hackfleisch in die Tomaten füllen und diese in eine Auflaufform setzen. Die Gemüsebrühe in einem Topf geben, das Tomaten-Kerngehäuse dazu und 4-5 Min. bei mittlerer Hitze garen. Abschließend Brühe durch ein Sieb passieren und in die Auflaufform gießen. Hartkäse fein über die Tomaten reiben.

4 Die Tomaten im vorgeheizten Backofen bei 180 °C Ober-/Unterhitze (Umluft 160 °C) ca. 20 Min. überbacken.

5 Zwischenzeitlich die Blätter vom Basilikumzweig zupfen, waschen, trocken tupfen und in sehr feine Streifen schneiden. Nach Garzeitende die gefüllten Tomaten mit darüber gestreutem Basilikum servieren.

ZUTATEN 4

500 g Hackfleisch (gemischt)
1 Zwiebel
1 Knoblauchzehe
2 EL Olivenöl
Salz und Pfeffer
Paprikapulver (edelsüß)
1 TL Oregano (getrocknet)
8 große Tomaten
500 ml Gemüsebrühe
100 g Hartkäse (z.B. Gouda)
1 Zweig Basilikum

Außerdem:
Auflaufform

Zubereitung: ca. 15 Min.
Garzeit: 35 Min.

Einkaufsliste

Tipp

Für eine Hackfleischfüllung eignen sich außer Tomaten auch Paprika, Zucchini und Aubergine. Aber auch die Fleischfüllung kann z.B. durch Reis ersetzt werden und somit entsteht ein vegetarisches Gericht.

Fish and Chips

Info Als inoffizielles Nationalgericht wird Fish and Chips in England und Schottland mit einem Brei aus zerstampften Erbsen sowie Malzessig serviert. Der Essig wird dabei über die Chips geträufelt!

ZUTATEN 4

- 4 Kabeljaufilets (à 150-180 g)
- Salz und Pfeffer
- 2 Zitronen
- 250 g Mehl (Type 405)
- 3 TL Backpulver
- 250 ml helles Bier
- 250 ml Pflanzenöl
- 1 kleine Zwiebel
- 2 Gewürzgurken
- 1 TL Kapern (eingelegt)
- 250 g Mayonnaise
- 1 TL Senf
- 2 Zweige Petersilie
- 1 Pck. dicke Frites (Pommes)

Zubereitung: ca. 25 Min.
Gar-/Backzeit: ca. 30 Min.

Einkaufsliste

1 Die tiefgefrorenen Pommes frites (Chips genannt) im vorgeheizten Backofen oder einer Fritteuse nach Packungsanleitung garen.

2 Zwischenzeitlich die Kabeljaufilets abspülen, trocken tupfen, salzen, pfeffern und mit dem frisch gepressten Saft einer halben Zitrone beträufeln. Zugedeckt beiseite stellen und ziehen lassen.

3 Für die Remouladen-Sauce die Zwiebel schälen und sehr klein schneiden, die Gewürzgurken abtropfen lassen und sehr fein hacken. Zusammen mit 1 TL Kapern, der Mayonnaise sowie 1 TL Senf cremig verrühren. Die Petersilie abspülen, trocken tupfen, von den Stilen abzupfen und fein hacken, anschließend unter die Sauce geben. Alles mit Salz und Pfeffer und ein wenig Zitronensaft abschmecken.

4 Für den Bier-Backteig das Mehl und das Backpulver mischen und mit 250 ml kaltem Bier sowie ½ TL Salz verquirlen. In einer großen Pfanne das Pflanzenöl erhitzen. Die Fischfilets einzeln durch den Backteig ziehen und für 3-4 Min. von jeder Seite goldbraun ausbacken. Auf Küchenpapier abtropfen lassen.

5 Zum Anrichten kann man ein Brett oder eine Platte verwenden und den Fish sowie die Chips auf Papier (Backpapier) servieren. Dazu die in kleine Schälchen abgefüllte Remoulade sowie Zitronenspalten reichen.

Gemüse-Tempura

ZUTATEN 4

1 Zucchini
1 Aubergine
3 Karotten
2 Paprika (rot und gelb)
250 g Brokkoli
150 g Mehl (Type 405)
75 g Speisestärke
½ TL Salz
1 l Erdnuss- oder Pflanzenöl
Dips nach Belieben

VEGAN

Zubereitung: ca. 25 Min.
Garzeit: ca. 15 Min.

Einkaufsliste

1 Zucchini waschen, trockenreiben, schälen, halbieren und das Kerngehäuse mit einem Löffel entfernen. Fruchtfleisch in dünne Scheiben schneiden. Aubergine waschen, trockenreiben, den Stielansatz entfernen und ebenfalls in dünne Scheiben schneiden.

2 Karotten waschen, schälen, halbieren und schmale Sticks schneiden. Paprika waschen, trockenreiben und halbieren. Die Kerne sowie Scheidewände entfernen und ebenfalls in handliche Steifen schneiden. Den Brokkoli abspülen, abtropfen lassen und in kleine, mundgerechte Röschen teilen.

3 Nun den Tempura Teig aus Mehl, Speisestärke, Salz und 300 ml kaltem Wasser herstellen. Dabei sollte das Wasser eiskalt sein, damit der Teig beim Ausbacken des Gemüses schön aufgeht.

4 Das Frittieröl in einer tiefen Pfanne oder einem Wok erhitzen und das Gemüse, welches man einzeln durch den Tempura-Backteig zieht, darin goldbraun frittieren.

Tipp

Zu Gemüse-Tempura kann man z.B. Soja-Sesam-Sauce, Wasabi Paste oder auch Tamarindensauce als Dip reichen.

Avocado-Lachstramezzini

1 Avocado waschen, trockenreiben und der Länge nach bis zum Kern einschneiden. Hälften gegeneinander drehen und die Avocado öffnen. Kern entfernen und Fruchtfleisch mit einem großen Löffel aus der Schale schaben. Anschließend klein schneiden und in einer Schüssel mit dem Zitronensaft und Mascarpone gut verrühren. Mit Salz und Pfeffer abschmecken.

2 Basilikum waschen, trocken tupfen, die Blätter abzupfen und in feine Streifen scheiden. Tomaten waschen, trockenreiben, halbieren, Kerngehäuse entfernen und in kleine Würfel schneiden. Basilikum und Tomatenwürfelchen unter die Avocado-Masse rühren.

3 Sandwichscheiben entrinden und mit einer Teigwalze (Nudelholz) 1 cm dünn ausrollen. Die Hälfte der Scheiben mit Avocadocreme bestreichen, mit Lachsscheiben belegen und mit etwas Meerrettich bestreichen. Sandwiches mit den restlichen Brotscheiben abdecken, gut andrücken und zum Verzehr diagonal auseinanderschneiden.

ZUTATEN 4

1 Avocado
½ Zitrone
150 g Mascarpone
Salz und Pfeffer
2 Zweige Basilikum
2 Tomaten
8 Scheiben Sandwich Toast
200 g Graved Lachs in Scheiben
1 EL Meerrettich (Glas/Tube)

Zubereitung: ca. 25 Min.

Einkaufsliste

Putenbrust-Tramezzini

ZUTATEN 4

150 g Putenbrust (Scheiben)
1 Tomate
100 g Saure Sahne
1 EL Pinienkerne
2 Zweige Zitronenthymian
Salz und Pfeffer
4 reife Feigen
½ Zitrone
8 Scheiben Sandwich Toast

Zubereitung: ca. 25 Min.
Garzeit: 3-4 Min.

Einkaufsliste

1 Die Pinienkerne in einer Pfanne ohne Öl goldbraun anrösten und etwas abkühlen lassen.

2 Putenbrustscheiben in Würfelchen schneiden. Tomaten waschen, trockenreiben, halbieren, Kerngehäuse entfernen und ebenfalls in kleine Würfel schneiden. Beides mit einem Mixstab, unter Zugabe der sauren Sahne, fein pürieren. Zitronenthymian abspülen und trocken tupfen, Blättchen von den Stielen abstreifen und fein hacken. Pinienkerne und Thymian unter die Putenbrustmasse geben, alles gut verrühren und mit Salz und Pfeffer abschmecken.

3 Sandwichscheiben entrinden und mit einer Teigwalze (Nudelholz) 1 cm dünn ausrollen. Die Hälfte der Scheiben mit der Putenbrustmasse bestreichen und mit Feigenscheiben belegen. Sandwiches mit den restlichen Brotscheiben abdecken, gut andrücken und zum Verzehr diagonal auseinanderschneiden.

Elsässer Flammkuchen

ZUTATEN 4

125 ml Milch
½ TL Zucker
15 g frische Hefe
250 g Mehl (Type 405)
1 TL Salz
5 EL Distel- oder Sonnenblumenöl
2 Zwiebeln
150 g Bauchspeck
200 g Speisequark
150 g Saure Sahne
Salz und Pfeffer
etwas Muskatnuss
1 Zweig Rosmarin

Zubereitung: ca. 40 Min.
Ruhezeit: 20 Min.
Backzeit: 12-15 Min.

Einkaufsliste

1 Die Milch mit ½ TL Zucker in eine Rührschüssel geben und darin die Hefe auflösen. Anschließend das gesiebte Mehl, 1 TL Salz und **2 EL** Öl dazugeben und zu einem geschmeidigen Teig verarbeiten. Dies kann sowohl mit den Händen, als auch mit den Knethaken einer Küchenmaschine erfolgen. Den fertigen Teig mit einem Küchentuch abdecken und zum "Ruhen" beiseite stellen.

2 Für den Flammkuchenbelag die Zwiebeln schälen, halbieren und in feine Streifen schneiden, den Bauchspeck in kleine Würfel oder ebenfalls Streifen schneiden. Speisequark, Saure Sahne und das restliche Öl in einer Schüssel zu einer Creme verrühren und mit Salz, Pfeffer und etwas Muskatnuss abschmecken.

3 Nach ca. 20 Min. "ruhen" den aufgegangenen Flammkuchenteig nochmals kurz durchkneten, in 4 Portionen teilen und mit einer Teigwalze (Nudelholz) länglich und sehr dünn auf einer bemehlten Arbeitsfläche ausrollen. Den Teigrand ca. 1 cm nach innen einschlagen, andrücken und den Flammkuchen wenden.

4 Teigfladen auf ein mit Backpapier ausgelegtes Backblech legen, gleichmäßig mit Quarkcreme bestreichen und Zwiebeln und Speck darüber streuen. Im vorgeheizten Backofen bei 250 °C Ober-/Unterhitze (Umluft 230 °C) 12-15 Min. goldbraun backen.

5 Flammkuchen aus dem Ofen nehmen, mit ein paar Rosmarinnadeln bestreuen und sofort noch heiß servieren. Am besten eignet sich als Unterlage ein entsprechend großes Holzbrett, andernfalls den Flammkuchen quer zerteilen.

Info
Bei der Auswahl der Beläge für einen Flammkuchen ist es wie mit dem Belegen einer Pizza: Erlaubt ist was schmeckt!

Gambas „al ajillo"

TAPAS

ZUTATEN 4

- 500 g Garnelen
- 4 Knoblauchzehen
- 8 kleine Chilischoten
- 140 ml Olivenöl
- 1 TL Meersalz
- 4 Zweige Basilikum
- 1 Baguette (Stangenweißbrot)

Zubereitung: ca. 15 Min.
Garzeit: 5-10 Min.

Einkaufsliste

1 Garnelen (TK vorher auftauen), waschen und trocken tupfen. Knoblauchzehen schälen und in dünne Scheiben schneiden. Basilikum waschen, trocken tupfen, die Blätter von den Stielen zupfen und in grobe Streifen schneiden. Die Chilischoten waschen, trockenreiben und in kleine Ringe schneiden; dabei die Kerne entfernen.

2 Olivenöl in einer großen Pfanne erhitzen und Knoblauch, Chilischoten und Basilikum dazugeben. Mit Meersalz würzen. Alles für 2-3 Min. leicht bräunen und anschließend die Garnelen dazugeben. Nochmals 3-4 Min. garen und dann auf Tellern oder in Schalen anrichten. Dazu reicht man aufgeschnittenes Baguette.

Räucherlachs-Wasabiwraps

ZUTATEN 4

- 75 g Crème fraîche
- ½ TL Wasabi Paste
- 1 Spritzer Zitronensaft
- Salz
- 2 Tomaten
- ½ Salatgurke
- 4 Blätter Eisbergsalat
- 200 g Räucherlachs (Scheiben)
- 1 Kresse (Schale/Beet)
- 1 TL rosa Pfefferbeeren
- 4 Tortilla Fladen (Fertigprodukt)

Zubereitung: 20 Min.

Einkaufsliste

1 Crème fraîche mit Wasabi Paste, einen Spritzer Zitronensaft und etwas Salz glattrühren und kaltstellen.

2 Zwischenzeitlich Tomaten waschen, trockenreiben, den Stielansatz entfernen und kleinwürflig schneiden. Salatgurke schälen und fein würfeln, die Salatblätter waschen, trocken tupfen und in feine Streifen schneiden.

3 Die Tortilla Fladen mit der Wasabi Creme bestreichen und mit den Räucherlachsscheiben gleichmäßig belegen. Darauf die Tomaten- und Gurkenwürfel sowie die Salatstreifen verteilen und mit der kurz abgeschnittenen Kresse bestreuen. Alles mit Salz und rosa Pfefferbeeren würzen und die Fladen fest zu Wraps aufrollen. Schräg angeschnitten dekorativ servieren.

Spinatomelett mit Schafskäse

1 Spinatblätter waschen, trocken tupfen und grob zerkleinern. Schnittlauch abspülen und auf Küchenpapier abtropfen lassen.

2 In einer Schüssel die Eier mit der Milch verquirlen und mit Salz, Pfeffer sowie etwas Muskatnuss abschmecken.

3 In einer großen Pfanne das Öl erhitzen, den Babyspinat dazugeben und so lange garen, bis dieser „zusammenfällt". Anschließend die Eier-Milch-Masse darüber gießen und bei mittlerer Hitze ca. 6-8 Min. stocken lassen. Den grob zerbröselten Schafskäse darüber streuen und nochmals 2-3 Min. weitergaren.

4 Zum Servieren den in feine Röllchen geschnittenen Schnittlauch darüber streuen.

ZUTATEN 4

VEGGIE

100 g Babyspinatblätter
½ Bd. Schnittlauch
6 Eier
100 ml Milch
Salz und Pfeffer
etwas Muskatnuss
2 EL Olivenöl
100 g Schafskäse (Feta)

Zubereitung: 15 Min.
Garzeit: 10 Min.

Einkaufsliste

Pasta italiana & Pizza

5. KAPITEL

Pappardelle mit Bohnen und Salsiccia

ZUTATEN 4

1 Zwiebel
2 Knoblauchzehen
100 g Karotten
100 g Knollensellerie
300 g Salsiccia (ital. Wurst)
4 Salbeiblätter
2 EL Olivenöl
500 ml Gemüsebrühe
350 g dicke Bohnen (Glas)
2 EL Balsamicoessig
Salz und Pfeffer
500 g Pappardelle
(breite Bandnudeln)

Zubereitung: 20 Min.
Garzeit: ca. 20 Min.

Einkaufsliste

1 Die Zwiebel und die Knoblauchzehen schälen und in feine Würfel hacken. Karotten und Knollensellerie schälen und in 1 cm große Würfel schneiden. Salsiccia in kleine Stücke schneiden. Salbei waschen, trocken tupfen und in feine Streifen schneiden.

2 In einem Topf mit Olivenöl die Zwiebel und den Knoblauch glasig anschwitzen, Salsicc a dazugeben, 3-4 Minuten anbraten und mit Gemüsebrühe aufgießen. Zugedeckt bei geringer Hitze 10 Minuten köcheln lassen. Die dicken Bohnen in einem Sieb abtropfen und dann zur Wurst geben. Mit Salz und Pfeffer abschmecken und mit Balsamicoessig verfeinern.

3 Inzwischen die Pappardelle in einem großen Topf mit reichlich Salzwasser nach Packungsanleitung al dente kochen. Abgießen, unter das Bohnengemüse mischen, mit Salbei bestreuen und heiß servieren.

Tipp

Pasta „trafilata al bronzc" (das Ziehen durch Bronzefomen). Traditionell wird italienische Pasta „al bronzo" produziert. Das heißt, der Teig wird dabei durch Bronzeformen gezogen und die so hergestellte Pasta erhält eine rauere Oberfläche. Hieran können die meisten Saucen besser anhaften. Auf Verpackungshinweise wie „Bronze", „Bronzeformen", „al bronzo" oder Ähnliches achten.

Spinat-Ricottaravioli mit Salbei

ZUTATEN 4

500 g Spinatblätter
1 kleine Zwiebel
250 g Ricotta (ital. Frischkäse)
80 g Parmesan (ital. Hartkäse)
1 Ei
1 Ei (nur Eigelb)
Salz und Pfeffer
20 Salbeiblätter
100 g Butter
2 EL Olivenöl
etwas Muskatnuss
Nudelteig (siehe Grundrezept)
etwas Mehl (Type 405)

VEGGIE

Außerdem:
Ausstecher in Ravioliform oder Ravioli-Teigrädchen

Zubereitung: 30 Min.
Garzeit: ca. 10 Min.

Einkaufsliste

1 Spinatblätter waschen, Stielansätze entfernen und in einem Sieb abtropfen lassen. Die Zwiebel schälen und fein würfeln. In einem großen Topf mit **1 EL** Olivenöl die Zwiebelwürfel glasig anschwitzen, Blattspinat dazugeben und garen bis er „zusammenfällt".

2 Anschließend etwas abkühlen lassen, gut ausdrücken und fein hacken. Die Spinatmasse in einer Schüssel mit **40 g** fein geriebenem Parmesan und dem Eigelb vermengen und mit Muskatnuss, Salz und Pfeffer abschmecken.

3 Danach den vorbereiteten Nudelteig (siehe Grundrezept) ca. 1-2 mm dick ausrollen, auf eine bemehlten Arbeitsfläche legen und die Teigbahnen mit 1 verquirltem Ei bestreichen. Jetzt je einen Teelöffel Spinat-Ricotta-Masse mit ca. 4-6 cm Abstand auf einer Teigbahn verteilen und eine zweite Teigbahn darüberlegen. An den Rändern und zwischen der Füllung vorsichtig andrücken.

4 Mit einem RaviolIausstecher oder einem Teigrädchen werden nun die Ravioli ausgestochen bzw. in ca. 4 bis 6 cm große Quadrate zugeschnitten und in einem Topf mit kochendem Salzwasser 3-4 Minuten lang gegart. Die Nudeln dann abgießen, abtropfen lassen und warm stellen.

5 In einer Pfanne die Butter bei mittlerer Hitze aufschäumen, die Salbeiblätter und das restliche Olivenöl hinzugeben und etwas bräunen lassen. Danach die Ravioli auf Tellern anrichten, mit der Salbeibutter übergießen und dem restlichen, geriebenen Parmesan bestreuen.

Pasta mit Ei (pasta all'uova)

Grundrezept Nudelteig

z.B. Ravioli, Tortellini, Lasagne, Cannelloni

Zutaten

4

400 g Weizenmehl
(Type 405 oder 550)
4 Eier (nur Eigelbe)
1 Ei
4 EL Olivenöl

VEGGIE

Außerdem:
Nudelmaschine oder
Küchenmaschine mit
Nudelaufsatz

Zubereitung: ca. 30 Min.
Ruhezeit: 30 Min.

Einkaufsliste

1 Das Mehl auf einer Arbeits- oder Marmorplatte anhäufen und in die Mitte eine Mulde drücken. Die 4 Eigelbe und das ganze Ei hineingeben und mit einer Gabel verrühren. Dabei immer etwas mehr Mehl vom Rand einarbeiten, bis der Teig sich kaum mehr von der Gabel lösen lässt. Den Teig nun mit immer mehr Mehl vom Rand mit den Händen verkneten, dabei esslöffelweise das Olivenöl zugeben, bis der Teig nicht mehr klebt. Zu einer Teigkugel formen, in Klarsichtfolie einwickeln und 30 Minuten ruhen lassen.

2 Danach den Teig vierteln und mit einer Teigwalze, einer Nudelmaschine oder einer Küchenmaschine mit Nudelaufsatz zu einem dünnen Teig ausrollen. Ist der Teig anfangs noch zu weich, nach und nach mit etwas Mehl bestäuben. Die Teigstreifen dann in die gewünschte Nudelform bringen.

Pasta ohne Ei (pasta secca)

Grundrezept Nudelteig

z.B. Spaghetti, Penne, Rigatoni, Orecchiette

Zutaten

4

150 g Weizenmehl
(Type 405 oder 550)
150 g Hartweizengrieß
1 Pr. Salz

VEGAN

Außerdem:
Nudelmaschine oder
Küchenmaschine mit
Nudelaufsatz

Zubereitung: ca. 30 Min.
Ruhezeit: 30 Min.

Einkaufsliste

1 Zunächst das Mehl, den Hartweizengrieß und eine Prise Salz gut vermengen, auf der Arbeitsplatte oder einer Marmorplatte anhäufen und in die Mitte eine Mulde drücken. Danach erfolgt die Weiterverarbeitung des Teigs indem man nach und nach 150 ml kaltes Wasser, zunächst mit einer Gabel und später mit den Händen, einarbeitet.

2 Die weitere Verarbeitung des Teiges, inklusive der Ruhezeit, erfolgt analog der Beschreibung zum Nudelteig mit Ei.

Linguine mit flambierten Garnelen

1 Garnelen vorbereiten: Frische Garnelen bis auf das Schwanzende schälen und den Darm entfernen. Dazu mit einem spitzen Messer den Rücken von oben nach unten einschneiden und den dunklen Darmfaden entfernen. Danach gründlich waschen und auf Küchenkrepp abtropfen lassen. Verwendet man geschälte TK-Garnelen, ist der Darm bereits entfernt.

2 Die Knoblauchzehen schälen, klein hacken und in einer großen Pfanne mit Olivenöl leicht bräunen lassen. Anschließend die Garnelen hinzugeben und von jeder Seite 1-2 Min. kräftig anbraten. Danach mit Cognac ablöschen, mit einem Stabfeuerzeug den Alkohol entzünden und Garnelen flambieren, bis die Flamme erlischt. **Vorsicht: Verbrennungsgefahr!**

3 Nun mit dem Fisch Fond aufgießen, Ajvar und klein geschnittene Paprikastreifen hinzugeben und das Ganze mit Salz und Pfeffer abschmecken. Bei geringer Hitze nochmals 2-3 Minuten köcheln lassen.

4 Zwischenzeitlich die Nudeln in einem großen Topf mit Salzwasser nach Packungsanweisung al dente kochen, abgießen und abtropfen lassen. Die Garnelen mit den Nudeln mischen und mit einigen Basilikumblättern garniert servieren.

Info

Beim Flambieren hinterlässt der Alkohol lediglich sein Aroma auf der Speise, der Alkoholgehalt verdunstet durch das Entzünden. Der verwendete Alkohol muss, um sich entzünden zu können, mindestens 40% Vol aufweisen.

ZUTATEN 4

- 500 g Garnelen (frisch oder TK)
- 2 Knoblauchzehen
- 3 EL Olivenöl
- 2 Zweige Basilikum
- 3 EL Cognac
- 100 ml Fisch Fond
- 5 EL Ajvar
- 200 g gegrillte Paprika (Glas)
- Salz und Pfeffer
- 500 g Linguine (flache Spaghetti)

Zubereitung: ca. 20 Min.
Garzeit: ca. 25 Min.

Einkaufsliste

Fricelli mit getrockneten Tomaten

ZUTATEN 4

100 g Pinienkerne
2 Auberginen
Salz und Pfeffer
6 Zweige Minze
½ Chilischote
4 getrocknete Tomaten (in Öl)
100 ml Olivenöl
150 ml Gemüsebrühe
100 g Parmesan (ital. Hartkäse)
500 g Fricelli (gedrehte Nudeln)

VEGGIE

Zubereitung: 25 Min.
Garzeit: ca. 20 Min.

Einkaufsliste

1 Die Pinienkerne in einer Pfanne ohne Öl 3-4 Minuten goldgelb rösten. Herausnehmen und auf einem Teller beiseite stellen.

2 Die Auberginen schälen, in Streifen und dann in 1 cm große Würfel schneiden und etwas salzen. Die Minze waschen, trocken tupfen, von den Stielen zupfen und grob zerkleinern. Die Chilischote in feine Ringe schneiden und mit den Auberginenwürfeln und grob zerkleinerten, getrockneten Tomaten in einer heißen Pfanne mit **2 EL** Olivenöl 4-5 Min. kräftig anbraten. Dabei mehrmals umrühren bzw. wenden. Anschließend mit der Gemüsebrühe ablöschen und weitere 5 Minuten bei geschlossenem Deckel und reduzierter Hitze schmoren lassen.

3 Das Auberginengemüse in einen Mixbehälter umfüllen, die Pinienkerne, **75 g** fein geriebenen Parmesan sowie die Minzblätter hinzugeben und mit dem Stand- oder Stabmixer fein pürieren. Das restliche Olivenöl dann langsam dazu gießen und das so hergestellte Pesto mit Salz und Pfeffer abschmecken.

4 Zwischenzeitlich die Nudeln in einem Topf mit reichlich Salzwasser al dente kochen, abgießen und abtropfen lassen. Danach die Nudeln in einer Schüssel mit dem Pesto gut vermengen, portionsweise auf Tellern anrichten und mit dem restlichen Parmesan bestreuen. Mit evtl. noch vorhandenen getrocknete Tomatenstückchen und einzelnen Minzblättchen garnieren und sofort servieren.

Tipp

Fricelli - Nudeln aus kleinen gerollten Teigscheiben
Als Alternative kann man auch Fusilli Pugliesi, Casareccia (Casarecce), Strozzapreti oder Trofie verwenden.

Spaghetti alle vongole (mit Muscheln)

1 Die Muscheln unter kaltem Wasser säubern, Sand- und Kalkablagerungen gründlich entfernen (Schalen aneinander reiben). Anschließend abtropfen lassen und bereits geöffnete Muscheln wegwerfen.

2 In einer tiefen Pfanne das Olivenöl erhitzen, die Muscheln zugeben und bei geschlossenem Deckel ca. 10 Minuten garen, bis sich alle Muscheln geöffnet haben. Muscheln die sich nicht öffnen, aussortieren und ebenfalls wegwerfen.

3 Die Knoblauchzehen schälen und klein hacken, die Tomaten in kleine Stücke und die Peperoni in feine Ringe schneiden. Alles zu den Muscheln geben, mit Weißwein aufgießen und einmal kurz aufkochen lassen. Die Petersilie fein hacken und ebenfalls untermischen, das Ganze mit etwas Pfeffer abschmecken.

4 Zwischenzeitlich die Spaghetti in einem Topf mit reichlich Salzwasser al dente kochen, abgießen und abtropfen lassen. Nudeln mit den Muscheln auf Tellern anrichten und mit etwas Petersilie und Peperonistreifen garnieren.

ZUTATEN 4

1 kg Venusmuscheln (Vongole)
6 EL Olivenöl
3 Knoblauchzehen
1 Bd. Petersilie
2 Tomaten
1 rote Peperoni
Salz und Pfeffer
250 ml Weißwein (trocken)
250 g Spaghetti

Zubereitung: 15 Min.
Garzeit: ca. 20 Min.

Einkaufsliste

Spaghetti aglio, olio e peperoncino

1 Die Peperoni in sehr kleine Ringe schneiden, die Petersilie klein hacken und die Knoblauchzehen schlälen und ebenfalls sehr klein hacken.

2 Zwischenzeitlich die Spaghetti in einem Topf mit reichlich Salzwasser al dente kochen, abgießen und abtropfen lassen.

3 Das Olivenöl in einer großen Pfanne erhitzen, Peperoni und Knoblauch dazugeben und bei mittlerer Hitze anbraten. Danach die Petersilie untermischen und das Ganze mit 3-4 EL Nudelwasser ablöschen. Die gegarten Spaghetti mit in die Pfanne geben, alles gut vermengen und mit Salz und Pfeffer abschmecken. Auf Tellern anrichten und servieren.

ZUTATEN 4

VEGAN

3 rote Peperoni
1 Bd. Petersilie
4-5 EL Olivenöl
2 Knoblauchzehen
Salz und Pfeffer
500 g Spaghetti

Zubereitung: 10 Min.
Garzeit: ca. 15 Min.

Einkaufsliste

Spaghetti alla carbonara

ZUTATEN 4

100 g Pancetta
(ital. Bauchspeck)
50 g Pecorino (ital. Hartkäse)
1 Zwiebel
4 Eier
2 EL Olivenöl
Salz und Pfeffer
500 g Spaghetti

Zubereitung: 15 Min.
Garzeit: ca. 10 Min.

Einkaufsliste

1 Pancetta in feine Streifen schneiden, die Zwiebel schälen, halbieren und klein würfeln. Den Pecorino auf einem Käsehobel fein reiben und mit den Eiern in einer Schüssel verquirlen.

2 In einer großen Pfanne mit Olivenöl die Zwiebel und den Pancetta goldbraun anbraten, herausnehmen und zur Eier-Käsemischung geben.

3 Zwischenzeitlich die Spaghetti in einem Topf mit reichlich Salzwasser al dente kochen, abgießen und abtropfen lassen. Nudeln in eine große, vorgewärmte Schüssel geben, mit der Eier-Käse-Mischung übergießen, mit Salz und Pfeffer abschmecken und alles gut untereinander mischen.

Schwarze Tagliatelle mit Flusskrebsen

ZUTATEN 4

1 Zwiebel
1 Fenchelknolle
2 EL Olivenöl
1 g Safranfäden
4 cl Pernod
200 g Pizzatomaten (Dose/Glas)
500 ml Gemüsebrühe
Salz und Pfeffer
1 EL Balsamicoessig
200 g Flusskrebsfleisch (in Lake)
500 g Tagliatelle AL Nero di Seppia (schwarze Bandnudeln)
1 Zweig Basilikum

Zubereitung: 20 Min.
Garzeit: ca. 25 Min.

Einkaufsliste

1 Die Zwiebel schälen und fein würfeln. Die Fenchelknolle schälen, halbieren, den Strunk keilförmig herausschneiden und Knolle in ca. 1 cm große Würfel schneiden.

2 In einem Topf mit Olivenöl die Zwiebel farblos anschwitzen, die Fenchelwürfel und die Safranfäden dazugeben, alles 2-3 Minuten garen und anschließend mit Pernod ablöschen. Die Pizzatomaten untermischen und mit Gemüsebrühe aufgießen. Zugedeckt bei schwacher bis mittlerer Hitze 15 Min. köcheln.

3 Inzwischen die schwarzen Nudeln in einem großen Topf mit reichlich Salzwasser nach Packungsanleitung al dente kochen, abgießen und abtropfen lassen.

4 Die Sauce mit Salz und Pfeffer abschmecken und mit Balsamicoessig verfeinern. Die Flusskrebse abtropfen lassen, untermischen und kurz in der Sauce ziehen lassen. Die Nudeln mit der Sauce vermengen, auf Tellern anrichten und mit einigen Basilikumblättern garnieren.

Farfalle mit Zucchini-Pilzrahm

1 Zwiebel und Knoblauchzehe schälen und klein schneiden. Zucchini waschen, Stielansatz abschneiden, vierteln und in kleinere Stücke schneiden. Champignons mit einem Pinsel oder einer Bürste säubern (nicht abwaschen) und in Scheiben schneiden. Basilikum waschen, trocken tupfen und in Streifen schneiden, die getrockneten Tomaten grob zerkleinern.

2 In einer großen Pfanne mit Olivenöl die Zwiebel und den Knoblauch farblos anschwitzen, Champignonscheiben und Zucchinistücke hinzugeben und alles 4-5 Min. kräftig anbraten. Getrocknete Tomaten und Oregano dazugeben und mit Salz und Pfeffer abschmecken. Anschließend mit der Gemüsebrühe und der Sahne aufgießen und nochmals 6-7 Min. bei reduzierter Hitze köcheln lassen.

3 Zwischenzeitlich die Nudeln in einem großen Topf mit Salzwasser nach Packungsanweisung al dente kochen, abgießen und abtropfen lassen. Die Sauce mit den Nudeln vermischen und den fein geriebenen Parmesan einrühren. Alles auf Tellern anrichten, mit einigen Basilikumblättern bestreuen und sofort servieren.

ZUTATEN 4

VEGGIE

1 Zwiebel
1 Knoblauchzehe
1 Zucchini
150 g Champignons
3 Zweige Basilikum
3 EL Olivenöl
Salz und Pfeffer
200 ml Gemüsebrühe
200 ml Kochsahne
4 getrocknete Tomaten (in Öl)
½ TL Oregano (getrocknet)
400 g Farfalle (Schleifennudeln)
50 g Parmesan (ital. Hartkäse)

Zubereitung: 20 Min.
Garzeit: ca. 20 Min.

Einkaufsliste

Penne al ragù (mit Hackfleischsauce)

ZUTATEN 4

250 g Hackfleisch (vom Rind)
½ TL Oregano (getrocknet)
½ TL Basilikum (getrocknet)
½ TL Thymian (getrocknet)
½ TL Majoran (getrocknet)
Salz und Pfeffer
1 Zwiebel
2 Knoblauchzehen
2 EL Olivenöl
100 ml Rotwein (trocken)
400 g Pizzatomaten (Dose/Glas)
1-2 EL Tomatenmark
100 ml Gemüsebrühe
500 g Penne rigate (hohle Nudeln)
50 g Parmesan (ital. Hartkäse)
1 Zweig Petersilie

Zubereitung: 25 Min.
Garzeit: 2-2,5 Std.
Kühlzeit: 1 Std.

Einkaufsliste

1 Das Hackfleisch mit Oregano, Basilikum, Thymian, Majoran sowie Salz und Pfeffer würzen, alles vermengen und danach für etwa 1 Std. kühl stellen.

2 Die Zwiebel häuten und in kleine Würfel schneiden, die Knoblauchzehen schälen und fein hacken. Zwiebel und Knoblauch zusammen mit dem Olivenöl in einer großen Pfanne glasig anschwitzen, dann das Tomatenmark hinzugeben und etwas anrösten. Danach das Hackfleisch ebenfalls in die Pfanne geben und mit einem Holzlöffel ständig zerteilen, bis das Fleisch krümelig gebraten ist.

3 Mit dem Rotwein ablöschen, die etwas zerkleinerten Pizzatomaten hinzugeben und alles mit der Gemüsebrühe aufgießen. Das Ragù bei reduzierter Hitze für mindestens 2 Std. köcheln lassen.

4 Zum Schluss die Nudeln in einem großen Topf mit Salzwasser nach Packungsanleitung al dente kochen, abgießen und abtropfen lassen. Nudeln und Hackfleischsauce vermengen und auf Teller geben, mit geriebenem Parmesan und etwas Petersilie bestreut servieren.

Tipp

Italienisches Ragù = Hackfleischsauce
Hiervon existieren viele verschiedene Zubereitungsarten wie z.B. Hackfleisch gemischt (Schwein und Rind), Zugabe von Gemüse wie Sellerie und Karotte oder auch das Ablöschen mit Milch anstatt Rotwein.

Penne al tonno (mit Thunfischsauce)

ZUTATEN 4

1 Zwiebel
2 Knoblauchzehen
2 EL Olivenöl
100 ml Rotwein (trocken)
250 g Passierte Tomaten
150 g Paprika in Streifen (Glas)
2 kleine Chilischoten (getrocknet)
1 TL Basilikum (getrocknet)
1 TL Petersilie (getrocknet)
Salz und Pfeffer
1 EL Tomatenmark
1-2 Dosen Thunfisch
(im eigenen Saft)
500 g Penne lisce (hohle Nudeln)
1 Zweig Basilikum

Zubereitung: 20 Min.
Garzeit: ca. 20 Min.

Einkaufsliste

1 Zwiebel schälen und in kleine Würfel schneiden, Knoblauch schälen und sehr klein hacken. Alles in einer großen Pfanne mit dem Olivenöl goldbraun anbraten. Anschließend mit **der Hälfte** des Rotweins ablöschen und einreduzieren, sodass der Alkohol restlos verkocht.

2 Die passierten Tomaten und die gleiche Menge lauwarmes Wasser, sowie die nochmals etwas zerkleinerten Paprikastreifen hinzugeben und die Sauce weiter einkochen. Mit zerriebenen Chilischoten, Basilikum, Petersilie, Salz, Pfeffer sowie dem Tomatenmark würzen und abschmecken. Mit dem restlichen Rotwein aufgießen und die Sauce bei mittlerer Hitze ca. 5-10 Min. weiter köcheln.

3 Den Thunfisch abgießen und in aufgelockerten Stücken zur Sauce geben, vorsichtig untermengen und die Hitze reduzieren. Die Sauce nicht mehr kochen, nur noch ziehen lassen.

4 Zwischenzeitlich die Nudeln in einem großen Topf mit Salzwasser nach Packungsanleitung al dente kochen, abgießen und abtropfen lassen. Die Nudeln auf Teller geben, mit der Thunfischsauce überziehen und mit einigen frischen Basilikumblättern dekoriert servieren.

Info
Penne lisce
Penne mit vollkommen glatter Oberfläche

Penne all'arrabiata (mit Chili)

1 Die Knoblauchzehen schälen und fein hacken. Die Zwiebel schälen und klein schneiden. Die Chilischoten in feine Ringe schneiden. Alles zusammen in einer großen Pfanne mit Olivenöl anbraten.

2 Die Tomaten halbieren oder in Scheiben schneiden und mit in die Pfanne geben. Alles 1-2 Minuten weiter anbraten, mit Salz und Pfeffer abschmecken und die Hitze reduzieren. Für nochmals 5 Minuten leicht köcheln lassen.

3 Inzwischen die Nudeln in einem großen Topf mit reichlich Salzwasser nach Packungsanleitung al dente kochen, abgießen und abtropfen lassen. Die Nudeln zur Sauce in die Pfanne geben und alles gut vermengen, anschließend auf Tellern anrichten und mit der grob gehackten Petersilie garnieren.

Info
Penne rigate
Penne mit rauher Oberfläche (Kerben)

ZUTATEN 4

VEGAN

2 Knoblauchzehen
1 kleine Zwiebel
3 rote Chilischoten
4 EL Olivenöl
Salz und Pfeffer
450 g Cherrytomaten
2 Zweige Petersilie
500 g Penne rigate
(hohle Nudeln)

Zubereitung: 10 Min.
Garzeit: ca. 15 Min.

Einkaufsliste

Conchiglie mit Pesto und Shiitake-Pilzen

1 Mandelkerne in einer Pfanne ohne Öl ca. 3 Minuten anrösten. Bärlauch putzen, waschen, trocken tupfen und in Streifen schneiden. Parmesan auf einem Käsehobel fein reiben. Alle Zutaten in einem Mixer pürieren, **100 ml** Olivenöl langsam dazu gießen, zu einem Pesto verarbeiten und mit Salz und Pfeffer abschmecken.

2 Die Muschelnudeln in einem großen Topf mit reichlich Salzwasser nach Packungsanleitung al dente kochen. Zwischenzeitlich Shiitake-Pilze in Scheiben schneiden, die Zwiebel schälen und klein schneiden.

3 In einer Pfanne mit dem restlichen Olivenöl die Zwiebel farblos anschwitzen, Shiitake-Pilze hinzugeben und alles 3-4 Minuten garen. Mozzarella abtropfen lassen und in Würfel schneiden.

4 Die Nudeln abgießen, mit den Pilzen, dem Mozzarella und dem Bärlauch Pesto gut vermengen und sofort servieren.

Info

Büffelmozzarella (ital.: *Mozzarella di Bufala*) wird aus Wasserbüffelmilch anstatt aus Kuhmilch hergestellt. Diese ist reichhaltiger, kräftiger im Geschmack, etwas süßer und mit einer leichten Grasnote versehen. In punkto Nährstoffe unterscheiden sich die unterschiedlichen Milcharten für die Zubereitung von Mozzarella jedoch kaum.

ZUTATEN 4

- 50 g Mandelkerne
- 1 Bd. Bärlauch
- 50 g Parmesan (ital. Hartkäse)
- 125 ml Olivenöl
- Salz und Pfeffer
- 125 g Mozzarella
- 1 kleine Zwiebel
- 200 g frische Shiitake-Pilze
- 400 g Conchiglie (große Muschelnudeln)

VEGGIE

Zubereitung: 20 Min.
Garzeit: ca. 20 Min.

Einkaufsliste

Fettuccine mit Senfkörnern und Lachs

ZUTATEN 4

300 g Räucherlachs
½ Bd. Dill
1 kleine Zwiebel
2 EL Olivenöl
2 EL Senfkörner (ganze Körner)
300 ml Fisch Fond
150 g Crème fraîche
Salz und Pfeffer
½ Zitrone
500 g Spinatfettuccine
(grüne Bandnudeln)

Zubereitung: 15 Min.
Garzeit: ca. 20 Min.

Einkaufsliste

1 Räucherlachs in 1 cm breite Streifen schneiden. Den Dill waschen, trocken tupfen und fein hacken. Die Zwiebel häuten, fein würfeln und in einem Topf mit dem Olivenöl farblos anschwitzen.

2 Senfkörner dazugeben und mit dem Fisch Fond aufgießen. Bei geringer Hitze ca. 15 Min. köcheln lassen. Anschließend Crème fraîche in den Fond einrühren und einmal aufkochen, mit Salz, Pfeffer und etwas frisch gepresstem Zitronensaft abschmecken.

3 Zwischenzeitlich die Nudeln in einem großen Topf mit Salzwasser nach Packungsanweisung al dente kochen, abgießen und abtropfen lassen. Nudeln mit dem Dill und der Sauce mischen, auf Tellern anrichten und den Räucherlachs gleichmäßig darüber verteilen.

Tipp Italienische Pasta richtig kochen (gilt für alle Sorten von getrockneter Pasta)

Italienische Pasta wird *al dente* (bissfest) gekocht. Hierzu verwendet man einen großen Kochtopf, auf 100 g Pasta rechnet man gut 1 Liter Wasser. Zunächst lässt man das Wasser auf höchster Stufe aufkochen und gibt erst dann das Salz ins Wasser. Sollte das Salz schon vorher zugegeben werden, verzögert dies den Kochprozess. Auf 1 Liter Kochwasser lautet die Faustformel 5 Gramm Salz, was etwa einem gestrichenen Teelöffel pro Liter entspricht. Danach wird die Pasta in sprudelndem Salzwasser, genau nach den Angaben auf der Verpackung, al dente gekocht und abgegossen. Achtung! Niemals die Nudeln danach mit kaltem Wasser abschrecken, dies löst die Stärke von den Nudeln und die Sauce kann nicht mehr richtig anhaften.

Pizzateig, selbst gemacht (Grundrezept)

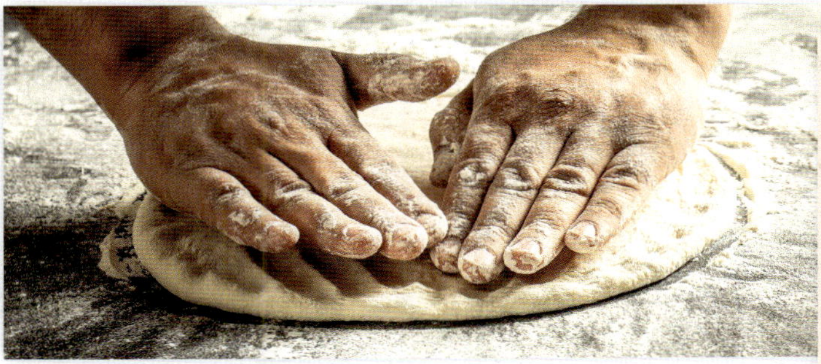

ORIGINAL ITALIENISCH

ZUTATEN 4

600 g Weizenmehl
(ital. Typo 00, **mind. 12%** Klebereiweiß/Gluten)
3 g frische Hefe
20 g Salz
etwas Mehl

VEGAN

Zubereitung: ca. 40 Min.
Ruhezeit: 4-6 Std.
Kühlzeit: 48 Std.

Einkaufsliste

1 Die Hefe (es wird nur **3 g** frische Hefe verwendet) in einer große Rührschüssel mit 360 ml **kaltem** Leitungswasser klümpchenfrei auflösen und 10 Min. stehen lassen.

2 Anschließend die Hälfte des Mehls dazugeben und den Teig mit einem großen Löffel sehr glatt verrühren. Vom restlichen Mehl nochmals die Hälfte dazugeben und nun **mit den Händen** einarbeiten. Das Salz und das letzte Viertel Mehl zum Teig geben und alles gut verkneten. Eine Teigkugel formen und die Schüssel mit einem feuchten Küchentuch abdecken. Der Teig muss nun 2-3 Std. bei Zimmertemperatur „gehen".

3 Danach den Teig auf einer leicht bemehlten Arbeitsfläche nochmals kurz durchkneten und in 4 gleichgroße Stücke teilen. Diese jeweils zu Kugeln kneten und in eine leicht mit Mehl ausgeriebene und luftdicht verschließbare Frischhaltedose geben. **Achtung**: Ausreichend große Dose verwenden, der Teig geht weiter auf! Die Teiglinge dann im Kühlschrank 48 Std. kalt „reifen" lassen.

4 Nach 2 Tagen Teig nochmals mit etwas Mehl bestäuben und leicht durchkneten. Wieder in die Dose setzen und diesmal mit einem feuchten Küchentuch abgedeckt 2-3 Std. bei Zimmertemperatur „ruhen" lassen.

5 Anschließend auf einer Arbeitsfläche oder auf Backpapier Teiglinge flach drücken und mit den Fingern von innen nach außen treiben. Durch Ziehen am Rand und Drücken mit den Fingern wird der Teig in die gewünschte Pizzagröße gebracht. Den Rand bildet man etwas dicker aus, damit dieser später luftig aufgehen kann.

Pizzasauce, selbst gemacht (Grundrezept)

ORIGINAL ITALIENISCH

ZUTATEN 4

2 Knoblauchzehen
400 g Pizzatomaten (Dose/Glas)
1 TL Salz

VEGAN

Zubereitung: ca. 5 Min.

Einkaufsliste

1 Die Knoblauchzehen schälen, fein hacken und mit dem Messerrücken zerdrücken. Zusammen mit den Pizzatomaten (ganzer Inhalt inkl. Flüssigkeit) und dem Salz in einen Mixbecher geben und zerkleinern. Dabei nicht zu lange mixen, damit die Sauce nicht schaumig wird.

Die so hergestellte Pizza-Tomatensauce bildet die Grundlage eines jeden Pizzabelags und sollte in kreisenden Bewegungen und nicht zu dick auf dem Pizzaboden aufgetragen werden.

Pizza Margherita

1 Den vorbereiteten und in die gewünschte Form gebrachten Pizzaboden (siehe Grundrezept Pizzateig) mit Tomaten-Pizzasauce (siehe Grundrezept Pizzasauce) dünn bestreichen. Den Mozzarella in kleine Stücke reißen und gleichmäßig auf den Pizzen verteilen. Nach dem Backen (siehe Pizza backen) mit den frischen Basilikumblättern bestreuen. Legt man die Blätter vor dem Backen auf die Pizza, verbrennen diese.

PIZZABELAG MARGHERITA

ZUTATEN 4

250-300 g Mozzarella
einige Basilikumblätter

VEGGIE

Zubereitung: 10 Min.

Einkaufsliste

PIZZABELAG QUATTRO FORMAGGI

ZUTATEN 4

100-125 g Mozzarella
100 g Gorgonzola
100 g Parmesan (ital. Hartkäse)
100 g Pecorino (ital. Hartkäse)

VEGGIE

Zubereitung: 15 Min.

Einkaufsliste

Pizza Quattro Formaggi

1 Den vorbereiteten und in die gewünschte Form gebrachten Pizzaboden (siehe Grundrezept Pizzateig) mit Tomaten-Pizzasauce (siehe Grundrezept Pizzasauce) dünn bestreichen. Den Mozzarella in kleine Stücke reißen und je ein Viertel der Pizzen damit belegen, den Gorgonzola zerkleinern und wieder ein Viertel der Pizzen damit belegen. Den Parmesan und den Pecorino grob reiben und getrennt auf die restlichen Pizzaviertel verteilen.

Pizza Funghi

1 Den vorbereiteten und in die gewünschte Form gebrachten Pizzaboden (siehe Grundrezept Pizzateig) mit Tomaten-Pizzasauce (siehe Grundrezept Pizzasauce) dünn bestreichen. Die Pilze mit einem Pinsel säubern (nicht abwaschen), in dünne Scheiben schneiden und die Pizzen damit gleichmäßig belegen. Den Mozzarella in kleine Stücke reißen und ebenfalls auf den Böden verteilen.

PIZZABELAG FUNGHI

ZUTATEN 4

250-300 g Mozzarella
350-400 g Champignons oder frische Steinpilze

VEGGIE

Zubereitung: 15 Min.

Einkaufsliste

PIZZABELAG SALAME

ZUTATEN 4

250-300 g Mozzarella
200-250 g ital. Wurst (Mailänder, Spianata oder Salsiccia)

Zubereitung: 15 Min.

Einkaufsliste

Pizza Salame

1 Den vorbereiteten und in die gewünschte Form gebrachten Pizzaboden (siehe Grundrezept Pizzateig) mit Tomaten-Pizzasauce (siehe Grundrezept Pizzasauce) dünn bestreichen. Die ital. Wurst (Salami) in dünne Scheiben schneiden und die Pizzen damit gleichmäßig belegen. Den Mozzarella in kleine Stücke reißen und ebenfalls auf den Pizzen verteilen.

Pizza Diavola

PIZZABELAG DIAVOLA

ZUTATEN 4

250-300 g Mozzarella
200-250 g ital. Wurst (Mailänder, Spianata oder Salsiccia)
2 Peperoni (frisch oder eingelegt)
2 Knoblauchzehen
evtl. etwas Chiliöl oder-flocken

Zubereitung: 15 Min.

Einkaufsliste

1 Den vorbereiteten und in die gewünschte Form gebrachten Pizzaboden (siehe Grundrezept Pizzateig) mit Tomaten-Pizzasauce (siehe Grundrezept Pizzasauce) dünn bestreichen. Die ital. Wurst in dünne Scheiben schneiden und die Pizzen damit gleichmäßig belegen. Die Peperoni in feine Ringe und den Knoblauch in feine Scheiben schneiden und alles auf den Pizzen verteilen. Wer es noch schärfer möchte, tröpfelt zusätzlich etwas Chiliöl auf die Zutaten (nach dem Backen kann man die Pizzen aber auch noch mit etwas Chiliflocken bestreuen). Am Ende den Mozzarella in kleine Stücke reißen und gleichmäßig auf den Böden verteilen.

Pizza Parma

PIZZABELAG PARMA

ZUTATEN 4

250-300 g Mozzarella
200 g Rucola
16 Scheiben Parmaschinken
100 g Parmesan (ital. Hartkäse)
etwas Olivenöl

Zubereitung: 20 Min.

Einkaufsliste

1 Den vorbereiteten und in die gewünschte Form gebrachten Pizzaboden (siehe Grundrezept Pizzateig) mit Tomaten-Pizzasauce (siehe Grundrezept Pizzasauce) dünn bestreichen. Den Mozzarella in kleine Stücke reißen und gleichmäßig auf den Pizzen verteilen. Die Pizza Parma wird zunächst im Ofen gebacken (siehe Pizza backen) und erst danach mit Parmaschinken und Rucola belegt (den Rucola vorher waschen und trocken tupfen). Abschließend etwas fein geriebenen Parmesan darüber streuen und mit ein paar Tropfen Olivenöl abrunden.

Den Backofen auf Ober-/Unterhitze und Maximaltemperatur (meist 250 °C) vorheizen. Ein Backblech ebenfalls vorheizen. Die Pizzen jeweils einzeln auf das vorgeheizte und mit Backpapier belegte Backblech geben und auf der untersten Schiene backen. Je nach möglicher Höchsttemperatur des Ofens beträgt die Backzeit 5-10 Min. Die Pizzen sind fertig, wenn der Rand leicht bräunt und knusprig wird. Die Pizzen vom Backblech nehmen und je nach Zutaten fertig belegen (siehe Anleitungen bei den einzelnen Belagsvarianten).

PIZZA BACKEN

Backzeiten ca.

- bei 250 °C
  8-10 Min.
- bei 300 °C
  6-8 Min.
- bei Verwendung Pizzastein
  5-7 Min.

Kartoffeln, Reis & Co.

6. KAPITEL

Rosmarinkartoffeln in der Schale

1 Kartoffeln gründlich waschen und abtropfen lassen. Ungeschält halbieren und dann in Spalten schneiden. Rosmarin von den Stielen abstreifen, Knoblauchzehen mit der Schale etwas „anschlagen". Hierzu benutzt man den Messerrücken und klopft die Zehen etwas flach, sodass nur ein mildes Knoblaucharoma übertragen wird.

2 Die Kartoffelspalten auf einem Backblech auslegen und mit einer Mischung aus Olivenöl, Paprikapulver und Meersalz einpinseln. Danach die Knoblauchzehen dazwischen legen und die Rosmarinblätter (Nadeln) darüber streuen.

3 Die Kartoffeln im vorheizten Backofen bei 200 °C Ober-/Unterhitze oder bei 180 °C Umluft für 30-35 Min. knusprig backen.

ZUTATEN 4

VEGAN

800 g kleine Kartoffeln (festkochend)
4 Zweige Rosmarin
3 Knoblauchzehen
3 EL Olivenöl
1 TL Paprikapulver (edelsüß)
1 TL Meersalz

Zubereitung: 15 Min.
Garzeit: 30-35 Min.

Einkaufsliste

Rosmarinkartoffeln aus der Pfanne

ZUTATEN 4

VEGGIE

800 g Kartoffeln (festkochend)
2 Zweige Rosmarin
2 Knoblauchzehen
2 EL Olivenöl
1 kleines Stk. Butter
Salz und Pfeffer

Zubereitung: 20 Min.
Garzeit: ca. 25 Min.

Einkaufsliste

1 Kartoffeln gründlich waschen und in einem großen Topf mit Salzwasser ca. 15 Min. fast garkochen.

2 Anschließend Wasser abgießen, die Kartoffeln etwas auskühlen lassen, abpellen und in Scheiben, Viertel oder Spalten schneiden.

3 In einer großen Pfanne das Olivenöl zusammen mit einem Stück Butter erhitzen und die ungeschälten und etwas mit dem Messerrücken flach gedrückten Knoblauchzehen dazugeben. Kartoffelstücke darüber geben und die ganzen Rosmarinzweige dazu legen. Die Kartoffeln nun von allen Seiten goldbraun anbraten, mit Salz und Pfeffer abschmecken und heiß servieren.

Info

Für Rosmarinkartoffeln eignen sich besonders festkochende Kartoffelsorten wie z.B. *Annabell, Bamberger Hörnchen, Linda* oder auch *Sieglinde*.

Bulgurboote mit Oliven und Kapernäpfeln

1 Zwiebel schälen, halbieren und fein hacken, getrocknete Tomaten abtropfen lassen und in kleine Würfel schneiden. In einem Topf mit Olivenöl die Zwiebel farblos anschwitzen, Bulgur dazugeben und 2-3 Min. dünsten. Mit **200 ml** der Gemüsebrühe aufgießen, einmal aufkochen lassen und Hitze reduzieren. Den Bulgur ca. 20 Min. abgedeckt quellen lassen.

2 Die Oliven (ohne Stein) und die Kapernäpfel abtropfen lassen. Oliven und die **Hälfte** der Kapernäpfel in Scheiben schneiden. Anschließend getrocknete Tomaten, Oliven, geschnittene Kapernäpfel sowie fein gehackten Thymian und **30 g** geriebenen Pecorino unter den Bulgur mischen und alles mit Salz und Pfeffer abschmecken.

3 Zucchini waschen, trockenreiben und längs halbieren. Mit einem Löffel das Kerngehäuse entfernen und die Zucchini aushöhlen. Anschließend mit der Bulgur-Mischung füllen und in eine Auflaufform setzen. Die restliche Gemüsebrühe in die Form gießen und die Bulgurboote im vorgeheizten Backofen bei 200 °C Ober-/Unterhitze (Umluft 180 °C) 20 Min. garen. Den geriebenen Pecorino-Käse 5 Min. vor Garzeitende darüberstreuen und fertig überbacken.

4 Auf Tellern anrichten, mit den restlichen Kapernäpfeln dekorieren und heiß servieren.

ZUTATEN 4

1 Zwiebel
8 getrocknete Tomaten (in Öl)
2 EL Olivenöl
200 g Bulgur
750 ml Gemüsebrühe
50 g schwarze Oliven
80 g Kapernäpfel (Glas)
1 Zweig Thymian
80 g Pecorino (ital. Hartkäse)
Salz und Pfeffer
4 mittelgroße Zucchini

VEGGIE

Außerdem:
Auflaufform

Zubereitung: ca. 30 Min.
Ruhezeit: ca. 20 Min.
Garzeit: ca. 25 Min.

Einkaufsliste

Das Gericht kann man auch mit „Schnellbulgur" zubereiten, die Quellzeit ist mit 5-7 Min. wesentlich kürzer. **Tipp**

Süßkartoffel-Chips

ZUTATEN 4

600 g Süßkartoffeln
4 EL Olivenöl
1 TL Meersalz
100 g Naturjoghurt
200 g Speisequark (Magerstufe)
1 Knoblauchzehe
Salz und Pfeffer
gemischte Gartenkräuter (frisch)

VEGAN

Zubereitung: 20 Min.
Garzeit: ca. 20 Min.

Einkaufsliste

1 Süßkartoffeln waschen und trockenreiben. Mit einem Küchen-/Gurkenhobel in sehr dünne Scheiben hobeln und anschließend nebeneinander auflegen. Mit etwas Salz bestreuen und 10 Min. ruhen lassen, damit Feuchtigkeit aus den Kartoffeln entweicht.

2 Die Kartoffelscheiben nun trocken tupfen, auf einem mit Backpapier belegten Backblech auslegen und mit einer Mischung aus Olivenöl und Meersalz einpinseln. Chips wenden und auch die zweite Seite mit einer dünnen Öl-Salz-Mischung versehen. Im vorgeheizten Backofen bei 180 °C Ober-/Unterhitze (Umluft 160 °C) 20 Min. backen, bis die Chips knusprig und goldbraun sind. Nach der Hälfte der Backzeit einmal wenden.

3 Zwischenzeitlich einen Quark-Joghurt-Dip aus Speisequark, Naturjoghurt, 1 geschälten und fein gehackten Knoblauchzehe sowie Salz und Pfeffer anrühren. Wer mag, kann den Quark-Dip auch mit fein gehackten Kräutern wie Petersilie, Schnittlauch oder Dill versehen.

Tipp Für andere Geschmacksrichtungen der Chips kann man der Öl-Salz-Mischung Gewürze wie klein gehackten Rosmarin, Chiliflocken oder auch Paprikapulver hinzufügen.

Morchelrisotto mit Radicchio

1 Morcheln gründlich waschen und für 1 Std. in lauwarmem Wasser einweichen. Anschließend nochmals gut abspülen, auf Küchenpapier abtropfen lassen und, je nach Größe, halbieren oder vierteln.

2 Die Zwiebel häuten, halbieren und in feine Würfelchen schneiden. In einem großen Topf mit **1 EL** aufgeschäumter Butter farblos anschwitzen und die Morcheln dazugeben. 2-3 Min. garen und den Reis untermischen. Alles mit Weißwein ablöschen, nochmals aufkochen lassen und mit **der Hälfte** der Gemüsebrühe aufgießen.

3 Unter ständigem Rühren die Konsistenz des Risottos prüfen und sobald die Flüssigkeit verkocht ist, wieder mit etwas Brühe ergänzen. Dieser Vorgang wiederholt sich so oft, bis die gesamte Brühe verbraucht und der Reis bissfest gegart ist.

4 Zwischenzeitlich die Blätter vom Radicchio waschen, trocken tupfen und in ca. 1 cm breite Streifen schneiden. Die restliche Butter in eine Pfanne geben, erhitzen und den Radicchio 2-3 Min. andünsten. Herausnehmen und zusammen mit dem fein geriebenen Pecorino und der geschlagenen Sahne unter das Risotto mischen. Alles gut verrühren und mit Salz und Pfeffer abschmecken.

ZUTATEN 4

VEGGIE

50 g getrocknete Morcheln
1 kleine Zwiebel
3 EL Butter
250 g Risotto Reis
(Vialone Nano oder Arborio)
50 ml Weißwein (trocken)
400 ml Gemüsebrühe
½ Radicchio Salat
50 g Pecorino (ital. Hartkäse)
2 EL Schlagsahne
Salz und Pfeffer

Einweichzeit: 1 Std
Zubereitung: 20 Min.
Garzeit: ca. 25 Min.

Einkaufsliste

Tipp Getrocknete Spitzmorcheln eignen sich besonders zur Verwendung in vegetarischen oder veganen Gerichten, da diese rein pflanzlich und ohne jegliche Zugabe von Zusatzstoffen sind.

Garnelen-Reisbällchen mit Ingwer

1 Zwiebel und Knoblauch schälen, fein hacken und in einem großen Topf mit Olivenöl andünsten. Klebreis dazugeben, kurz mit andünsten und mit Gemüsebrühe aufgießen. Mit etwas Salz würzen und zugedeckt bei mittlerer Hitze 20 Min. garen. Anschließend abgießen und abkühlen lassen.

2 Zwischenzeitlich Garnelen waschen (TK vorher auftauen), trocken tupfen und klein schneiden. Kandierten Ingwer fein hacken, Koriander waschen, trocken tupfen und hacken. Alles zusammen gut mit dem Klebreis vermengen und mit Salz und Pfeffer würzen.

3 Aus der Masse mit angefeuchteten Händen Bällchen formen und panieren; hierzu zuerst in Mehl wenden, anschließend durch verquirlte Eier ziehen und schließlich in Paniermehl wälzen.

4 Frittieröl in einem WOK oder einer tiefen Pfanne erhitzen und die Bällchen schwimmend ca. 4-5 Min. goldgelb frittieren. Garnelen-Reisbällchen auf Küchenpapier abtropfen lassen und mit Holz- oder Partyspießern servieren.

Info: Kandierter Ingwer ist im Handel in Form von Stäbchen, Stücken oder Würfeln, meist in Tütchen oder Gläsern erhältlich.

ZUTATEN 4

1 kleine Zwiebel
1 Knoblauchzehe
2 EL Olivenöl
200 g Klebreis
250 ml Gemüsebrühe
400 g Garnelen (frisch oder TK)
1 Zweig Koriander
4-5 kandierte Ingwerstücke
Salz und Pfeffer
2 Eier
etwas Mehl
etwas Paniermehl (Semmelbrösel)
1 l Erdnuss- oder Pflanzenöl

Außerdem:
WOK oder tiefe Pfanne
Holz- oder Partyspießer

Zubereitung: ca. 35 Min.
Garzeit: 25 Min.

Einkaufsliste

Gefüllte Spitzpaprika mit Quinoa

ZUTATEN 4

150 g Quinoa
500 ml Gemüsebrühe
1 kg rote Spitzpaprika
4 Sardellenfilets
50 g Kapern (eingelegt)
1 Zweig Thymian
1 Zwiebel
400 g Pizzatomaten (Dose/Glas)
2 EL scharfes Ajvar
1 Lorbeerblatt (getrocknet)
Salz und Pfeffer
1 Pr. Zucker
2 Zweige Petersilie
2 EL Olivenöl

Außerdem:
Auflaufform

Zubereitung: 20 Min.
Garzeit: ca. 50 Min.

Einkaufsliste

Tipp Für eine vegetarisch/vegane Variante des Gerichts lässt man einfach die Sardellenfilets weg, oder ersetzt diese durch Algen, Nori-Blätter oder ähnliches.

1 Von der Gemüsebrühe **350 ml** in einem Topf aufkochen und die Quinoa dazugeben. Bei geringer Hitze zugedeckt 15 Min. köcheln.

2 Zwischenzeitlich Paprika waschen, trockenreiben und längs halbieren. Kerngehäuse und Scheidewände entfernen. Sardellenfilets abspülen und trocken tupfen, Kapern abtropfen lassen, Thymian abspülen und trocken tupfen.

3 Sardellenfilets, Kapern und Thymian sehr klein schneiden oder hacken und unter die Quinoa mischen. Nun die Paprikahälften damit füllen und in eine mit **1 EL** Olivenöl eingepinselte Auflaufform setzen.

4 Zwiebel schälen, halbieren, klein hacken und in einem Topf mit dem restlichen Olivenöl anschwitzen. Pizzatomaten, Ajvar und das Lorbeerblatt dazugeben und mit der restlichen Gemüsebrühe aufgießen. Mit Salz, Pfeffer und 1 Prise Zucker abschmecken und 4-5 Min. köcheln.

5 Die Tomaten-Ajvar-Sauce vorsichtig in die Auflaufform gießen und die gefüllten Paprika bei 200 °C Ober-/Unterhitze (Umluft 180 °C) im vorgeheizten Backofen ca. 25 Min. garen. Zum Servieren bestreut man alles mit vorher abgespülter, trocken getupfter und grob zerkleinerter Petersilie.

Klassischer Kartoffelsalat

ZUTATEN 4

800 g Kartoffeln (festkochend)
1 Zwiebel
125 ml Gemüsebrühe
4 EL Pflanzenöl
4 EL Weinessig
Salz und Pfeffer
1 Pr. Zucker
1 Zweig Petersilie

VEGAN

Zubereitung: 15 Min.
Garzeit: ca. 25 Min.

Einkaufsliste

1 Kartoffeln waschen und in einem Topf mit Salzwasser ca. 20-25 Min. nicht zu weichkochen. Abgießen und etwas auskühlen lassen, anschließend abpellen und in nicht zu dünne Scheiben schneiden.

2 Die Zwiebel schälen, halbieren und in sehr kleine Würfel schneiden. Die Gemüsebrühe einmal kurz aufkochen, vom Herd nehmen und mit der Zwiebel sowie Essig und Öl verrühren. Mit Salz, Pfeffer und 1 Prise Zucker abschmecken.

3 Kartoffelscheiben mit der Marinade übergießen und alles gut vermengen. Mit einigen Petersilienblättern garniert servieren.

Kartoffelsalat mit Mayonnaise

ZUTATEN 4

800 g Kartoffeln (festkochend)
1 Zwiebel
200 g Mayonnaise
100 g Gewürzgurken
2 Eier
2 TL Senf
2 Zweige Petersilie
½ Bd. Schnittlauch
Salz und Pfeffer

VEGGIE

Zubereitung: 25 Min.
Garzeit: ca. 35 Min.

Einkaufsliste

1 Kartoffeln waschen und in einem Topf mit Salzwasser ca. 20-25 Min. nicht zu weichkochen. Abgießen und etwas auskühlen lassen, anschließend abpellen und in nicht zu dünne Scheiben schneiden.

2 Zwischenzeitlich die beiden Eier 8-10 Min. in kochendem Wasser hart kochen. Die Zwiebel schälen, halbieren und in sehr kleine Würfel schneiden. Die Gewürzgurken zuerst in längliche Scheiben und dann in Würfelchen schneiden. Die Petersilie abspülen, abtupfen und fein hacken, den Schnittlauch abspülen, trocken tupfen und in feine Ringe schneiden.

3 Mayonnaise, geschälte und klein geschnittene Eier, Gewürzgurken, Zwiebel, Senf, 2 EL des Gewürzgurkenwassers sowie Petersilie und Schnittlauch gut verrühren und mit Salz und Pfeffer abschmecken. Anschließend alles mit den Kartoffelscheiben vorsichtig vermengen und in Schälchen oder einer großen Salatschüssel servieren. Nach Belieben mit etwas Petersilie und Schnittlauchröllchen garnieren.

Rösti mit Bacon

1 Kartoffeln waschen und in einem Topf mit Salzwasser ca. 15 Min. nicht zu weich garen. Abgießen und etwas auskühlen lassen, anschließend abpellen und mit der Reibe in Späne hobeln.

2 Zwischenzeitlich die Zwiebel häuten, halbieren und kleinwürfelig schneiden. Den Bacon in kleine Streifen oder ebenfalls in Würfel schneiden. Zwiebel und Bacon mit **1 EL** Öl in eine große Pfanne für 3-4 Min. anbraten, anschließend die geriebenen Kartoffeln dazugeben und 1-2 Min. weitergaren. Mit Salz und Pfeffer abschmecken.

3 Die Kartoffelmasse nochmals gut mischen und vorsichtig zu einem Kuchen formen; nicht flach drücken! Von einer Seite wird das Rösti nun 8-10 Min. gegart, bis es eine goldbraune Farbe erreicht hat. Rösti mit Hilfe eines Tellers herausnehmen, nochmals etwas Öl in die Pfanne und die Kartoffelmasse mit der ungebackenen Seite nach unten zurückgeben. Auch von dieser Seite nochmals 8-10 Min. garen. Nach gewünschtem Bräunungsgrad aus der Pfanne nehmen und in Form von Tortenstücken servieren.

Info

Bei Rösti handelt es sich um eine aus der Schweizer Küche stammende Variante des Kartoffelpuffers. Im Gegensatz zu Kartoffelpuffern kommen Rösti Rezepte ganz ohne Zugabe von Mehl und Eiern aus. Sie werden allein durch die Kartoffelstärke gebunden.

ZUTATEN 4

1 kg Kartoffeln (mehlig kochend)
1 Zwiebel
100 g Bacon
Salz und Pfeffer
3-4 EL Pflanzenöl

Außerdem:
Rösti- oder Küchenreibe

Zubereitung: 20-25 Min.
Garzeit: ca. 40 Min.

Einkaufsliste

Gnocchi mit Basilikum-Pesto

ZUTATEN 4

1 kg Kartoffeln (mehlig kochend)
200 g Mehl (Type 405)
100 g Hartweizengrieß
1 Ei
1 EL Butter
Salz
Muskatnuss
30 g Pinienkerne
2 Knoblauchzehen
1 Bd. Basilikum
50 g Parmesan (ital. Hartkäse)
1 TL Meersalz
120 ml Olivenöl

VEGGIE

Zubereitung: ca. 40 Min.
Garzeit: ca. 30 Min.

Einkaufsliste

1 Kartoffeln waschen und in einem großen Topf mit reichlich Salzwasser ca. 25 Min. abgedeckt und leicht sprudelnd weichkochen. Alternativ dazu kann man die Kartoffeln auch in einem Dämpfeinsatz garen. Die gegarten Kartoffeln etwas abkühlen lassen, abpellen und in eine große Schüssel geben.

2 Mit einem Kartoffelstampfer oder einer Kartoffelpresse zerkleinern. **130 g** Mehl, den Hartweizengrieß, das Ei, 1 EL Butter sowie etwas Salz und Muskatnuss hinzugeben und alles zu einem Teig verkneten. Ist der Teig zu klebrig, noch etwas Mehl unterkneten.

3 Den Teig in 4 Portionen teilen, auf einer bemehlten Arbeitsfläche zu langen Rollen formen und in 2 cm breite Stücke schneiden. Diese Stücke zu Kugeln drehen und mit einer Gabel leicht flach drücken. Die so hergestellten Gnocchi in reichlich Salzwasser einmal aufkochen, anschließend Hitze reduzieren und ziehen lassen. Die Gnocchi sind gar, wenn diese an der Oberfläche schwimmen.

4 Zwischenzeitlich Pinienkerne in einer Pfanne ohne Öl leicht anrösten, Knoblauchzehen schälen und halbieren, Basilikumblätter waschen und trocken tupfen. Alles zusammen in einen großen Mixbecher füllen und den geriebenen Parmesan sowie 1 TL Meersalz dazugeben. Mit einem Stab- oder Standmixer, unter ständiger Zugabe von Olivenöl, zu einem sämigen Pesto verarbeiten.

5 Gnocchi mit einer Schaumkelle aus dem Wasser nehmen, etwas abtropfen lassen, mit Basilikum-Pesto gut vermischen und auf Tellern anrichten.

Polenta mit Steinpilzen

ZUTATEN 4

20 g getrocknete Steinpilze
600 ml Gemüsebrühe
Salz und Pfeffer
Muskatnuss
125 g Polenta Maisgrieß
1 kleine Zwiebel
3 EL Olivenöl
1 Zweig Petersilie

VEGAN

Zubereitung: ca. 15 Min.
Einweichzeit: 30 Min.
Ruhezeit: 15 Min.
Garzeit: ca. 25 Min.

Einkaufsliste

1 Getrocknete Steinpilze für 30 Min. in lauwarmes Wasser geben und quellen lassen. Gemüsebrühe mit etwas Salz und Muskatnuss in einem Topf aufkochen. Anschließend Polenta Maisgrieß einrühren und weitere 4-5 Min. köcheln lassen. Danach die Hitze wegnehmen und 15 Min. zugedeckt ebenfalls quellen lassen.

2 Zwischenzeitlich die Zwiebel häuten, halbieren und klein schneiden, Petersilie abspülen, trocken tupfen und klein hacken. Die Steinpilze in einem Sieb abtropfen lassen, 1 EL von dem „Einweichwasser" abfangen und die Pilze grob zerkleinern. Zwiebel und Pilze in einer Pfanne mit 3 EL Olivenöl und 1 EL des Einweichwassers 4-5 Min. braten. Mit Salz und Pfeffer abschmecken und auf die in Teller verteilte Polenta geben. Vor dem Servieren mit der klein gehackten Petersilie bestreuen.

Hirsebratlinge

ZUTATEN 4

750 ml Gemüsebrühe
300 g Hirse
4 getrocknete Tomaten (in Öl)
½ Bd. Basilikum
125 g Mozzarella
Salz und Pfeffer
3 EL Olivenöl
2 Eier

VEGGIE

Zubereitung: 15 Min.
Kühlzeit: 20 Min.
Garzeit: ca. 25 Min.

Einkaufsliste

1 Gemüsebrühe in einem Topf aufkochen, Hirse einrühren und zugedeckt bei geringer Hitze 15-20 Min. garen. Danach vom Herd nehmen. Zwischenzeitlich getrockneten Tomaten etwas abtropfen und in feine Streifen schneiden. Basilikum abspülen, trocken tupfen und fein hacken, Mozzarella in kleine Würfel schneiden.

2 Beide Eier sowie Tomaten, Basilikum und Mozzarella unter die Hirse rühren. Mit Salz und Pfeffer abschmecken und mit 2 angefeuchteten, großen Löffeln kleine Bratlinge aus dem Teig formen. In einer Pfanne mit Olivenöl goldbraun herausbraten, abtropfen und servieren.

Spanische Paella

1 Olivenöl in einer sehr **großen Pfanne** (Paella-Pfanne) erhitzen, zuerst die Riesengarnelen und anschließend die in mundgerechte Stücke zerteilten Kabeljaufilets von allen Seiten scharf anbraten. Herausnehmen und beides zur Seite stellen.

2 Die Muscheln waschen und abtropfen, bereits geöffnete Exemplare wegwerfen. Knoblauch schälen und klein hacken, Schalotten häuten, halbieren und klein schneiden. Tomaten waschen, trockentupfen, halbieren und das Fruchtfleisch klein schneiden. Paprika waschen, trockenreiben, halbieren und in längliche Streifen schneiden.

3 Die Paella-Pfanne wieder erhitzen, zuerst die Schalotten und dann den Knoblauch darin anschwitzen. Anschließend die Tomaten, die Paprika und die Erbsen dazugeben und alles 10 Min. dünsten. Jetzt den Paella-Reis zum Gemüse geben und alles mit Fisch Fond aufgießen. Die Paella mit Meersalz, Pfeffer und Safran würzen, den Fisch, die Muscheln und die Garnelen unterheben und dann **nicht mehr umrühren**. Die Rosmarinzweige im Ganzen oben auflegen und die Hitze so einstellen, dass das Gericht nur leicht köchelt.

4 Ist die Paella fertig gegart, hat der Reis die gesamte Flüssigkeit aufgesogen. Pfanne nun vom Herd nehmen, die Rosmarinzweige entfernen und die Paella abgedeckt (mit Tuch oder Alufolie) noch ca. 5-10 Min ruhen lassen. Zum Servieren mit etwas Zitronensaft beträufeln und traditionell mit Zitronenspalten servieren.

ZUTATEN 4

250 g Kabeljaufilets
400 g Riesengarnelen (in der Schale)
250 g Miesmuscheln
3 Knoblauchzehen
2 Schalotten (milde Zwiebeln)
2 Tomaten
1 rote Paprika
100 g Erbsen
300 g Paella Reis (Bomba oder Redondo)
5 EL Olivenöl
750 ml Fisch Fond
Meersalz und Pfeffer
1 g Safranfäden
1-2 Zitronen
2 Zweige Rosmarin

Außerdem:
Sehr große Pfanne (Paella-Pfanne)

Zubereitung: ca. 25 Min.
Garzeit: ca. 40-45 Min.
Ruhezeit: ca. 5-10 Min.

Einkaufsliste

Buchweizenklöße mit Pfifferlingen

1 Milch und Butter in einem Topf aufkochen und mit Salz, Pfeffer, etwas Muskatnuss und Majoran würzen. Nun das Buchweizenmehl dazugeben und so lange mit einem Kochlöffel rühren, bis sich ein Teigballen bildet, der sich vom Topfboden löst. Topf vom Herd nehmen, nach und nach die ganzen Eier unterrühren und das Ganze abkühlen lassen.

2 Zwischenzeitlich Pfifferlinge abbürsten (nicht waschen), Stiele etwas anschneiden und - je nach Größe - halbieren oder vierteln. Zwiebel schälen, halbieren und klein schneiden, Petersilie abspülen, trocken tupfen und sehr fein hacken.

3 In einer Pfanne mit dem Öl die Zwiebel farblos anschwitzen, Pfifferlinge dazugeben und 3-4 Min. kräftig anbraten. Mit Sahne und Gemüsebrühe aufgießen sowie mit Salz und Pfeffer abschmecken. Weitere 4-5 Min. bei geringer Hitze köcheln lassen.

4 Aus der Buchweizenmasse mit angefeuchteten Händen kleine Klöße formen. Salzwasser in einem Topf zum Kochen bringen, Buchweizenklöße hingleiten lassen und die Hitze so weit reduzieren, dass es nicht mehr kocht. Die Klöße darin 10-12 Min. ziehen lassen, anschließend herausnehmen und kurz abtropfen lassen.

5 Zum Servieren die Klöße auf Teller geben, mit der Pilzsauce angießen und mit Petersilie bestreut servieren.

ZUTATEN 4

VEGGIE

250 ml Milch
50 g Butter
Salz und Pfeffer
Muskatnuss
1 TL Majoran (getrocknet)
250 g Buchweizenmehl
2 Eier
500 g frische Pfifferlinge
1 Zwiebel
½ Bd. Petersilie
2 EL Pflanzenöl
200 ml Kochsahne
250 ml Gemüsebrühe

Zubereitung: 35 Min.
Kühlzeit: 30 Min.
Garzeit: ca. 30 Min.

Einkaufsliste

Risi e bisi (Reis und Erbsen)

ZUTATEN 4

300 g Risotto Reis
(Vialone Nano oder Arborio)
1 Zwiebel
100 g Parmaschinken (Scheiben)
4 getrocknete Tomaten (in Öl)
½ Bd. Petersilie
1 EL Olivenöl
1 EL Butter
150 g Erbsen (TK)
Salz und Pfeffer
500 ml Gemüsebrühe
50 g Parmesan (ital. Hartkäse)

Zubereitung: 15 Min.
Garzeit: ca. 40 Min.

Einkaufsliste

1 Reis in einem Sieb waschen und abtropfen lassen. Die Zwiebel schälen, halbieren und fein würfeln, Parmaschinken in Streifen schneiden. Die getrockneten Tomaten abtropfen lassen und in kleine Würfelchen schneiden. Petersilie abspülen, trocken tupfen und fein hacken.

2 Olivenöl und Butter in einem großen Topf erhitzen, Zwiebel, Parmaschinken und Tomatenstücke dazugeben und 2-3 Min. anschwitzen. Anschließen den Reis hinzugeben und mit **der Hälfte** der Gemüsebrühe aufgießen. Bei mittlerer Hitze 30-35 Min. köcheln und immer wieder mit etwas Gemüsebrühe aufgießen (Zubereitung wie Risotto, jedoch etwas „suppiger").

3 Kurz vor Garzeitende die vorher aufgetauten Erbsen dazugeben und alles mit Salz und Pfeffer abschmecken. Zum Servieren mit der Petersilie und - je nach Belieben - mit Parmesan bestreuen.

Info Risi e bisi oder auch Risibisi genannt (auf deutsch Reis und Erbsen) ist ein Klassiker der italienischen Küche. Die Zubereitung ähnelt der eines Risotto, wobei Risi e bisi eine etwas „suppigere" Konsistenz aufweisen sollte.

Aufläufe & Pfannen
7. KAPITEL

Vegetarische Moussaka

1 Kartoffeln waschen, schälen, in dünne Scheiben schneiden oder hobeln und in einer mit **1 EL** Olivenöl ausgepinselten Auflaufform verteilen. Mit Salz, Pfeffer und fein gehacktem Rosmarin bestreuen und im vorgeheizten Backofen bei 200 °C Ober-/Unterhitze (Umluft 180 °C) 20 Min. vorgaren.

2 Zwischenzeitlich Aubergine, Zucchini und Tomaten waschen, trockenreiben, die Stielansätze entfernen und alles ebenfalls in dünne Scheiben schneiden. Zwiebel schälen, halbieren und in Streifen schneiden.

3 Auberginen- und Zucchinischeiben in einer Pfanne mit dem restlichen Olivenöl 3-5 Min. anbraten und die Zwiebelstreifen dazugeben. Nochmals 2-3 Min. weitergaren und alles mit Salz und Pfeffer würzen.

4 Auberginen-, Zucchini- und Tomatenscheiben zu den vorgegarten Kartoffeln in die Auflaufform geben und „dachziegelnartig", im Wechsel, aufschichten. Zwiebeln ebenso darüber verteilen.

5 Milch und Eier in einer Schüssel verquirlen, über das Gemüse gießen und das Gericht nochmals im Backofen bei 180 °C Ober-/Unterhitze (Umluft 160 °C) für 20-25 Min. garen. Vor dem Servieren lässt man die Moussaka leicht abkühlen.

ZUTATEN 4

400 g Kartoffeln (festkochend)
Salz und Pfeffer
1 Zweig Rosmarin
1 Aubergine
2 Zucchini
500 g Tomaten
1 Zwiebel
4 EL Olivenöl
150 ml Milch
4 Eier

VEGGIE

Außerdem:
Auflaufform

Zubereitung: 45 Min.
Garzeit: ca. 50 Min.
Kühlzeit: 5 Min.

Einkaufsliste

Info: Moussaka, oder auch *Mousakás, Musaka* und *Musaqqā* genannt, ist ein Gericht der mediterranen und arabischen Küche. In der nicht vegetarischen Variante wird Hackfleisch zugegeben und der Auflauf mit Käse überbacken.

TÜRKEI

Kartoffelauflauf

1 Kartoffeln waschen, schälen und mit einem Küchenhobel in sehr dünne Scheiben schneiden. Auflaufform mit der Schnittfläche einer Knoblauchzehe ausreiben und mit Olivenöl auspinseln. Anschließend die Kartoffelscheiben fächerförmig und lagenweise einschichten. Zwischendurch jede Lage salzen und pfeffern und etwas klein gehackten Knoblauch darüber geben. Beim Einschichten darauf achten, dass am Rand der Auflaufform etwa 1 cm Platz bleibt.

2 Sahne und Eier in einer Schüssel verquirlen, den fein geriebenen Käse untermischen und mit Salz, Pfeffer und etwas Muskatnuss abschmecken. Die Sahne-Käsemischung über die Kartoffelscheiben gießen und darauf ein paar Butterflocken setzen.

3 Kartoffelauflauf bei 180 °C Ober-/Unterhitze (Umluft 160 °C) im vorgeheizten Backofen für 40-50 Min. garen, bis die Oberfläche schön braun geworden ist.

ZUTATEN 4

750 g Kartoffeln (festkochend)
2 Knoblauchzehen
2 Eier
500 ml Kochsahne
175 g Hartkäse (z.B. Emmentaler)
1 EL Olivenöl
Salz und Pfeffer
Muskatnuss
etwas Butter

VEGGIE

Außerdem:
Auflaufform

Zubereitung: ca. 20 Min.
Garzeit: ca. 40-50 Min.

Einkaufsliste

Cannelloni

1 Zwiebeln und Knoblauch schälen und fein hacken, Petersilie abspülen, trocken tupfen und - bis auf ein paar Blättchen zum Garnieren - fein hacken. Die Hälfte von diesen Zutaten in einem Topf mit **3 EL** des Olivenöls 2-3 Min. anbraten. Pizzatomaten klein schneiden und mit in den Topf geben, alles mit Salz und Pfeffer würzen und 20 Min. leicht köcheln lassen.

2 In einem weiteren Topf Wasser zum Kochen bringen und Spinatblätter darin 3 Min. blanchieren. Herausnehmen, in Eiswasser abschrecken, abtropfen lassen und sehr klein hacken. Den gekochten Schinken in kleine Würfelchen schneiden.

3 Die andere Hälfte von Zwiebel, Knoblauch und Petersilie in einer Pfanne mit 3 EL Olivenöl anbraten. Nach 5 Min. bei mittlerer Hitze das Hackfleisch dazugeben und krümelig anbraten; dazu das Hack mit einem Kochlöffel oder Spatel ständig zerteilen. Hackfleischmasse nun zusammen mit dem Spinat und dem gekochten Schinken in einer Schüssel vermengen, kurz abkühlen lassen und danach mit der **Hälfte** des fein geriebenen Parmesans sowie Salz und Pfeffer verrühren.

ZUTATEN 4

400 g Pizzatomaten (Dose/Glas)
2 kleine Zwiebeln
2 Knoblauchzehen
½ Bd. Petersilie
6 EL Olivenöl
Salz und Pfeffer
250 g Spinatblätter
100 g gekochter Schinken
350 g Hackfleisch (vom Rind)
20 Cannelloni (Nudelrollen)
100 g Parmesan (ital. Hartkäse)

Außerdem:
Auflaufform
evtl. Spritztüte mit großer Tülle

Zubereitung: 40 Min.
Garzeit: ca. 60 Min.

Einkaufsliste

4 Die Cannelloni nach Packungsanleitung in Salzwasser al dente kochen, herausnehmen und auf einem Tuch abtropfen lassen. Die Hackfleischmasse nun mit einem Löffel oder einer Spritztüte mit großer Tülle in die Cannelloni drücken und anschließend in eine mit der **Hälfte** der Tomatensauce ausgekleidete Auflaufform setzen. Die andere Hälfte der Tomatensauce wird darüber verteilt. Nun die Tomatensauce mit dem restlichen Parmesan bestreuen und die Form in den vorgeheizten Backofen schieben.

5 Bei 200 °C Ober-/Unterhitze (Umluft 180 °C) werden die Cannelloni 20-25 Min. gegart, bis der Käse zerläuft und braun wird. Zum Servieren auf Tellern anrichten und mit ein paar Blättchen der Petersilie garnieren.

ZUTATEN 4

150 g Quinoa
500 ml Gemüsebrühe
1 große Zwiebel
1 kleiner Weißkohl
100 g geräucherter Schinken
3 EL Olivenöl
1 TL Paprikapulver (edelsüß)
1 Msp. Kümmel (gemahlen)
Salz und Pfeffer
3 Eier
150 g Crème fraîche
1 TL Thymian (getrocknet)
50 g Gratinkäse (gerieben)

Außerdem:
Auflaufform

Zubereitung: 25 Min.
Garzeit: ca. 55 Min.

Einkaufsliste

Tipp

Für eine vegetarische Variante des Auflaufs verwendet man anstatt Schinken veganen Räucherspeck.

Quinoa-Weißkohlauflauf

1 Quinoa in **350 ml** kochende Gemüsebrühe geben und bei geringer Hitze zugedeckt 15 Min. garen.

2 Zwischenzeitlich Zwiebel schälen, halbieren und in Streifen schneiden. Weißkohl vierteln, den Strunk herausschneiden und mit dem Messer oder einem Gemüsehobel in feine Streifen schneiden. Geräucherten Schinken in Würfel schneiden.

3 In einer großen Pfanne mit **2 EL** des Olivenöls die Zwiebelstreifen und den Schinken 2-3 Min. anschwitzen, Weißkohl dazugeben und alles mit Paprikapulver, Kümmel, Salz und Pfeffer abschmecken. Die restliche Gemüsebrühe aufgießen und zugedeckt 5 Min. köcheln. Anschließend Quinoa zum Weißkohl geben und alles gut vermengen.

4 Eine Auflaufform mit dem restlichen Olivenöl auspinseln und die Quinoa-Weißkohl-Masse einfüllen. Eier mit Crème fraîche verquirlen und mit Thymian würzen, anschließend über den Auflauf geben. Den Gratinkäse darüberstreuen und im vorgeheizten Backofen bei 200 °C Ober-/Unterhitze (Umluft 180 °C) für 30 Min. backen, bis die Oberfläche schön gebräunt ist.

Mexikanische Reispfanne

1 Zwiebel und Knoblauchzehen schälen und klein schneiden. Den Reis in einem Sieb abspülen und abtropfen lassen.

2 In einem Topf **2 EL** des Olivenöls erhitzen und Zwiebel und Knoblauch andünsten. Reis, Chiliflocken und Kurkuma dazugeben und weitere 2-3 Min. anbraten. Mit der Brühe aufgießen und bei schwacher Hitze 15-20 Min. köcheln lassen.

3 Zwischenzeitlich Paprika und Chilischote waschen, trockenreiben und halbieren. Die Kerngehäuse und Scheidewände entfernen und alles klein schneiden.

4 Restliches Olivenöl in einer großen Pfanne erhitzen und das Hackfleisch bei mittlerer Hitze 6-7 Min. anbraten; dabei mit einem Kochlöffel oder Spatel ständig zerteilen. Anschließend die Paprika und Chilischoten dazugeben und weitere 5 Min. garen. Mit Salz und Pfeffer würzen.

5 Am Schluss den Reis zur Hackfleisch-Pfanne geben, alles gut vermengen und mit grob gehackter Petersilie bestreut servieren.

ZUTATEN 4

- 2 Knoblauchzehen
- 1 Zwiebel
- 200 g Langkornreis
- 4 EL Olivenöl
- 1 TL Chiliflocken
- 1 TL Kurkuma (gemahlen)
- 400 ml Gemüsebrühe
- 1 rote Paprika
- 1 gelbe Paprika
- 1 grüne Chilischote
- 500 g Hackfleisch (vom Rind)
- Salz und Pfeffer
- 2 Zweige Petersilie

Zubereitung: ca. 20 Min.
Garzeit: 35 Min.

Einkaufsliste

Schwarzwurzeln mit Crumble

1 Schwarzwurzel gründlich waschen und unter fließendem Wasser schälen. Zusätzlich sollte man mit einer Küchenschürze und Gummihandschuhen arbeiten, da Schwarzwurzeln einen klebrigen, milchigen Saft absondern, dessen Flecken sich leider nur schwer wieder entfernen lassen. Sofort nach dem Schälen das Gemüse in eine Schüssel mit Wasser und dem Saft einer halben Zitrone geben, sonst färben sich die weißen Schwarzwurzeln braun.

2 In einem Topf die Gemüsebrühe aufkochen, Hitze reduzieren, die Milch dazu gießen und die Schwarzwurzel darin 10 Min. bissfest garen.

3 Zwischenzeitlich die Butterkekse in einem Gefrier- oder Vakuumbeutel zerbrockeln, in eine Schüssel geben und den Frischkäse unterrühren.

4 Die Schwarzwurzel nun in eine Auflaufform geben, mit Salz und Pfeffer würzen und die Frischkäse-Crubles darauf gleichmäßig verteilen. Im vorgeheizten Backofen mit Grillfunktion 5-6 Min. goldbraun gratinieren und heiß servieren.

Info

Schwarzwurzeln, auch *Winterspargel* genannt, haben ein intensiv würzig und leicht nussartiges Aroma. Die Konsistenz ist ähnlich der von Pastinaken oder Karotten. Schwarzwurzeln haben - nach Hülsenfrüchten - die meistens Nährstoffe aller Gemüsearten.

ZUTATEN

4

VEGGIE

600 g Schwarzwurzeln
½ Zitrone
250 ml Milch
100 ml Gemüsebrühe
150 g Butterkekse
Salz und Pfeffer
100 g Frischkäse „Meerrettich“

Außerdem:
Gefrier-/Vakuumbeutel
Auflaufform

Zubereitung: 20 Min.
Garzeit: ca. 20 Min.

Einkaufsliste

Lasagne

ZUTATEN 4

250 g Lasagneplatten
50 g Bacon
375 g Hackfleisch (gemischt)
3 Zwiebeln
2 EL Olivenöl
Salz und Pfeffer
1 TL Thymian (getrocknet)
1 TL Basilikum (getrocknet)
500 g Tomaten
50 g Tomatenmark
125 ml Weißwein (trocken)
125 ml Kochsahne
75 g Parmesan (ital. Hartkäse)
500 ml Béchamel Sauce
1 Zweig Basilikum

Außerdem:
Auflaufform

Zubereitung: 40 Min.
Garzeit: ca. 60 Min.

Einkaufsliste

1 Bacon klein schneiden, Zwiebeln häuten, halbieren und ebenfalls klein schneiden. Beides in einer Pfanne mit **1 EL** Olivenöl anschwitzen. Das Hackfleisch hinzugeben und 5 Min. mit garen; dabei mit einem Kochlöffel oder Spatel das Fleisch krümelig zerteilen.

2 Tomaten kurz in kochendem Wasser blanchieren, herausnehmen, abschrecken und häuten. Tomaten halbieren, das Kerngehäuse entfernen und klein schneiden. Mit zum Hackfleisch geben und unterrühren. Das Tomatenmark dazugeben und mit Weißwein ablöschen. Mit Sahne aufgießen und mit Salz, Pfeffer, Thymian und Basilikum würzen. Alles bei geringer Hitze 15 Min. köcheln lassen.

3 Auflaufform mit dem restlichen Olivenöl einpinseln und den Boden mit einer Schicht Lasagneplatten auslegen. Darauf folgt eine dünne Schicht der Béchamel Sauce und eine Schicht der Hackfleischmasse. Dieser Vorgang und die Reihenfolge der Schichten wiederholen sich dann, bis alle Zutaten verbraucht sind. Der Aufbau muss als oberste Schicht mit Béchamel Sauce enden.

4 Den Parmesan fein reiben, auf die Lasagne streuen und diese bei 180 °C Ober-/Unterhitze (160 °C Umluft) im vorgeheizten Backofen 35 Min. backen. Die Lasagne anschießend herausnehmen und mit einigen Basilikumblättchen garniert auf Tellern verteilt servieren.

Tomaten Mozzarella-Auflauf

ZUTATEN 4

400 g Cherrytomaten
1 Zwiebel
50 g schwarze Oliven
1 Pr. Zucker
3 EL Olivenöl
100 g Ricotta (ital. Frischkäse)
100 ml Milch
4 Eier
2 EL Pesto Verde (Glas)
Salz und Pfeffer
250 g Mozzarella
1 Zweig Basilikum

VEGGIE

Außerdem:
Auflaufform

Zubereitung: 25 Min.
Garzeit: ca. 20 Min.

Einkaufsliste

1 Tomaten waschen, trockenreiben und halbieren, Zwiebel schälen, halbieren und grob würfeln. Basilikum abspülen, trocken tupfen und die Blättchen in feine Streifen schneiden.

2 In einer Pfanne mit **2 EL** Olivenöl Zwiebel 2-3 Min. farblos anschwitzen, Tomaten und Oliven (ohne Stein) dazugeben und nochmals 2-3 Min. garen. Mit Salz, Pfeffer und einer Prise Zucker abschmecken.

3 Anschließend Ricotta, Milch, Eier und das Pesto Verde ein einer Schüssel verquirlen und ebenso mit Salz und Pfeffer würzen.

4 Auflaufform mit dem restlichen Olivenöl auspinseln, Tomatengemüse hineingeben und alles mit in Scheiben geschnittenen Mozzarella belegen. Anschließend die Ricotta-Milch darüber gießen und den Auflauf im vorgeheizten Backofen mit Grillfunktion 15 Min. gratinieren. Zum Servieren mit den Basilikumstreifen garnieren.

Brokkoli-Auflauf

1 Strunk vom Brokkoli entfernen und Brokkoli in Röschen teilen. Alles gut waschen und in einem großen Topf mit Salzwasser 10 Min. weichkochen.

2 Inzwischen die Zwiebel und den Knoblauch schälen, fein hacken und mit **2 EL** Olivenöl in einer Pfanne anschwitzen. Den Schinken in kleine Würfel schneiden, die Tomaten waschen, halbieren, Kerngehäuse entfernen und in Stücke schneiden. Schinken und Tomatenstücke mit in die Pfanne geben, alles mit Salz und Pfeffer würzen und mit dem Weißwein ablöschen. Weitere 10 Min. köcheln lassen.

3 Brokkoli aus dem Topf nehmen, abtropfen lassen und in eine mit etwas Olivenöl ausgepinselte Auflaufform geben. Die Schinken-Tomatensauce darüber gießen und den geriebenen Gratinkäse großzügig darüber verteilen. Im vorgeheizten Backofen bei 220 °C Ober-/Unterhitze (Umluft 200 °C) etwa 15 Min. überbacken, bis die Oberfläche eine go dbraune Farbe angenommen hat.

ZUTATEN 4

2 Brokkoli (ca. 700-800 g)
1 Zwiebel
1 Knoblauchzehe
3 EL Olivenöl
100 g gekochter Schinken
4 Tomaten
Salz und Pfeffer
125 ml Weißwein (trocken)
100 g Gratinkäse (gerieben)

Außerdem:
Auflaufform

Zubereitung: 25 Min.
Garzeit: ca. 35 Min.

Einkaufsliste

Tipp

Für eine vegetarische Variante des Brokkoli-Auflaufs ersetzt man den Schinken durch pflanzlichen Kochschinken und bei einem veganen Auflauf zusätzlich den Gratinkäse durch veganen Reibekäse.

Süßkartoffelgratin mit Kokos

ZUTATEN 4

600 g Süßkartoffeln
400 g Knollensellerie
1 kleines Stk. Ingwer
2 Zweige Thymian
400 ml Kokosmilch
100 ml Kochsahne
2 Eier
Salz und Pfeffer
2 EL Kokosraspeln
1 EL Olivenöl

VEGGIE

Außerdem:
Auflaufform

Zubereitung: 30 Min.
Garzeit: ca. 45 Min.

Einkaufsliste

1 Süßkartoffeln und Sellerie waschen, schälen und mit einem Gemüsehobel in dünne Scheiben schneiden. Ingwer mit einem Löffel schälen und fein hacken. Thymian abspülen, trocken tupfen und ebenfalls fein hacken.

2 Kartoffel- und Sellerieschеiben „dachziegelartig“ in eine mit Olivenöl eingepinselte Auflaufform einschichten und mit Ingwer bestreuen.

3 In einer Schüssel Kokosmilch, Sahne und Eier verquirlen, mit Salz und Pfeffer würzen und die Masse über den Auflauf gießen. Mit den Kokosraspeln bestreut im vorgeheizten Backofen bei 200 °C Ober-/Unterhitze (Umluft 180 °C) 40-50 Min. backen. Zum Servieren mit Thymian bestreuen.

Mangold-Austernpilzpfanne

ZUTATEN 4

300 g Mangold
250 g Austernpilze
1 Schalotte (milde Zwiebel)
1 Knoblauchzehe
3 EL Olivenöl
Salz und Pfeffer
1 Bd. Petersilie
150 g Sauerrahm
1 Baguette (Stangenweißbrot)

VEGGIE

Zubereitung: 15 Min.
Garzeit: ca. 15 Min.

Einkaufsliste

1 Mangoldstiele vom Strunk trennen, abspülen, trocken tupfen und die Blätter von den Stielen trennen. Die Blätter klein schneiden und die Stiele etwas zerteilen. Austernpilze mit einem Pinsel abbürsten, Schalotte schälen, halbieren und in Spalten schneiden. Knoblauchzehe schälen und fein hacken.

2 Olivenöl in einer Pfanne erhitzen, Schalotte und Knoblauch darin anschwitzen. **Mangoldstiele** und Austernpilze dazugeben und unter ständigem Wenden 10 Min. anbraten. Anschließend auch die klein geschnittenen **Mangoldblätter** hinzugeben und mit Salz und Pfeffer würzen.

3 Petersilie abspülen, trocken tupfen, grob hacken und zusammen mit dem Sauerrahm unter die Pilze mischen. 2-3 Min mit garen und dann auf Tellern anrichten. Zusammen mit frischem Baguette noch heiß servieren.

Schellfisch mit Avocado-Dip

ZUTATEN 4

800 g Schellfisch oder Kabeljau
1 Zwiebel
1 Knoblauchzehe
1 kleine Chilischote
4 Tomaten
4 EL Olivenöl
1 Limette
Salz und Pfeffer
200 g Guacamole (Avocado-Creme)
100 g Mozzarella
50 g Tortilla Chips
½ Bd. Koriander
4 EL Saure Sahne

Außerdem:
Auflaufform

Zubereitung: 25 Min.
Garzeit: ca. 20 Min.

Einkaufsliste

1 Zwiebel und Knoblauch schälen und fein hacken, Chilischote in feine Ringe schneiden. Tomaten waschen, trockenreiben und in kleine Würfel schneiden. Alles zusammen in eine Schüssel geben, **3 EL** Olivenöl und den Saft **½ Limette** zugeben und mit Salz und Pfeffer abschmecken.

2 Die Fischfilets waschen, trocken tupfen, halbieren, mit dem restlichen Limettensaft beträufeln sowie salzen und pfeffern. Anschließend in eine mit etwas Öl ausgepinselte Auflaufform geben, mit der Guacamole gleichmäßig bestreichen und mit auseinander gezupftem Mozzarella und zerbröselten Tortilla Chips bestreuen. Im vorgeheizten Backofen bei 200 °C Ober-/Unterhitze (Umluft 180 °C) 20 Min. goldbraun überbacken.

3 Zwischenzeitlich den Koriander abspülen, trocken tupfen und die Blätter grob hacken. Den Auflauf aus dem Backofen nehmen, auf Tellern mit der Tomaten-Salsa und etwas Saurer Sahne anrichten und mit Korianderblättchen bestreuen.

Info **Guacamole** ist ein Avocado-Dip der mexikanischen Küche. Dieser lässt sich auch leicht aus reifer Avocado, Salz, Limettensaft und etwas Koriander selbst herstellen. Verfeinern kann man den Dip auch mit Knoblauch, Zwiebel und etwas grüner Chilischote.

Kürbispfanne mit Ziegenfrischkäse

1 Kartoffeln waschen, schälen und in 1 cm große Würfel schneiden. **2 EL** Olivenöl in einer großen Pfanne erhitzen und die Kartoffeln bei mittlerer Hitze und gelegentlichem Wenden 20 Minuten garen.

2 Kürbis waschen, vierteln, das Kerngehäuse entfernen und in Spalten schneiden. Danach in 1 cm große Stücke würfeln. In einer weiteren Pfanne den Kürbis mit dem restlichen Olivenöl für 10-15 Min. garen.

3 Rucola putzen, abspülen und auf Küchenpapier abtropfen lassen. Die Walnusskerne grob hacken und ca. 3 Min. vor dem Garzeitende zu den Kartoffeln geben. Zum Schluss Kürbis, Rucola und Kartoffeln zusammen in eine Pfanne geben, alles gut vermengen und mit Salz und Pfeffer abschmecken.

4 Ziegenfrischkäse darüber zerbröckeln und - nach Belieben - mit frisch geriebenem Meerrettich bestreuen. Auf Tellern oder direkt in der Pfanne servieren.

ZUTATEN 4

750 g Kartoffeln (festkochend)
4 EL Olivenöl
1 kleiner Hokkaidokürbis
60 g Rucola
100 g Walnusskerne
Salz und Pfeffer
150 g Ziegenfrischkäse
(Rolle oder Taler)
etwas frischer Meerrettich

VEGGIE

Zubereitung: 35 Min.
Garzeit: ca. 35 Min.

Einkaufsliste

Lauchgratin

ZUTATEN

4

1 kg Lauch/Porree
3 EL Olivenöl
Salz und Pfeffer
Muskatnuss
150 ml Gemüsebrühe
125 g Käsescheiben
(z.B. Leerdammer)
1 TL Paprikapulver (scharf)

VEGGIE

Außerdem:
Auflaufform

Zubereitung: 20 Min.
Garzeit: ca. 35 Min.

Einkaufsliste

1 Lauchstangen putzen, die oberen grüne Blätter entfernen und Lauch waschen. Anschließend in 10-12 cm lange Stücke schneiden und längs Vierteln.

2 Den Lauch in einer großen Pfanne mit **2 EL** Olivenöl 2-3 Min. andünsten. Mit Salz, Pfeffer und etwas Muskatnuss würzen und mit der Gemüsebrühe aufgießen. 20 Min. köcheln lassen.

3 Anschließend den Lauch abtropfen lassen und in eine mit etwas Olivenöl eingepinselte Auflaufform geben. Mit den Käsescheiben belegen und im vorgeheizten Backofen bei 200 °C Ober-/Unterhitze (Umluft 180 °C) backen, bis der Käse geschmolzen ist. Nach Belieben zum Servieren mit Paprikapulver bestreuen.

Info Lauch, auch *Porree* genannt, stammt ursprünglich aus Südeuropa (Italien) und wird heute vor allem im Süden und Westen der Nation angebaut. Vom Lauch kann alles verzehrt werden, die grünen Lauchblätter finden Verwendung in Suppen und Eintöpfen.

Kartoffel-Tortilla

ZUTATEN 4

600 g Kartoffeln (festkochend)
1 große Zwiebel
3 EL Olivenöl
Salz und Pfeffer
6 Eier

VEGGIE

Zubereitung: 20 Min.
Garzeit: ca. 35 Min.

Einkaufsliste

1 Kartoffeln schälen, waschen, in kleine Würfel schneiden und mit 3 EL Olivenöl in einer großen Pfanne anbraten. Die Zwiebel schälen, halbieren, klein schneiden und mit den Kartoffeln anschwitzen. Alles mit Salz und Pfeffer würzen und 15 Min. abgedeckt garen.

2 Die Eier schaumig verquirlen, etwas salzen und über die Kartoffeln gießen. Wenn die Eier zu stocken beginnen, die Tortilla einmal umrühren und am Rand etwas nach innen zusammendrücken. Sobald die Unterseite gebräunt ist, die Tortilla wenden und auf der zweiten Seite goldbraun fertig garen. Tortilla kann man warm oder kalt verzehren.

Pastinaken mit Mandelkrokant

ZUTATEN 4

400 g Pastinaken
100 g Walnusskerne
1 Chilischote
2 EL Olivenöl
2 EL Ahornsirup
50 g Mandelkrokant
Salz

VEGAN

Zubereitung: 20 Min.
Garzeit: ca. 20 Min.

Einkaufsliste

1 Pastinaken waschen, schälen, in grobe Stifte schneiden und auf einem mit Backpapier ausgelegtem Backblech verteilen.

2 Walnusskerne grob hacken, Chilischote waschen und in feine Ringe schneiden. Beides über den Pastinaken verteilen und anschließend mit Olivenöl und Ahornsirup beträufeln. Zum Schluss den Mandelkrokant darüber streuen und das Ganze mit etwas Salz würzen.

3 Im vorgeheizten Backofen bei 200 °C Ober-/Unterhitze (Umluft 180 °C) etwa 20 Min. garen, nach der Hälfte der Zeit einmal wenden.

Info: Pastinaken sind rübenartig, ähnlich den Petersilienwurzeln oder Möhren. Der Geschmack wird mitunter als mild, nussig und süß beschrieben.

Hamburger Pannfisch

ZUTATEN 4

- 800 g Kartoffel (festkochend)
- 3 rote Zwiebeln
- 50 g Bauchspeck
- 4 EL Pflanzenöl
- 300 g Rotbarschfilet
- 300 g Seelachsfilet
- 4 EL Mehl (Type 405)
- 200 ml Fisch Fond
- 200 g Crème fraîche
- 4 EL körniger Senf
- etwas Zitronensaft
- Salz und Pfeffer
- 2 Zweige Dill

Zubereitung: 35 Min.
Garzeit: ca. 35 Min.

Einkaufsliste

1 Kartoffeln waschen und mit der Schale in kochendem Salzwasser garen. Nach 15-20 Min. abgießen, mit kaltem Wasser abschrecken und etwas auskühlen lassen.

2 Zwischenzeitlich Bauchspeck kleinwürflig schneiden, Zwiebeln schälen, halbieren und in Spalten schneiden. Dill abspülen und trocken tupfen

3 Kartoffeln pellen, in 1 cm dicke Scheiben schneiden und in einer Pfanne mit **2 EL** Pflanzenöl 10 Min. anbraten; dabei öfters wenden. Nach 5 Min. den Speck und die Zwiebeln dazugeben und alles mit Salz und Pfeffer würzen.

4 Die Fischfilets abspülen, trocken tupfen und in mundgerechte Stücke teilen. Mit Salz und Pfeffer würzen und in Mehl wenden. In einer zweiten Pfanne mit dem restlichen Pflanzenöl die Filets rundherum 5 Min. goldbraun braten, anschließend vorsichtig unter die Kartoffeln mischen und warm stellen.

5 In einem Topf den Fisch Fond, die Crème fraîche und den Senf verrühren und einmal aufkochen lassen. Hitze wegnehmen und mit etwas Zitronensaft sowie Salz und Pfeffer abschmecken. Pannfisch auf Tellern anrichten, die Senfsauce angießen und mit Dillzweigen garnieren.

Info

Pannfisch, oder auch Pfann(en)fisch genannt, ist ein traditionelles Gericht im norddeutschen Raum und wird als Spezialität geschätzt. Pannfisch kann auch durch Gemüsebeilagen wie Paprika, Karotten, Erbsen oder Spinat ergänzt werden.

Beilagen & Gemüse
8. KAPITEL

Zucchini-Frites

1 Zucchini waschen, trockenreiben und die Stielansätze gerade abschneiden. Gleichmäßige in Stücke von 8-10 cm Länge teilen und diese zuerst halbieren und dann in fingerdicke Stäbchen schneiden. Alles gut salzen und für 15 Min. durchziehen lassen.

2 Zwischenzeitlich eine Panierstation aufbauen: Das Mehl auf einen Teller geben, die Eier in einer Schüssel mit fein geriebenem Parmesan verquirlen und das Paniermehl (Semmelbrösel) ebenfalls bereitstellen.

3 Nun die Zucchini-Frites mit Küchenpapier gut trocknen und der Reihe nach in Mehl wenden, durch die Eier-Käsemasse ziehen und in Paniermehl drehen. Auf einem mit Backpapier ausgelegtem Backblech im vorgeheizten Backofen bei 200 °C Ober-/Unterhitze (Umluft 180 °C) ca. 15-20 Min. goldbraun backen.

4 Zucchini-Frites anschließend mit in Spalten geschnittenen Zitronenscheiben servieren.

ZUTATEN 4

VEGGIE

4 Zucchini
Salz
100 g Mehl (Type 405)
3 Eier
50 g Parmesan (ital. Hartkäse)
150 g Paniermehl (Semmelbrösel)
1 Zitrone

Zubereitung: 15 Min.
Ruhezeit: 15 Min.
Backzeit: 15-20 Min.

Einkaufsliste

Zucchini-Parmesan Chips

ZUTATEN 4

VEGGIE

2 Zucchini
4 EL Olivenöl
1 Knoblauchzehe
Salz und Pfeffer
1 TL Chiliflocken
80 g Parmesan (ital. Hartkäse)
1 Zitrone

Zubereitung: 15 Min.
Ruhezeit: 15 Min.
Backzeit: ca. 20 Min.

Einkaufsliste

1 Zucchini waschen, trockenreiben und die Stielansätze gerade abschneiden. Ungeschält in dünne Scheiben schneiden oder hobeln. Alles gut salzen und für 15 Min. durchziehen lassen.

2 Zwischenzeitlich die Knoblauchzehe schälen und sehr fein hacken. Zusammen mit dem Olivenöl zu einer Marinade vermengen, mit Salz, Pfeffer und Chiliflocken würzen und gut verrühren.

3 Zucchinischeiben auf einem mit Backpapier ausgelegtem Backblech nebeneinander auflegen, mit der Öl-Knoblauch-Marinade bestreichen, mit fein geriebenem Parmesan bestreuen und anschließend die Scheiben drehen. Nun auch die Rückseite mit der Marinade und dem Parmesan überziehen.

4 Im vorgeheizten Backofen bei 200 °C Ober-/Unterhitze (Umluft 180 °C) ca. 20 Min. backen, bis der Parmesan leicht bräunt. Zum Servieren mit Zitronenspalten zum Beträufeln reichen.

Tipp

Zucchini-Frites und Zucchini-Parmesan Chips kann man auch mit einem leckeren Knoblauch-Dip servieren. Hierzu frisch gehackten Knoblauch, Naturjoghurt sowie Crème fraîche zu einem Dip anrühren und mit Chiliflocken und Pfeffer würzen.

Kurkuma-Blumenkohl

ZUTATEN 4

1 Blumenkohl
1 Zwiebel
1 Knoblauchzehe
2 EL Olivenöl
½ TL Kurkuma (gemahlen)
½ TL Koriandersaat (gemahlen)
½ TL Kardamom (gemahlen)
Salz und Pfeffer

VEGAN

Zubereitung: ca. 20 Min.
Garzeit: ca. 25 Min.

Einkaufsliste

1 Vom Blumenkohl Strunk entfernen und den Kopf in kleine Röschen zerteilen. Diese gut waschen und abtropfen lassen. In einem großen Topf Olivenöl erhitzen, klein geschnittene Zwiebel und Knoblauch anschwitzen und den Blumenkohl dazugeben. Alles 10-12 Min dünsten und anschließend mit Kurkuma, Koriandersaat, Kardamom sowie Salz und Pfeffer würzen.

2 Wasser zum Blumenkohl geben (ca. 100-150 ml) und zugedeckt weitere 10 Min. schwach köcheln lassen; zwischendurch immer wieder umrühren. Nach Garzeitende den Kurkuma-Blumenkohl herausnehmen, abtropfen lassen und servieren.

Asiatisches Blattgemüse

ZUTATEN 4

200 g Chinakohl
200 g Pak Choi (Blätterkohl)
1 Knoblauchzehe
2 EL Erdnussöl
1 EL Sojasauce
1 EL No Fish-Sauce (vegan)
1 TL Ahornsirup
etwas Sesamöl
Salz und Pfeffer
2 EL Sesamsaat

VEGAN

Außerdem:
Große Pfanne oder WOK

Zubereitung: 20 Min.
Garzeit: ca. 10 Min.

Einkaufsliste

1 Chinakohl und Pak Choi waschen, abtropfen lassen und in breite Streifen schneiden (kleine Pak Choi im Ganzen lassen).

2 In einem WOK das Erdnussöl erhitzen und den klein geschnittenen Knoblauch anbraten. Anschließend Chinakohl und Pak Choi hinzugeben und 3-4 Min. garen. Mit Sojasauce, No Fish-Sauce und Ahornsirup ablöschen und mit Salz, Pfeffer und ein paar Tropfen Sesamöl würzen. Zum Servieren das Gericht mit kurz in einer Pfanne angerösteter Sesamsaat bestreuen.

Gebackene Auberginen

1 Auberginen waschen, trockenreiben und der Länge nach halbieren. Das Fruchtfleisch mit einem Löffel herausschaben und dieses grob zerkleinern. Die ausgehöhlten Auberginenhälften in einer großen Pfanne mit **2 EL** des Olivenöls von allen Seiten gut anbraten, herausnehmen und in eine mit **1 EL** Olivenöl ausgepinselte Auflaufform setzen.

2 Anschließend Zwiebeln und Knoblauch schälen, klein schneiden und mit dem restlichen Olivenöl in einer Pfanne anschwitzen. Das Auberginen-Fruchtfleisch dazugeben, 2-3 Min. weiter garen und mit Salz und Pfeffer würzen.

3 Die Auberginenhälften zuerst mit etwas Senf bestreichen, dann mit der Fruchtfleischmasse füllen und mit Rosmarin und Paniermehl bestreuen. Den Mozzarella abtropfen lassen, in dünne Scheiben schneiden und die Auberginen damit großzügig belegen.

4 Im vorgeheizten Backofen bei 200 °C Ober-/Unterhitze (Umluft 180 °C) ca. 30 Min. backen, bis der Käse zerlaufen und gut gebräunt ist. Mit gehackter Petersilie bestreut heiß servieren.

ZUTATEN

4

VEGGIE

- 2 große Auberginen
- 5 EL Olivenöl
- Salz und Pfeffer
- 1 EL Senf
- 2 Zwiebeln
- 2 Knoblauchzehen
- 50 g Paniermehl (Semmelbrösel)
- 1 TL Rosmarin (getrocknet)
- 200 g Mozzarella
- 2 Zweige Petersilie

Außerdem:
Auflaufform

Zubereitung: 30 Min.
Garzeit: ca. 45 Min.

Einkaufsliste

Mallorquinische Gemüsetarte

1 In einer großen Rührschüssel die Milch, 150 ml kaltes Wasser, das Pflanzenöl, das Butterschmalz, das Mehl, das Backpulver und ½ TL Salz mischen und mit dem Knethaken eines Rührgeräts oder einer Küchenmaschine zu einem geschmeidigen Teig verarbeiten. Den Teig anschließend abgedeckt 20 Min. „ruhen" lassen.

2 Zwischenzeitlich Spitzpaprika waschen, trockenreiben, halbieren und Kerngehäuse sowie Scheidewände entfernen. Anschließend in Streifen schneiden. Frühlingszwiebeln waschen, das obere Grün entfernen und in Ringe schneiden, getrocknete Aprikosen ebenfalls in Streifen schneiden.

3 Nach dem "Ruhen" den Teig auf einer bemehlten Arbeitsfläche auf die Größe eines Backblechs ausrollen und auf das Blech setzen; Backpapier dazwischen nicht vergessen. Den Teig mit einer Gabel mehrfach einstechen und mit etwas Olivenöl bepinseln. Paprika, Frühlingszwiebeln und Aprikosen gleichmäßig darauf verteilen und die Tarte mit dem Pesto Verde bestreichen. Nochmals mit etwas Olivenöl beträufeln und mit Meersalz und Pfeffer würzen.

4 Im vorgeheizten Backofen bei 210 °C Ober-/Unterhitze (Umluft 190 °C) 15-20 Min. knusprig backen, danach etwas abkühlen lassen und lauwarm servieren.

ZUTATEN 4

VEGGIE

150 ml Milch
150 ml Pflanzenöl
1 EL Butterschmalz
Salz und Pfeffer
600 g Mehl (Type 405)
½ TL Backpulver
3 EL Olivenöl
1 kg gelbgrüne Spitzpaprika
2 Bd. Frühlingszwiebeln
150 g getrocknete Aprikosen
2 EL Pesto Verde (Glas)
1 TL Meersalz

Zubereitung: 35 Min.
Ruhezeit: 20 Min.
Backzeit: ca. 20 Min.

Einkaufsliste

Marinierter grüner Spargel

1 Pinienkeren in einer Pfanne ohne Öl goldbraun rösten und herausnehmen und auf einem Teller abkühlen lassen.

2 Tomaten waschen, trockenreiben, halbieren, Kerngehäuse entfernen und klein schneiden. Zwiebel schälen, halbieren und klein hacken. Basilikum waschen, trocken tupfen und in Streifen schneiden, einige ganze Blätter für die Deko zur Seite legen. Alles zusammen in einer Schüssel vermengen.

3 Den Spargel waschen, Enden etwas abschneiden und ungeschält in einem großen Topf mit Salzwasser sowie einer Prise Zucker zugedeckt 8-10 Min. köcheln lassen.

4 Zwischenzeitlich Knoblauch schälen und klein hacken. Aus 5 EL des Spargelwassers, Essig, Olivenöl, Knoblauch, Salz und Pfeffer ein Dressing herstellen und dieses über die Tomatenmischung gießen. Alle Zutaten gut vermengen und marinieren.

5 Spargel aus dem Sud nehmen, abtropfen lassen und auf Tellern anrichten. Mit dem Tomatendressing übergießen, mit gehobelten Parmesanspänen und einigen Basilikumblättchen garnieren und die Pinienkerne darüber streuen.

Info Grüner Spargel wird, im Gegensatz zum weißen Spargel, *nicht* geschält.
In bzw. unter der Haut stecken nämlich die meisten Vitamine.

ZUTATEN 4

VEGGIE

- 2 EL Pinienkerne
- 3 Tomaten
- 1 Zwiebel
- ½ Bd. Basilikum
- 1 kg grüner Spargel
- Salz und Pfeffer
- 1 Pr. Zucker
- 1 Knoblauchzehe
- 4 EL weißer Balsamicoessig
- 5 EL Olivenöl
- 40 g Parmesan (ital. Hartkäse)

Zubereitung: ca. 25 Min.
Garzeit: ca. 10 Min.

Einkaufsliste

Rote Linsen mit Minzjoghurt

ZUTATEN 4

250 g Rote Linsen
300 ml Gemüsebrühe
1 kleines Stk. Ingwer
1 Zwiebel
3 Knoblauchzehen
1 grüne Chilischote
½ TL Cumin (Kreuzkümmel)
½ TL Kurkuma (gemahlen)
1 TL Meersalz
2 EL Erdnussöl
250 g Naturjoghurt
2 Zweige Minze
1 Spritzer Zitronensaft
Salz und Pfeffer

VEGGIE

Zubereitung: 15 Min.
Garzeit: ca. 15 Min.

Einkaufsliste

1 Rote Linsen in einem Topf mit der Gemüsebrühe 5 Min. halb garkochen, Hitze reduzieren und zur Seite stellen.

2 In einem weiteren Topf das Erdnussöl erhitzen, fein gehackten Ingwer, gehackte Zwiebel, 2 geschnittene Knoblauchzehen sowie in feine Ringe gehackte Chilischote hinzugeben und alles mit Cumin, Kurkuma und Meersalz würzen. Die Roten Linsen dazugeben und nochmals 5 Min. weitergaren.

3 Den Dip aus dem restlichen Knoblauch, dem Naturjoghurt, fein gehackter Minze, etwas Zitronensaft sowie Salz und Pfeffer anrühren und zusammen mit den Linsen servieren.

Scharfe Stangenbohnen

ZUTATEN 4

200 g Stangenbohnen
½ Bd. Frühlingszwiebeln
1 Knoblauchzehe
2 EL Erdnussöl
2 rote Chilischoten
1 kleines Stk. Ingwer
Salz
Szechuanpfeffer

VEGAN

Zubereitung: 20 Min.
Garzeit: ca. 15 Min.

Einkaufsliste

1 Stangenbohnen waschen, die Enden abschneiden und in 5-6 cm lange Stücke schneiden. Bohnen in einem Topf mit Salzwasser 5-6 Min. garen, mit einer Schaumkelle herausnehmen, in eiskaltem Wasser abschrecken und danach abtropfen lassen.

2 In einer Pfanne das Erdnussöl erhitzen, in feine Ringe geschnittene Frühlingszwiebeln, gehackten Knoblauch, Chili und Ingwer dazugeben und alles 2-3 Min. unter Rühren anschwitzen. Anschließend die Bohnen dazugeben, nochmals 2-3 Min. garen und mit Salz und Szechuanpfeffer würzen. Die scharfen Stangenbohnen werden heiß servieren.

Karamellisierte Karotten

ZUTATEN

4

400 g Karotten
1 kleines Stk. Ingwer
2 EL Butter
Salz und Pfeffer
2 EL Zucker
200 ml Gemüsebrühe
½ Bd. Koriander

VEGGIE

Zubereitung: 20 Min.
Garzeit: ca. 25 Min.

Einkaufsliste

1 Karotten waschen, putzen, schälen und in Scheiben schneiden. Ingwer mit einem Löffel schälen und fein hacken.

2 In einem Topf 2 EL Butter erhitzen, Ingwer dazugeben und kurz anschwitzen. Anschließend Zucker einstreuen und diesen durch die Hitze etwas karamellisieren. Nun die Karottenscheiben dazugeben, gut mit dem Karamell verrühren und mit Salz und Pfeffer würzen. Unter ständigem Rühren 3-4 Min. garen und danach mit Gemüsebrühe ablöschen. Die Karotten weitere 15-20 Min. in der Brühe garen, bis die Flüssigkeit vollständig verkocht ist.

3 Zwischenzeitlich Koriander abspülen, trockentupfen und klein schneiden. Korianderblättchen unter die fertig gegarten Karotten mischen und das Gemüse heiß servieren.

Info Die Kombination aus Karotten und Zucker klingt zwar im ersten Moment etwas seltsam, jedoch passen die beiden Zutaten sehr gut zusammen. Karamellisierte Karotten eigenen sich bei vielen Gerichten als schmackhafte Beilage.

Frittata

ZUTATEN 4

500 g Pfifferlinge
1 Bd. Frühlingszwiebeln
100 g Cherrytomaten
8 Eier
100 ml Kochsahne
Salz und Pfeffer
1 TL Bärlauch (getrocknet)
2 EL Olivenöl
1 EL Butter

VEGGIE

Außerdem:
Tarteform oder feuerfeste Pfanne

Zubereitung: 25 Min.
Garzeit: 15-20 Min.

Einkaufsliste

1 Pfifferlinge gründlich mit einem Pinsel reinigen und die Stielenden etwas abschneiden. Frühlingszwiebeln waschen, das obere Grün entfernen und in 1 cm breite Ringe schneiden. Cherrytomaten waschen, trockenreiben und halbieren.

2 Eier, Sahne und das Bärlauchgewürz in einer Schüssel verquirlen und mit Salz und Pfeffer würzen.

3 Olivenöl in einer Pfanne erhitzen, Pfifferlinge dazugeben und 2 Min. bei starker Hitze anbraten. Anschließend die Frühlingszwiebeln und Cherrytomaten dazugeben und weitere 1-2 Min. mit garen.

4 Die Eier-Sahne-Mischung und die Pilz-Zwiebelmischung vorsichtig vermengen und in eine mit etwas Butter eingefettet Tarteform oder feuerfeste Pfanne geben. Darin 2 Min. stocken lassen und erst danach in den vorgeheizten Backofen schieben.

5 Die Frittata bei 180 °C Ober-/Unterhitze (Umluft 160 °C) 6-8 Min. backen, herausnehmen und in Tortenstück große Teile schneiden.

Info Das Gericht *Frittata*, welches hauptsächlich aus Eiern besteht, ähnelt einem Omelette und kommt ursprünglich aus der italienischen Küche. Frittata lässt sich mit den unterschiedlichsten Gewürzen, Gemüsen oder auch zusätzlich mit Käse (Mozzarella, Parmesan, Pecorino etc.) herstellen.

Mungobohnensalat

1 Mungobohnen-Keimlinge waschen, in einem Sieb abtropfen lassen und beiseite stellen.

2 Salatgurke waschen, zuerst in Scheiben und anschließend in mundgerechte Stücke schneiden. Knoblauchzehe schälen und fein hacken, Petersilie abspülen, trocken tupfen und grob zerteilen.

3 Erdnussöl in einer Pfanne oder einem WOK erhitzen, Knoblauch anschwitzen und anschließend die Mungobohnen-Keimlinge und Gurkenstücke dazugeben. Alles 3-4 Min. anbraten, mit Salz, Pfeffer, einer Prise Zucker und etwas Austernsauce abschmecken.

4 Zum Anrichten den Mungobohnensalat mit der grob gehackten Petersilie vermengen.

ZUTATEN 4

250 g Mungobohnen-Keimlinge
1 Salatgurke
1 Knoblauchzehe
2 EL Erdnussöl
Salz und Pfeffer
1 Pr. Zucker
etwas Austernsauce (Oystersauce)
½ Bd. Petersilie

Zubereitung: 15 Min.
Garzeit: ca. 10 Min.

Einkaufsliste

Info: Austernsauce, oder auch Oystersauce genannt, ist eine dunkle Würzsauce der asiatischen Küche. Diese passt gut zu Gemüsegerichten, Fisch und Fleisch.

Spinatklößchen mit Pecorino

ZUTATEN 4

500 g Spinatblätter
200 g Ciabatta (ital. Weißbrot)
125 ml Milch
150 g Pecorino (ital. Hartkäse)
1 Knoblauchzehe
½ Bd. Petersilie
2 Eier
3 EL Paniermehl (Semmelbrösel)
½ Zitrone
Salz und Pfeffer
Muskatnuss
3 EL Butter

VEGGIE

Zubereitung: 30 Min.
Garzeit: ca. 15 Min.

Einkaufsliste

1 Spinatblätter waschen und abtropfen lassen, anschließend klein schneiden. Ciabatta entrinden und in grobe Würfel schneiden.

2 Die Milch in einem Topf leicht erwärmen und in einer großen Schüssel über die Brotwürfel gießen. Diese einige Zeit in der Milch einweichen.

3 Pecorino fein reiben, Knoblauch schälen und fein hacken, Petersilie waschen, trocken tupfen und fein hacken. Danach sämtliche vorbereitete Zutaten zu den eingeweichten Brotwürfeln geben und 2 Eier darüber aufschlagen. Alles gut miteinander zu einer Klößchen Masse vermengen. Mit Salz, Pfeffer und Muskatnuss abschmecken und, je nach Festigkeit der Masse, Paniermehl daruntermischen. Es sollte ein homogener, formbarer Teig entstehen.

4 Mit 2 befeuchteten Esslöffeln Klößchen formen, diese in einem Topf mit kochendem Salzwasser 2-3 Min. garen und anschließend - bei reduzierter Hitze - noch 7-8 Min. ziehen lassen.

5 Zwischenzeitlich in einer Pfanne die Butter aufschäumen und mit dem Abrieb der Zitrone verfeinern. Spinatklöße mit einer Schaumkelle aus dem Topf nehmen, kurz abtropfen lassen und mit der Zitronenbutter überziehen. Zum Servieren kann man mit ein paar übrig gebliebenen und leicht angerösteten Brotwürfelchen und einigen Spinatblättern dekorieren.

Peperonata

1 Zwiebeln schälen, halbieren und in Streifen schneiden. Paprika waschen, halbieren, Kerngehäuse und Scheidewände entfernen und ebenfalls in Streifen schneiden. Tomaten kurz in kochendem Wasser blanchieren, häuten, vierteln und die Kerngehäuse entfernen. Anschließend noch etwas zerkleinern.

2 Die Zwiebeln in einem großen Topf mit dem Olivenöl 2-3 Min. anschwitzen und die Paprika dazugeben. Weitere 5 Min. garen und danach die Tomatenstücke unterrühren. Alles salzen und pfeffern und mit der Gemüsebrühe aufgießen. Mit Weinessig und Thymian würzen und zugedeckt 20 Min. leicht köcheln lassen.

3 Paprika-Tomatengemüse auf Tellern anrichten und mit Basilikumblättchen garnieren.

Info

Peperonata ist ein Gemüsegericht/eine Gemüsebeilage aus den Hauptzutaten Zwiebeln, Paprika und Tomaten. Das Gericht stammt ursprünglich aus Italien, wird aber auch in anderen Ländern unter den Begriffen Letscho, Pisto oder Ratatouille in ähnlicher Form zubereitet.

ZUTATEN 4

- 3 Zwiebeln
- 4 EL Olivenöl
- 1 kg Paprika (rot und gelb)
- 500 g Tomaten
- Salz und Pfeffer
- 250 ml Gemüsebrühe
- 1 EL Weinessig
- 1 TL Thymian (getrocknet)
- 1 Zweig Basilikum

VEGAN

Zubereitung: 30 Min.
Garzeit: ca. 30 Min.

Einkaufsliste

Frühlingszwiebeln in der Folie

ZUTATEN 4

- 4 Bd. Frühlingszwiebeln
- 200 g Schafskäse (Feta)
- 4 EL Bärlauchpesto (Glas)
- 4 EL Weißwein (trocken)
- 4 EL Olivenöl
- Salz und Pfeffer

VEGGIE

Zubereitung: 15 Min.
Garzeit: ca. 10 Min.

Einkaufsliste

1 Frühlingszwiebeln putzen, waschen, trocken tupfen und je einen Bund auf ein großes Stück Alufolie legen. Den Schafskäse, das Olivenöl und das Bärlauchpesto gleichmäßig darüber verteilen, je 1 EL Weißwein darüber geben und alles mit Salz und Pfeffer würzen.

2 Die Alufolien fest zu Päckchen verschließen und auf einem Backblech im vorgeheizten Backofen bei 200 °C Ober-/Unterhitze (Umluft 180 °C) 10 Min. backen. Herausnehmen und in der Folie oder auf Tellern servieren.

Kürbispüree

ZUTATEN 4

- 1 kleiner Hokkaidokürbis
- 1 Zwiebel
- 1 Chilischote
- 2 EL Olivenöl
- 50 ml Orangensaft
- 100 ml Gemüsebrühe
- Salz und Pfeffer
- Muskatnuss
- 30 g Butter

VEGGIE

Zubereitung: 25 Min.
Garzeit: ca. 20 Min.

Einkaufsliste

1 Hokkaidokürbis waschen, vierteln, Kerngehäuse entfernen und in Stücke schneiden. Zwiebel schälen und klein hacken, Chilischote halbieren, Kerne entfernen und klein schneiden.

2 Das Olivenöl in einem Topf erhitzen, Zwiebel und Chili darin andünsten, Kürbisfleisch dazugeben und alles mit Orangensaft ablöschen. Mit der Gemüsebrühe aufgießen und 15 Min. köcheln.

3 Danach Kürbisstücke durch ein Sieb abgießen, mit der Butter zu einem Püree stampfen und mit Salz, Pfeffer und Muskatnuss abschmecken.

Rote Bete-Carpaccio

1 Rote Bete waschen und die ganzen Knollen in Salzwasser 35-40 Min. bissfest garen. Anschließend herausnehmen und abtropfen lassen.

2 Zwischenzeitlich die Zwiebel schälen, halbieren und klein schneiden, Petersilie waschen, trocken tupfen und klein hacken.

3 Fertig gegarte Bete-Knollen schälen. **Achtung:** Rote Bete färben sehr stark, deshalb Gummihandschuhe tragen und eine unempfindliche Schneidunterlage verwenden. Die Bete nun auf einem Küchenhobel in hauchdünne Scheiben hobeln und überlappend auf Tellern anrichten.

4 Salzen und pfeffern, mit etwas Zitronensaft und Olivenöl beträufeln und mit den Zwiebelstückchen und der Petersilie bestreut servieren.

ZUTATEN 4

VEGAN

2 Rote Bete Knollen (roh)
1 Zwiebel
½ Bd. Petersilie
Salz und Pfeffer
½ Zitrone
2 EL Olivenöl

Zubereitung: 25 Min.
Garzeit: ca. 40 Min.

Einkaufsliste

Tipp

Rote Bete ist auch gegart sehr gesund. Um die Vitamine und Mineralstoffe der Knolle zu erhalten, sollte die Bete jedoch erst nach dem Kochen geschält werden. Neben der Roten Bete gibt es noch die Varianten *weiße Bete* (geschmacklich ähnlich der Pastinake) und *gelbe Bete* (etwas milder und süßlicher als die Rote Bete).

Zuckerschoten "Snüsch"

ZUTATEN

4

- 200 g Zuckerschoten
- 2 rote Zwiebeln
- 1 Bd. Frühlingszwiebeln
- 1 EL Butter
- 100 g Erbsen (TK)
- 250 ml Buttermilch
- Salz und Pfeffer
- Muskatnuss
- 1 Zweig Minze

VEGGIE

Zubereitung: 20 Min.
Garzeit: ca. 10 Min.

Einkaufsliste

1 Zuckerschoten waschen, putzen, trocken tupfen und schräg halbieren. Zwiebeln schälen, halbieren und in Spalten schneiden. Frühlingszwiebeln putzen, waschen, trocken tupfen und in Ringe schneiden. Erbsen (TK) auftauen lassen.

2 In einem Topf Butter erhitzen, Zwiebeln anschwitzen und anschließend Zuckerschoten, Frühlingszwiebeln und Erbsen dazugeben. Alles 4-5 Min. garen, mit der Buttermilch aufgießen und einmal stark aufkochen lassen. Hitze reduzieren, mit Salz, Pfeffer und Muskatnuss würzen und weitere 5-6 Min. köcheln lassen.

3 Anschließend auf Tellern anrichten und mit ein paar Minzeblättchen garniert servieren.

Info Die Zubereitungsart *Snüsch* oder auch *Schnusch* ist abgeleitet von einer vor allem im Norden beliebten Eintopf-Suppe. Als Hauptzutaten werden Milch, Butter und Kartoffeln sowie unterschiedlichste Gemüseeinlagen verwendet. Ursprünglich kommt das Gericht aus Skandinavien, wo man dieses unter dem Namen *Snysk* zubereitet.

Gebackener Fenchel

1 Fenchelknollen waschen, die oberen zarten grünen Blätter abschneiden und diese beiseite legen. Knollen vierteln und in kochender Gemüsebrühe 3-4 Min. vorgaren. Herausnehmen und in einem Sieb abtropfen lassen.

2 Eine Auflaufform mit **1 EL** Olivenöl auspinseln und den Fenchel hineinschichten. Mit Salz, Pfeffer und Chiliflocken würzen. Knoblauchzehen nicht schälen, lediglich mit der Messerklinge etwas andrücken und zwischen den Fenchel setzen. Mit dem restlichen Olivenöl beträufeln und im vorgeheizten Backofen bei 200 °C Ober-/Unterhitze (Umluft 180 °C) 10-15 Min. goldbraun backen.

3 Zum Servieren das vorher zur Seite gelegte feine Fenchelgrün grob hacken und darüber streuen.

ZUTATEN

4

3 Fenchelknollen
750 ml Gemüsebrühe
Salz und Pfeffer
1 TL Chiliflocken
4-6 Knoblauchzehen
3 EL Olivenöl

VEGAN

Außerdem:
Auflaufform

Zubereitung: 15 Min.
Garzeit: ca. 20 Min.

Einkaufsliste

Veggie & Vegan
9. KAPITEL

Taboulé (Gemüsebulgur)

1 Vollkorn Bulgur in einem Sieb kalt abspülen und abtropfen lassen. Getrocknete Tomaten klein schneiden, Koriander abspülen, trocken tupfen und fein hacken. Einige ganze Blättchen zur Seite legen.

2 Zwiebel häuten, halbieren, klein würfeln und in einem großen Topf mit **1 EL** Olivenöl anschwitzen. Anschließend Bulgur dazugeben, kurz mit andünsten und dann mit Gemüsebrühe aufgießen. Zugedeckt bei geringer Hitze nach Packungsanleitung quellen lassen (je nach Produkt und Korngröße 10-20 Min).

3 Zwischenzeitlich Paprika waschen, trockenreiben, halbieren, Kerngehäuse und Scheidewände entfernen und in feine Streifen schneiden. Karotten schälen und in dünne Scheiben schneiden, Frühlingszwiebeln putzen, waschen und mit den Datteln in Ringe schneiden.

4 In einer Pfanne das restliche Olivenöl erhitzen und Paprika, Karotten und Frühlingszwiebeln 3-4 Min. anschwitzen. Alles mit Salz, Pfeffer, Currypulver und Zimtpulver abschmecken.

5 Anschließend Bulgur, Tomaten- und Dattelstücke unter das Gemüse mischen, mit etwas Zitronensaft beträufeln und mit ein paar Korianderblättchen garniert, am besten in einer großen Schale, servieren.

ZUTATEN 4

- 200 g Vollkorn Bulgur
- 50 g getrocknete Tomaten (in Öl)
- ½ Bd. Koriander
- 1 Zwiebel
- 3 EL Olivenöl
- 500 ml Gemüsebrühe
- 1 rote Paprika
- 1 gelbe Paprika
- 2 Karotten
- 1 Bd. Frühlingszwiebeln
- 50 g Datteln
- Salz und Pfeffer
- 1 TL Currypulver
- 1 Msp. Zimtpulver
- ½ Zitrone

VEGAN

Zubereitung: 30 Min.
Garzeit: ca. 25 Min.

Einkaufsliste

Info Taboulé ist ein Bulgur-Gemüse-Salat mit Ursprung aus der libanesischen und syrischen Küche. Im deutschen Sprachgebraucht nennt man ihn *Bulgursalat* oder *Gemüsebulgur.*

LIBANON

Bunte Tomaten

ZUTATEN

4

- 800 g Tomaten (gelbe, grüne und rote)
- 2 Zwiebeln
- Salz und Pfeffer
- 1 TL rosa Pfefferbeeren
- 1 Pr. Zucker
- 1 TL Oregano (getrocknet)
- 1 TL Basilikum (getrocknet)
- 2 Zweige Basilikum
- 2 EL heller Balsamicoessig
- 4 EL Olivenöl
- 1 Baguette (Stangenweißbrot)

VEGAN

Zubereitung: 20 Min.

Einkaufsliste

1 Tomaten waschen, trockenreiben, halbieren und in Scheiben schneiden. Zwiebeln schälen, halbieren und in Streifen schneiden. Basilikum waschen, trocken tupfen und die Blätter abzupfen.

2 In einer Schale ein Dressing aus Essig, Öl, Salz, Pfeffer, rosa Pfefferbeeren, 1 Prise Zucker sowie getrocknetem Oregano und Basilikum anrühren.

3 Die Tomaten mit den Zwiebelstreifen anrichten und mit dem Dressing überziehen. Zusammen mit Baguette servieren.

Bandnudeln mit Walnuss-Pesto

ZUTATEN

4

- 100 g Walnusskerne
- ½ Bd. Petersilie
- 2 Knoblauchzehen
- 100 ml Olivenöl
- 1 EL Walnussöl
- 100 g Parmesan (ital. Hartkäse)
- Salz und Pfeffer
- 500 g Bandnudeln

VEGGIE

Zubereitung: 15 Min.
Garzeit: 6-8 Min.

Einkaufsliste

1 Mit einem Mixer aus Walnusskernen, gewaschener Petersilie, geschältem Knoblauch, geriebenem Parmesan und Walnussöl ein Pesto, unter ständiger Zugabe von Olivenöl, herstellen. Mit Salz und Pfeffer würzen.

2 Nudeln nach Packungsanleitung in Salzwasser al dente garen, in einem Sieb abtropfen lassen und in einer großen Schüssel mit dem Walnuss-Pesto gut vermengen. Mit einigen Walnussstückchen und Petersilienblättchen dekoriert servieren.

Buchweizen-Kürbisquiche

1 Buchweizen mit 200 ml Wasser bei starker Hitze aufkochen, auf niedrige Hitze reduzieren und zugedeckt ca. 10 Min. quellen lassen. Das gesamte Wasser soll vom Buchweizen aufgenommen werden.

2 Zwischenzeitlich Tomaten waschen, trockenreiben und vierteln, weiße Zwiebel schälen und in grobe Stücke schneiden. Beides zusammen mit Oregano, Kurkuma sowie Salz und Pfeffer in einem Mixbecher pürieren. Buchweizen untermischen und mit den Händen zu einem Teig verarbeiten. Gegebenenfalls noch etwas Buchweizenmehl zum Andicken untermischen.

3 Auflaufform mit Backpapier auslegen, Buchweizenteig hineingeben, am Rand nach oben ziehen und andrücken. Im vorgeheizten Backofen bei 180 °C Ober-/Unterhitze (Umluft 160 °C) 10 Min. vorbacken.

4 In der Zwischenzeit Paprika und Kürbis waschen, halbieren und die Kerngehäuse entfernen. Rote Zwiebeln schälen, halbieren und würfeln. In einer Pfanne das Kokosfett erhitzen und Paprika, Kürbis und Zwiebeln bei mittlerer Hitze kurz anbraten. Mit Salz und Pfeffer würzen und auf den vorgebackenen Quiche Teig verteilen.

5 Weitere 15 Min. bei 140 °C Ober-/Unterhitze (Umluft 120 °C) im Ofen backen. Die fertige Quiche vorsichtig aus der Backform lösen, mit frisch gehacktem Thymian bestreuen und heiß servieren.

ZUTATEN 4

VEGAN

- 100 g Buchweizen
- 2 Tomaten
- 1 weiße Zwiebel
- Salz und Pfeffer
- ½ TL Oregano (getrocknet)
- ½ TL Kurkuma (gemahlen)
- 1 rote Paprika
- 2 rote Zwiebeln
- 1 kleiner Hokkaidokürbis
- 2 TL Kokosfett
- 1 Zweig Zitronenthymian

Außerdem:
Tarte-Auflaufform

Zubereitung: 45 Min.
Gar-/Backzeit: ca. 45 Min.

Einkaufsliste

Info

Hokkaidokürbisse müssen nicht geschält werden, da die dünne Schale beim Garen weich wird und somit mitverzehrt werden kann. Auch die Kürbiskerne können getrocknet verzehrt werden.

Steinpilz-Gemüsepfannkuchen

ZUTATEN 4

200 g Steinpilze oder Seitlinge
2 Frühlingszwiebeln
2 Tomaten
2 Eier
150 g Mehl (Type 405)
150 ml Milch
Salz und Pfeffer
Muskatnuss
6 EL Ghee (Butterfett)
100 ml Gemüsebrühe
2 EL Kochsahne
½ Bd. Schnittlauch
½ Bd. Rucola

VEGGIE

Zubereitung: 35 Min.
Garzeit: ca. 25 Min.

Einkaufsliste

1 Steinpilze oder Seitlinge mit einem Pinsel reinigen und größere Exemplare klein schneiden. Frühlingszwiebeln putzen, waschen, trocken tupfen und in ganz feine Ringe schneiden. Schnittlauch abspülen und in Röllchen schneiden.

2 Tomaten in heißem Wasser kurz blanchieren, Haut abziehen, halbieren, Kerngehäuse entfernen und sehr klein schneiden. Rucola waschen und auf Küchenpapier abtropfen lassen.

3 Ein Ei trennen und das Eiweiß steif schlagen. Das Eigelb mit Milch, Mehl und dem ganzen Ei in einer Schüssel verquirlen und mit Salz, Pfeffer und Muskatnuss würzen. Jetzt den Eischnee und den Schnittlauch vorsichtig unterziehen und den Teig kurz ruhen lassen.

4 Die Frühlingszwiebeln in einem Topf mit **2 EL** Ghee (Butterfett) 2-3 Min. andünsten, die Pilze und Tomatenstücke hinzugeben und kurz mit garen. Mit Gemüsebrühe ablöschen und mit Salz, Pfeffer und 2 EL Sahne abschmecken. Beiseite stellen und warm halten.

5 In einer großen Pfanne je **1 EL** Ghee erhitzen und Pfannkuchen-Gemüseteig einlaufen lassen. Jeden Pfannkuchen von beiden Seiten goldbraun ausbacken und warm stellen.

6 Pfannkuchen auf Teller geben und zur Hälfte mit Pilz-Gemüsefüllung belegen. Die andere Hälfte der Pfannkuchen darüber schlagen und zum Servieren mit etwas Schnittlauch und dem Rucola dekorieren. Wer mag, kann auch den Rucola grob zerkleinern und mit zur Füllung geben.

Rote Linsen-Burger

1 Rote Linsen in einem Sieb gut waschen und in einem Topf mit der Gemüsebrühe kurz aufkochen. Anschließend bei reduzierter Hitze 10 Min. köcheln lassen.

2 In der Zwischenzeit Kartoffel waschen, schälen und auf einem Küchenhobel fein reiben. Knoblauchzehe häuten und klein hacken, Frühlingszwiebeln putzen, waschen und in feine Ringe schneiden. Die bereits gegarte Rote Bete in kleine Würfel schneiden (Gummihandschuhe verwenden, da die Rote Bete sehr stark färbt).

3 Die Linsen aus dem Topf nehmen und in einer Schüssel mit dem vorbereiteten Gemüse mischen. Kichererbsen- und Paniermehl einarbeiten und alles mit Salz und Pfeffer würzen. Petersilie waschen, trocken tupfen, klein schneiden und unter die Gemüsemasse mengen. Anschließend daraus, mit angefeuchteten Händen, 4 Burger-Bratlinge (Patties) formen und in einer heißen Pfanne mit Kokosfett von beiden Seiten goldbraun braten.

4 Biosprossen und Salatblätter waschen und trocken tupfen, Mini-Gurke und Tomaten waschen und in dünne Scheiben schneiden. Die Brötchen halbieren, mit etwas Salatcreme bestreichen und auf die Unterteile je ein Salatblatt und ein paar Sprossen geben. Nun das Burger-Pattie daraufsetzen, mit Tomaten- und Gurkenscheiben belegen und nochmals mit ein paar Sprossen abrunden. Burger mit den oberen Brötchenhälfte verschließen und servieren.

Tipp: Für vegane Linsen-Burger verwendet man Mayonnaise oder Salatcreme in der veganen Variante ohne Ei.

ZUTATEN 4

VEGGIE

- 125 g Rote Linsen
- 250 ml Gemüsebrühe
- 1 mittelgroße Kartoffel
- 1 Knoblauchzehe
- 2 Frühlingszwiebeln
- 1 Rote Bete Knolle (gegart)
- 3 EL Kichererbsenmehl
- 2 EL Paniermehl (Semmelbrösel)
- Salz und Pfeffer
- 1 Zweig Petersilie
- 4 EL Kokosfett
- 4 Vollkorn- oder Mehrkornbrötchen
- 1 Pck. Biosprossen für Salate
- 4 Kopfsalatblätter
- 1 Mini-Gurke
- 2 Tomaten
- 4 EL Salatcreme

Zubereitung: 35 Min.
Garzeit: ca. 20 Min.

Einkaufsliste

Pochierte Eier mit Bärlauchpüree

1 Kartoffeln waschen, schälen, halbieren und in ausreichend Salzwasser ca. 25 Min. weichkochen.

2 Zwischenzeitlich **1 EL** Butter in einem Topf erhitzen, Mehl dazugeben und unter Rühren etwas anschwitzen. Mit der Gemüsebrühe und der **Hälfte** der Milch aufgießen und unter weiterem Rühren aufkochen lassen. Mit Senf, Salz und Pfeffer abschmecken und Hitze reduzieren.

3 Die fertig gegarten Kartoffeln durch ein Sieb abgießen und in eine Schüssel geben. Die restliche Milch, **1 EL** Butter und Bärlauchpesto dazugeben und alles mit einem Kartoffelstampfer zu einem homogenen Püree verarbeiten. Mit Salz und Muskatnuss abschmecken, zur Seite stellen und warmhalten.

4 In einem weiteren Topf 1 Liter Salzwasser und 4 EL Essig zum Kochen bringen und die aufgeschlagenen Eier **langsam und vorsichtig**, mit Hilfe einer Schaumkelle, ins Wasser gleiten lassen. Bei schwacher Hitze rund 4-5 Min. pochieren. Anschließend herausnehmen, abtropfen lassen und ebenfalls warm halten.

5 Zwiebel schälen und in dünne Ringe schneiden, in etwas Mehl wenden und in einer heißen Pfanne mit Pflanzenöl 3-4 Min. goldbraun ausbacken. Herausnehmen und auf Küchenpapier abtropfen lassen.

6 Das Bärlauchpüree zusammen mit den pochierten Eiern und der Senfsauce auf Tellern anrichten und die Zwiebelringe darüber geben. Mit etwas Schnittlauch dekoriert servieren.

ZUTATEN 4

VEGGIE

600 g Kartoffeln (mehlig kochend)
2 EL Butter
30 g Mehl (Type 405)
250 ml Gemüsebrühe
250 ml Milch
2 EL grober Senf
4 EL Weinessig
50 ml Bärlauchpesto (Glas)
Salz und Pfeffer
Muskatnuss
8 Eier
1 Zwiebel
2 EL Pflanzenöl
etwas frischen Schnittlauch

Zubereitung: 35 Min.
Garzeit: ca. 40 Min.

Einkaufsliste

Spargel-Flammkuchen mit Räuchertofu

1 In einer Rührschüssel Dinkelmehl, Mineralwasser, Olivenöl, 1 TL Salz und 1 Prise Zucker zu einem Teig verkneten und diesen anschließend dünn ausrollen. Backblech mit Backpapier belegen und Flammkuchenteig, in runder oder eckiger Form, daraufsetzen.

2 Beim grünen Spargel die Enden anschneiden und die Stangen in mundgerechte Stücke zerteilen. Zwiebel schälen und in feine Ringe schneiden, Räuchertofu in Würfel schneiden.

3 Kokosöl in einer Pfanne erhitzen und den Tofu bei mittlerer Hitze 3-4 Min. beidseitig goldbraun anbraten. Mit Salz und Pfeffer würzen und beiseite stellen.

4 Schnittlauch abspülen, trocken tupfen und in feine Röllchen schneiden. Diese mit Sojade, Sojasahne, Salz und Pfeffer verrühren und anschließend gleichmäßig auf den Flammkuchenboden streichen. Den Belag, bestehend aus Spargel, Räuchertofu und Zwiebelringe, darauf verteilen.

5 Flammkuchen bei 200 °C Ober-/Unterhitze (Umluft 180 °C) im vorgeheizten Backofen ca. 20 Min. goldbraun backen. Nach Backzeitende in Stücke schneiden und warm servieren.

ZUTATEN 4

VEGAN

- 250 g Dinkelmehl (Type 1050)
- 125 ml Mineralwasser
- 2 EL Olivenöl
- Salz und Pfeffer
- 1 Pr. Zucker
- 250 g grüner Spargel
- 150 g Räuchertofu
- 1 rote Zwiebel
- 1 EL Kokosöl
- ½ Bd. Schnittlauch
- 4 EL Sojade Natur (vegan)
- 2 EL Sojasahne

Zubereitung: 30 Min.
Gar-/Backzeit: ca. 25 Min.

Einkaufsliste

Panierter Sellerie mit Sojade

ZUTATEN 4

1 Knollensellerie (ca. 900 g)
4 EL Mehl (Type 405)
2 Eier
100 g Butterschmalz
200 g Paniermehl (Semmelbrösel)
1 Bd. gemischte Gartenkräuter
400 g Sojade Natur (vegan)
Salz und Pfeffer
½ TL Paprikapulver (edelsüß)
1 EL Tahini-Sesampaste

VEGGIE

Zubereitung: 25 Min.
Garzeit: ca. 15 Min.

Einkaufsliste

1 Knollensellerie waschen, schälen und in 1 cm breite Scheiben schneiden. In einem Topf mit Salzwasser 5 Min. blanchieren, herausnehmen, in kaltem Wasser abschrecken und abtropfen lassen. Anschließend die Scheiben einzeln zuerst in Mehl wenden, danach durch die verquirlten Eier ziehen und am Schluss in Paniermehl wenden.

2 In einer großen Pfanne mit Butterschmalz die Selleriescheiben von beiden Seiten goldbraun ausbacken, herausnehmen und auf Küchenpapier abtropfen lassen.

3 Zwischenzeitlich die Gartenkräuter abspülen, trocken tupfen und fein hacken. Sojade in eine Schüssel geben, Kräuter unterziehen und mit Salz, Pfeffer, Paprikapulver und Tahini-Sesampaste würzen. Selleriescheiben zusammen mit der Kräutersojade servieren.

Steckrüben-Kartoffelpfanne

ZUTATEN 4

500 g Steckrübe
300 g Kartoffeln (festkochend)
1 kleine Zwiebel
2 EL Olivenöl
300 ml Gemüsebrühe
Salz und Pfeffer
Muskatnuss
50 g Crème fraîche
1 Zweig Dill

VEGGIE

Zubereitung: 20 Min.
Garzeit: ca. 30 Min.

Einkaufsliste

1 Steckrübe und Kartoffeln waschen, schälen und in dünne Scheiben hobeln. Zwiebel schälen und fein hacken.

2 In einer Pfanne das Olivenöl erhitzen, zuerst die Zwiebel farblos anschwitzen und anschließend die Gemüsescheiben dazugeben. Alles 3-4 Min. garen, mit Salz, Pfeffer und Muskatnuss würzen und mit der Gemüsebrühe aufgießen. Bei mittlerer Hitze und abgedeckt weitere 20-25 Min. köcheln, kurz vor Garzeitende die Crème fraîche unterrühren. Das Gericht mit klein geschnittenem Dill servieren.

Raw Food Bowl (Buddha Bowl)

1 Spinatblätter waschen und trocken tupfen, Cherrytomaten abspülen, trockenreiben und halbieren. Salatgurke waschen und auf einem Küchenhobel in feine, lange Streifen schneiden. Radieschen vom Bund abschneiden, putzen, waschen, trockenreiben und in feine Scheibchen schneiden.

2 Die Paprikaschote waschen, halbieren, Kerngehäuse und Scheidewände entfernen und in dünne, längliche Streifen schneiden. Die Kichererbsen in ein Sieb abgießen, kurz abspülen und abtropfen lassen. Tofu roh in Würfel schneiden oder - nach Belieben - auch in etwas Olivenöl in der Pfanne anbraten.

3 Den Rotkohl halbieren, die äußeren Blätter entfernen und auf einem Küchenhobel fein reiben. Rotkohl kann man roh genießen oder auch weichkochen. Zutaten in vier mittelgroße Bowls (Schüsseln) geschichtet und voneinander getrennt einfüllen und die Kichererbsen und den Tofu mit Sesamsaat bestreuen.

4 Für das Dressing verrührt man das Olivenöl, die Tahini-Paste, die Sojasauce und den Ahornsirup zu einer Würztunke und schmeckt diese mit Salz und Pfeffer ab. Das Dressing kann man in Schälchen zum Tunken bereitstellen oder als Marinade direkt über die Rohkost geben.

ZUTATEN 4

- 150 g Spinatblätter
- 100 g Cherrytomaten
- 1 Salatgurke
- 100 g Kichererbsen (gekocht)
- 1 Bd. Radieschen
- 1 gelbe Paprika
- ½ Rotkohl
- 200 g Tofu Natur
- 50 g Sesamsaat
- 8 EL Olivenöl
- 4 EL Tahini-Sesampaste (dunkel)
- 2 EL dunkle Sojasauce
- 1 EL Ahornsirup
- Salz und Pfeffer

Zubereitung: ca. 35 Min.

Einkaufsliste

Gemüse-Paella

1 Zwiebel und Knoblauch schälen und fein hacken, Paprika waschen, trockenreiben und halbieren. Das Kerngehäuse und die Scheidewände entfernen und Paprika in Streifen schneiden. Zucchini waschen, Stielansatz entfernen und in dünne Scheiben hobeln.

2 Lauchstange waschen, oberes Grün entfernen, längs halbieren und in ca. 1 cm breite Stücke schneiden. Bohnen in einem Sieb abtropfen lassen und gut abspülen. Erbsen (TK) auftauen lassen.

3 In einer sehr großen Pfanne oder Paella-Pfanne das Olivenöl erhitzen, Zwiebel und Knoblauch kurz anschwitzen und das vorbereitete Gemüse hinzugeben. Die zwischenzeitlich abgetropften Bohnen und die aufgetauten Erbsen untermischen, mit Salz und Pfeffer würzen und 4-5 Min. garen. Das Gemüse herausnehmen und warm stellen.

4 In der gleichen Pfanne den Reis 2-3 Min. ohne Öl anbraten, mit Paprikapulver, Kurkuma und Safran würzen und mit der Gemüsebrühe aufgießen. Die Pizzatomaten hinzugeben und den Reis ca. 35 Min. abgedeckt und bei mittlerer Hitze garen. Anschließend das Gemüse zum Reis geben, gut unterrühren und alles 5 Min. ziehen lassen.

5 Petersilie abspülen, trocken tupfen und klein hacken, die Zitronen in Spalten schneiden. Paella mit darüber gestreuter Petersilie und Zitronenspalten servieren.

ZUTATEN 4

VEGAN

- 1 Zwiebel
- 2 Knoblauchzehen
- 1 rote Paprika
- 1 Zucchini
- 1 Stange Lauch/Porree
- 300 g dicke Bohnen (Glas)
- 3 EL Olivenöl
- 100 g Erbsen (TK)
- Salz und Pfeffer
- 250 g Paella Reis (Bomba oder Redondo)
- 1 TL Paprika (edelsüß)
- ½ TL Kurkuma (gemahlen)
- 1 g Safranfäden
- 750 ml Gemüsebrühe
- 400 g Pizzatomaten (Dose/Glas)
- 1 Zweig Petersilie
- 2 Zitronen

Zubereitung: 30 Min.
Garzeit: ca. 55 Min.

Einkaufsliste

Piroggen mit Spinat-Rosinenfüllung

1 Rosinen in einer Schüssel mit kaltem Wasser für mind. 30 Min. einweichen (besser noch länger). Blattspinat (TK) auftauen lassen.

2 Kalte Butter in kleine Würfel schneiden und in einer Rührschüssel mit Mehl, **75 ml** Olivenöl, Naturjoghurt, Backpulver, **einem** Ei sowie etwas Salz zu einem homogenen Teig verkneten. Daraus eine Kugel formen und zugedeckt 1 Stunde kaltstellen.

3 Zwiebel schälen, halbieren und klein schneiden. In einer Pfanne das restliche Olivenöl erhitzen und darin die Zwiebel glasig anschwitzen. Aufgetauten Blattspinat und abgetropfte Rosinen dazugeben, mit Salz und Pfeffer würzen und 4-5 Min. garen. Herausnehmen, etwas ausdrücken, Masse grob hacken und 10 Min. kaltstellen. Anschließend Schafskäse zerbröckeln und mit der Rosinen-Blattspinat-Masse mischen.

4 Teig aus dem Kühlschrank nehmen, in pflaumengroße Stücke zerteilen und jeweils in der Mitte eine Mulde hineindrücken. Mit je 1 EL der Spinat-Masse füllen. Teiglinge dann verschließen, in eine ovale Form bringen und am Rand gut zusammendrücken.

ZUTATEN 4

VEGGIE

- 1 EL Rosinen
- 150 g Butter
- 100 ml Olivenöl
- 275 g Mehl (Type 405)
- 2 Eier
- 2 EL Naturjoghurt
- 1 TL Backpulver
- Salz und Pfeffer
- 1 rote Zwiebel
- 150 g Blattspinat (TK)
- 100 g Schafskäse (Feta)
- 1 Zweig Petersilie

Zubereitung: 30 Min.
Ruhezeit: 1 Std. 30 Min.
Gar-/Backzeit: ca. 25 Min.

Einkaufsliste

5 Ein Backblech mit Backpapier auslegen, die einzelnen Piroggen daraufsetzen und die Teigtaschen mit einem verquirlten Eigelb bestreichen. Im vorgeheizten Backofen bei 180 °C Ober-/Unterhitze (Umluft 160 °C) ca. 20 Min. goldbraun backen. Anschließend herausnehmen und mit etwas fein gehackter Petersilie bestreut noch warm servieren.

Chinakohlrouladen aus Grünkern

1 Zwiebel und Knoblauch schälen und fein würfeln, Karotte waschen, schälen und auf einer Küchenreibe grob raspeln.

2 Grünkern-Fertigmischung in einer Schüssel mit 250 ml warmem Wasser glattrühren und 15 Min. quellen lassen.

3 Vom Olivenöl **1 EL** in einer Pfanne erhitzen und Zwiebel, Knoblauch und Karottenraspel farblos anschwitzen. Grünkern-Mischung dazugeben und alles 3-4 Min. garen, vom Herd nehmen und etwas abkühlen lassen. Anschließend Hüttenkäse in die erkaltet Grünkern-Mischung einrühren und alles mit Salz und Pfeffer abschmecken.

4 Beim Chinakohl den Strunk herausschneiden und vom Kopf acht große, schöne Salatblätter waschen und trocken tupfen. Diese auf einer Arbeitsfläche ausbreiten und mit jeweils 2 EL Grünkern-Masse in der Mitte der Blätter füllen. Links und rechts die Seiten des Chinakohls zur Mitte hin einschlagen und die Blätter von unten nach oben fest zu einer Roulade aufrollen. Anschließend jede einzelne Roulade mit Küchengarn zusammenbinden.

5 Restliches Olivenöl in einer Pfanne erhitzen, die Rouladen von allen Seiten 4-5 Min. anbraten und herausnehmen. Die Röstaromen in der Pfanne mit Gemüsebrühe aufgießen, Pizzatomaten und Sojasauce dazugeben und alles mit Salz, Pfeffer und einer Prise Zucker abschmecken. Die Rouladen wieder hinzugeben und zugedeckt bei mittlerer Hitze ca. 10 Min. schmoren.

6 Zwischenzeitlich die Tomate waschen, trockenreiben und in kleine Würfelchen schneiden, das Basilikum abspülen, trocken tupfen und klein hacken. Die Chinakohlrouladen mit Tomatenstückchen und frischem Basilikum bestreut servieren.

ZUTATEN 4

VEGGIE

- 200g Grünkern Bratlinge (Fertigmischung)
- 1 rote Zwiebel
- 2 Knoblauchzehen
- 1 Karotte
- 3 EL Olivenöl
- 200 g Hüttenkäse
- Salz und Pfeffer
- 1 kleiner Chinakohl
- 250 ml Gemüsebrühe
- 400 g Pizzatomaten (Dose/Glas)
- 2 EL Sojasauce
- 1 Pr. Zucker
- 1 Tomate
- 2 Zweige Basilikum

Außerdem:
Küchengarn

Zubereitung: 40 Min.
Ruhezeit: 15 Min.
Garzeit: ca. 20 Min.

Einkaufsliste

Artischocken mit Aioli-Creme

1 Artischocken oben bei den Blattspitzen gerade zurechtschneiden, den Stielansatz unten abbrechen und glatt am Boden abschneiden. Die unteren, äußeren, harten 3 bis 4 Blätter entfernen.

2 Reichlich Salzwasser in einem Topf zum Kochen bringen und den Saft **1 Zitrone** dazugeben. Artischocken darin ca. 35-40 Min. sprudelnd garkochen.

3 Zwischenzeitlich Mayonnaise, Naturjoghurt und 2 geschälte und fein gehackte Knoblauchzehen mit Salz, Pfeffer und etwas Zitronensaft verrühren und so eine Aioli-Creme herstellen. Diese bis zum Garzeitende der Artischocken kühl stellen.

4 Die Artischocken aus dem Topf nehmen und gut abtropfen lassen. Anschließend jeweils das obere Drittel glatt abschneiden und die Artischockenböden auf Tellern anrichten. Die Aioli-Creme sowie ein paar Zitronenspalten dazu servieren.

ZUTATEN 4

4 große Artischocken
2 Zitronen
Salz und Pfeffer
6 EL Mayonnaise
6 EL Naturjoghurt
2 Knoblauchzehen

VEGGIE

Zubereitung: 20 Min.
Garzeit: ca. 40 Min.

Einkaufsliste

Info

Verzehren kann man bei Artischocken die einzelnen, mittleren Blätter sowie die Artischockenböden selbst. Die in den Böden befindlichen Fäden, auch „Heu" genannt, lassen sich leicht mit einem Löffel entfernen.

Rote Bete-Quiche

ZUTATEN 4

- 150 g Mehl (Type 405)
- 75 g Butter
- 4 Eier
- Salz
- Muskatnuss
- 200 g Kochsahne
- 150 ml Milch
- 1 EL Sahnemeerrettich
- 1 Msp. Cumin (Kreuzkümmel)
- 2 kleine Rote Bete Knollen (roh)

VEGGIE

Außerdem:
Tarte-Auflaufform

Zubereitung: 30 Min.
Ruhezeit: mind. 1 Std.
Backzeit: ca. 35 Min.

Einkaufsliste

1 Kalte Butter in kleine Würfel schneiden und in einer Rührschüssel mit 150 g Mehl, **1 Eigelb** (das Eiweiß wird nicht benötigt), Salz und etwas Muskatnuss zu einem Teig kneten. Daraus eine Kugel formen und zugedeckt mind. 1 Stunde kaltstellen.

2 Anschließend den Teig auf einer bemehlten Arbeitsfläche dünn ausrollen und in eine gefettete und mit Mehl bestäubte Auflaufform legen. Der Teigrand sollte hierbei 2-3 cm hoch sein. Den Teigboden mit einer Gabel mehrfach einstechen.

3 Rote Bete waschen, schälen (Gummihandschuhe verwenden, Rote Bete färbt stark) und in 1 cm große Würfelchen schneiden. Diese gleichmäßig auf dem Teig verteilen.

4 In einer Schüssel 3 Eier aufschlagen, Sahne, Milch und Sahnemeerrettich dazugeben und alles gut verquirlen. Mit Salz, Muskatnuss und Cumin würzen und die Eiermasse über die Rote Bete Würfelchen gießen.

5 Quiche im vorgeheizten Backofen bei 180 °C Ober-/Unterhitze (Umluft 160 °C) ca. 35 Min. backen. Anschließend etwas abkühlen lassen und in Tortenstückgröße servieren.

Tofu-Austernpilze

ZUTATEN

4

- 200 g Tofu „Bärlauch"
- ½ Limette
- ½ TL Paprika (edelsüß)
- 2 EL Sojasauce
- Salz und Pfeffer
- 1 Zwiebel
- 2 Frühlingszwiebeln
- 150 g Austernpilze
- 2 EL Butterschmalz
- 1 EL Mehl (Type 405)
- 50 ml Weißwein (trocken)
- 150 ml Gemüsebrühe
- 100 g Crème fraîche
- ½ Bd. Schnittlauch

VEGGIE

Zubereitung: ca. 25 Min.
Garzeit: ca. 25 Min.
Ruhezeit: 15 Min.

Einkaufsliste

Tipp Für eine vegane Variante der Tufo-Austernpilzpfanne verwendet man veganes Streichfett anstatt Butterschmalz und Crème fraîche vegan.

1 Tofu in mundgerechte Würfel schneiden. Aus dem Saft einer halben Limette, Paprikapulver und Sojasauce eine Marinade herstellen und den Tofu dazugeben. Mit Salz und Pfeffer würzen und Bärlauch-Tofu mindestens 15 Min. marinieren.

2 Zwischenzeitlich Zwiebel schälen, halbieren und in feine Streifen schneiden, Frühlingszwiebeln putzen, waschen und in feine Ringe schneiden. Austernpilze mit einem Pinsel säubern, die Stielenden abschneiden und grob zerkleinern oder halbieren.

3 Vom Butterschmalz **1 EL** in einer Pfanne erhitzen und die Zwiebel darin 2-3 Min. farblos anschwitzen. Anschließend die Austernpilze dazugeben, alles mit Salz und Pfeffer würzen und nochmals 3-4 Min. garen. Danach die Pilze mit 1 EL Mehl bestäuben, gut umrühren und mit Weißwein ablöschen. Mit der Gemüsebrühe aufgießen, Crème fraîche unterrühren und die Pilze 5-6 Min. sanft köcheln lassen.

4 Den marinierten Tofu in ein Sieb abgießen, gut abtropfen lassen und anschließend in einer zweiten Pfanne mit dem restlichen Butterschmalz 4-5 Min. knusprig anbraten; dabei öfters wenden. Am Schluss die Frühlingszwiebeln hinzugeben, unterrühren und kurz durchschwenken.

5 Die Austernpilze unter den Tofu mischen und das Gericht, in der Pfanne oder auf Tellern, anrichten. Zum Servieren streut man noch frisch geschnittene Schnittlauchröllchen darüber.

Kichererbsen-Salat

ZUTATEN 4

400 g Kichererbsen (gekocht)
1 rote Zwiebel
2 Tomaten
1 Zucchini
1 Spitzpaprika
1 TL Masala Gewürz (getocknet)
1 Msp. Cumin (Kreuzkümmel)
4 EL Olivenöl
3 EL Obstessig
Salz und Pfeffer

VEGAN

Zubereitung: 20 Min.
Ruhezeit: mind. 1 Std.

Einkaufsliste

1 Kichererbsen in ein Sieb abgießen, gut abspülen und abtropfen lassen. Tomaten, Zucchini und Spitzpaprika waschen und in mundgerechte Stücke schneiden. Zwiebel häuten und in Ringe schneiden.

2 In einer großen Schüssel eine Marinade aus Olivenöl, Obstessig, Masala Gewürz, Cumin sowie Salz und Pfeffer anrühren und das Gemüse dazugeben. Alles gut vermengen und Kichererbsen-Salat im Kühlschrank noch mindestens 1 Std. ziehen lassen.

Gemüse-Bratlinge

ZUTATEN 4

500 ml Gemüsebrühe
200 g Grünkern Bratlinge (Fertigmischung)
2 Karotten
½ Bd. Frühlingszwiebeln
1 Knoblauchzehe
½ Bd. Petersilie
2 Eier
Salz und Pfeffer
3 EL Olivenöl

VEGGIE

Zubereitung: 25 Min.
Garzeit: ca. 25 Min.

Einkaufsliste

1 Gemüsebrühe in einem Topf aufkochen, Grünkern-Fertigmischung einrühren und zugedeckt bei geringer Hitze 10 Minuten köcheln.

2 Zwischenzeitlich die Karotten waschen, schälen und auf einer Küchenreibe fein raspeln. Frühlingszwiebeln waschen, putzen und in sehr feine Ringe schneiden, Knoblauchzehe häuten und fein hacken. Petersilie abspülen, trocken tupfen und klein schneiden.

3 Karotten und Frühlingszwiebeln unter den Grünkern mischen und das Ganze weitere 5 Min. garen. Den Topf vom Herd nehmen, Knoblauch, Petersilie und 2 Eier untermengen und mit Salz und Pfeffer würzen.

4 Mit angefeuchteten Händen aus dem Grünkern-Teig einzelne Bratlinge formen und diese in einer Pfanne mit Olivenöl garen. Gemüsebratlinge werden 4-5 Min. von jeder Seite goldbraun gebraten und können warm oder kalt verzehrt werden.

Lauch-Tomatenmuffins

ZUTATEN 8-10

1 Stange Lauch/Porree
1 Zwiebel
4 getrocknete Tomaten (in Öl)
1 EL grüner Pfeffer (eingelegt)
3 Zweige Thymian
120 g Mehl (Type 405)
90 g Dinkelmehl (Type 630)
1 Pck. Backpulver
40 g Haferflocken
½ TL Salz
2 Eier
50 ml Olivenöl
250 ml Milch
50 g Hartkäse (z.B. Gruyère)

VEGGIE

Außerdem:
Muffinförmchen oder-blech

Zubereitung: 25 Min.
Backzeit: ca. 25 Min.

Einkaufsliste

1 Lauch waschen, die oberen grünen Blätter entfernen, längs halbieren und in feine Streifen schneiden, Zwiebel schälen, halbieren und klein würfeln.

2 Getrocknete Tomaten auf Küchenpapier abtropfen lassen und klein schneiden, eingelegten Pfeffer abgießen und grob zerdrücken. Thymian waschen, trocken tupfen und - bis auf ein paar Blättchen für die Deko - sehr fein hacken.

3 Mehl und Dinkelmehl in einer Schüssel mit Backpulver, etwas zerkleinerten Haferflocken und Salz vermischen und anschließend Lauch, Zwiebel, getrocknete Tomaten, grünen Pfeffer und Thymian untermengen.

4 In einer zweiten, großen Rührschüssel 2 Eier verquirlen, Olivenöl, Milch und **20 g** des fein geriebenen Hartkäses dazugeben und alles glattrühren. Anschließend die Mehl-Lauch-Mischung vorsichtig unterheben.

5 Muffinförmchen oder-blech mit etwas Butter oder Olivenöl einfetten, zu drei Viertel mit dem Muffin-Teig füllen und mit dem restlichen Käse bestreuen. Im vorgeheizten Backofen bei 180 °C Ober-/Unterhitze (Umluft 160 °C) 20-25 Min. goldbraun backen und mit Thymianblättchen garniert servieren.

Ratatouille

1 Tomaten kurz in kochendem Wasser blanchieren, kalt abschrecken und häuten. Anschließend vierteln, Kerngehäuse entfernen und klein schneiden. Den austretenden Saft der Tomaten auffangen.

2 Paprika, Zucchini und Aubergine waschen, trocken reiben und in kleine Würfel, Scheiben oder mundgerechte Stücke schneiden. Zwiebel häuten, halbieren und kleinwürflig schneiden.

3 In einer großen Pfanne **4 EL** Olivenöl erhitzen, Zwiebel 2-3 Min. andünsten und dann die Paprikastücke dazugeben. Alles kurz andünsten und mit den Tomatenstücken und-saft auffüllen. Weitere 5 Min. garen und erst jetzt die Auberginen- und Zucchinistücke dazugeben.

4 Das Gemüse mit den geschälten und klein gehackten Knoblauchzehen, Salz und Pfeffer, Paprikapulver sowie Thymian würzen und weitere 10-15 Min. leicht köcheln. Zuletzt noch 2 EL Olivenöl darunter rühren und das Ratatouille heiß servieren.

ZUTATEN 4

300 g Tomaten
1 rote Paprika
1 gelbe Paprika
1 Zucchini
1 Aubergine
1 große Gemüsezwiebel
6 EL Olivenöl
2 Knoblauchzehen
Paprikapulver (edelsüß)
Salz und Pfeffer
½ TL Thymian (getrocknet)

VEGAN

Zubereitung: 25 Min.
Garzeit: ca. 30 Min.

Einkaufsliste

Käsespätzle

ZUTATEN 4

3 Zwiebeln
230 g Hartkäse (z.B. Edamer)
500 g Mehl (Type 550 oder Spätzlemehl)
Salz und Pfeffer
5 Eier
2 EL Olivenöl
2 Zweige Petersilie

VEGGIE

Außerdem:
Spätzlehobel

Zubereitung: 40 Min.
Garzeit: ca. 20 Min.

Einkaufsliste

1 Die Zwiebeln häuten und in feine Zwiebelringe schneiden, den Hartkäse auf einer Küchenreibe oder einem Käsehobel fein reiben.

2 Mehl in eine Rührschüssel sieben, 1 TL Salz und die Eier dazugeben und gut verrühren. Anschließend 150 ml kaltes Wasser nach und nach einarbeiten und einen zähen Teig herstellen. Spätzle Teig knetet man traditionell mit den Händen und er ist perfekt, wenn sich der Teig leicht vom Schüsselboden lösen lässt.

3 In einem großen Topf Salzwasser zum Kochen bringen, vom Herd nehmen und mit einem Spätzlehobel den Teig nach und nach ins heiße Wasser „schaben". Den Topf wieder auf den Herd ziehen und erhitzen, bis alle Spätzle an der Oberfläche schwimmen. Spätzle mit einer Schaumkelle aus dem Wasser nehmen, abtropfen lassen und warm stellen.

4 Nun die Zwiebelringe mit dem Olivenöl in einer großen, feuerfesten Pfanne goldgelb anbraten. Herausnehmen und anschließend Spätzle, Käse und Zwiebeln schichtweise in die Pfanne geben. Zwischendurch jede Schicht salzen und pfeffern.

5 Käsespätze-Pfanne für 6-8 Min bei 100 °C Ober-/Unterhitze (Umluft 80 °C) in den Backofen geben. Anschließend herausnehmen, mit frisch gehackter Petersilie bestreuen und in der Pfanne servieren.

Mulligatawny (scharfe Curry-Suppe)

ZUTATEN

4

200 g Süßkartoffeln
100 g Karotten
100 g Knollensellerie
1 Zwiebel
1 Knoblauchzehe
1 kleines Stk. Ingwer
1 rote Chilischote
750 ml Gemüsebrühe
1 TL Koriandersaat (gemahlen)
2 TL Currypulver
1 TL Kurkuma (gemahlen)
Salz und Pfeffer
1 EL Olivenöl
2 EL Mehl (Type 405)
½ Bd. Petersilie
50 ml Kokosmilch

VEGAN

Zubereitung: 30 Min.
Garzeit: ca. 55 Min.

Einkaufsliste

1 Süßkartoffeln, Karotten und Sellerie waschen, schälen und klein schneiden, Knoblauch und Ingwer schälen und fein hacken. Chilischote waschen, trockenreiben und in feine Ringe schneiden.

2 In einem großen Topf die Gemüsebrühe aufkochen, das Gemüse, Knoblauch, Ingwer, Chiliringe und die Koriandersaat hinzugeben und bei schwacher Hitze abgedeckt 45 Min. weichkochen.

3 Anschließend das Gemüse etwas abkühlen lassen, ein Viertel davon herausnehmen und warm stellen. Den Rest mit einem Pürierstab im Topf zerkleinern. Das nicht pürierte Gemüse wieder hinzugeben und bei geringer Hitze weiterköcheln.

4 Zwiebel schälen, halbieren, klein schneiden und in einem weiteren Topf mit dem Olivenöl anschwitzen. Danach mit Mehl bestäuben und dieses gut unterrühren. Mit Currypulver, Kurkuma, Salz und Pfeffer würzen, nochmals gut verrühren und zum Gemüse geben. Kokosmilch hinzugießen, evtl. nochmals mit Salz und Pfeffer würzen und die Suppe weitere 5 Min. köcheln lassen.

5 Auf Tellern anrichten und mit grob gehackten Petersilienblättern bestreut servieren.

Kartoffelcurry

1 Kartoffeln waschen, schälen und in 1 cm große Würfel schneiden. Anschließend in Salzwasser 5 Min. vorkochen und abgießen.

2 Zwiebeln und Knoblauch schälen und klein schneiden, Karotten waschen, schälen und in dünne Scheiben schneiden. Paprika waschen, trockenreiben, Kerngehäuse entfernen und in Würfel schneiden, Chilischote in feine Ringe schneiden. Shiitake-Pilze vom Strunk abschneiden, mit einem Pinsel säubern und vierteln.

3 Erdnussöl in einer großen Pfanne erhitzen, Zwiebeln, Knoblauch und Chili für 2-3 Min. anbraten und das restliche, vorbereitete Gemüse und die vorgekochten Kartoffeln dazugeben. Weitere 3-4 Min. mit garen und anschließend mit Kokosmilch und Gemüsebrühe aufgießen.

4 Ingwer mit einem kleinen Löffel schälen, klein schneiden und zusammen mit der Currypaste in die Pfanne geben. Alles mit Salz und Pfeffer abschmecken und das Gericht für weitere 5-6 Min. sanft köcheln lassen.

5 Koriander waschen, trocken tupfen und grob hacken. Das Kartoffelcurry nach Garzeitende in Tellern verteilen und mit dem Koriandergrün bestreut servieren. Wer mag, kann dazu gekochten Jasminreis reichen.

ZUTATEN 4

VEGAN

- 200 g Kartoffeln (festkochend)
- 2 rote Zwiebeln
- 2 Knoblauchzehen
- 1 kleines Stk. Ingwer
- 2 Karotten
- 1 rote Chilischote
- 2 Paprika (rot und gelb)
- 100 g Shiitake-Pilze
- 2 EL Erdnussöl
- 1 EL rote Currypaste
- 200 ml Gemüsebrühe
- 150 ml Kokosmilch
- Salz und Pfeffer
- ½ Bd. Koriander

Zubereitung: 25 Min.
Garzeit: ca. 20 Min.

Einkaufsliste

Gemüse-Hirseauflauf

ZUTATEN 4

1 Zwiebel
2 EL Olivenöl
200 g Hirse
1 TL Kurkuma (gemahlen)
500 ml Gemüsebrühe
100 g Champignons
½ Bd. Frühlingszwiebeln
1 kleiner Brokkoli
Salz und Pfeffer
Muskatnuss
100 g Hartkäse (z.B. Gouda)

VEGGIE

Außerdem:
Auflaufform oder 4 Förmchen

Zubereitung: 20 Min.
Ruhezeit: 20 Min.
Gar-/Backzeit: ca. 40 Min.

Einkaufsliste

1 Zwiebel schälen, fein würfeln und in einem Topf mit Olivenöl glasig dünsten. Hirse dazugeben und 2-3 Min. mitdünsten. Mit Kurkuma würzen und mit der Gemüsebrühe aufgießen. Zugedeckt bei geringer Hitze 10 Min. köcheln, beiseite stellen und 20 Min. ausquellen lassen.

2 Brokkoli vom Strunk schneiden, in kleine Röschen teilen und in einem weiteren Topf 5 Min. in Salzwasser vorkochen.

3 Zwischenzeitlich Champignons mit einem Pinsel reinigen und vierteln, Frühlingszwiebeln putzen und in feine Ringe schneiden. Brokkoli, Champignons und Frühlingszwiebeln zur Hirse geben, unterheben, mit Salz, Pfeffer und Muskatnuss würzen und alles in eine gefettete Auflaufform oder in Förmchen geben.

4 Fein geriebenen Käse darüberstreuen und im vorgeheizten Backofen bei 180 °C Ober-/Unterhitze (Umluft 160 °C) ca. 25 Min. überbacken. Herausnehmen und heiß servieren.

Info Bei *Hirse* handelt es sich, ebenso wie bei *Weizen, Roggen* und *Dinkel,* um ein echtes Getreide. Hirse ist sehr gesund, enthält viele Mineralstoffe und Vitamine und ist zudem glutenfrei. Hirse sollte nie roh, sondern immer gekocht, geröstet oder gebacken verzehrt werden.

Quinoa-Auberginen

1 Gemüsebrühe in einem Topf aufkochen, Quinoa dazugeben und zugedeckt 15 Min. bei geringer Hitze garen.

2 Auberginen waschen, der Länge nach halbieren und das Fruchtfleisch mit einem Löffel herausschaben. **3 EL** Olivenöl in einer großen Pfanne erhitzen und die Auberginenhälften ringsum gut anbraten. Herausnehmen und warm stellen.

3 Das Auberginenfruchtfleisch zerkleinern, die Zwiebel und die Knoblauchzehe schälen und fein hacken. Paprika waschen, trockenreiben, halbieren, die Kerngehäuse und Scheidewände entfernen und klein schneiden. Cherrytomaten waschen und in feine Scheiben schneiden

4 Lauch putzen, waschen, der Länge nach halbieren und klein schneiden. Petersilie und Thymian abspülen, trocken tupfen und fein hacken.

ZUTATEN 4

150 g Quinoa
350 ml Gemüsebrühe
4 Auberginen
5 EL Olivenöl
1 Zwiebel
1 Knoblauchzehe
1 Stange Lauch/Porree
1 rote Paprika
1 grüne Paprika
100 g gelbe Cherrytomaten
2 Zweige Petersilie
1 Zweig Thymian
½ TL Cumin (Kreuzkümmel)
Salz und Pfeffer

VEGAN

Zubereitung: 35 Min.
Garzeit: ca. 30 Min.

Einkaufsliste

5 Restliches Olivenöl in der Pfanne erhitzen, Zwiebel und Knoblauch darin 2-3 Min. anschwitzen. Auberginenfruchfleisch, Paprika und Lauch dazugeben und 4-5 Min. mit garen. Dann Tomatenscheiben, Petersilie und Thymian untermengen und alles mit Cumin, Salz und Pfeffer würzen. Die abgetropfte Quinoa zum Gemüse geben, gut unterrühren und evtl. nochmals nachwürzen.

6 Am Schluss die ausgehöhlten Auberginenhälften mit dem Quinoa-Gemüse füllen und das Ganze noch warm servieren.

Staudensellerie mit Schimmelkäse

ZUTATEN 4

500 g Staudensellerie
200 ml Gemüsebrühe
Salz und Pfeffer
150 g Blauschimmelkäse (z.B. Roquefort)
2 EL Ricotta (ital. Frischkäse)
50 g Walnusskerne
etwas Butter

VEGGIE

Außerdem:
Auflaufform

Zubereitung: 20 Min.
Backzeit: 15-20 Min.

Einkaufsliste

1 Staudensellerie putzen, waschen und in 5 cm lange Stücke schneiden, das obere Selleriegrün grob hacken.

2 Selleriestücke in eine leicht gefettete Auflaufform geben, mit der Gemüsebrühe angießen und mit Salz und Pfeffer würzen. Blauschimmelkäse etwas zerbröckeln, mit Ricotta mischen und gleichmäßig über den Selleriestücken verteilen. Anschließend Walnusshälften daraufsetzen.

3 Im vorgeheizten Backofen bei 200 °C Ober-/Unterhitze (Umluft 180 °C) ca. 15-20 Min. garen, bis der Käse eine goldbraune Farbe angenommen hat. Zum Servieren mit dem grob gehackten Selleriegrün bestreuen.

Chicoréeauflauf

ZUTATEN 4

6 kleine Chicorée
½ Zitrone
1 EL Olivenöl
2 EL Mehl (Type 405)
2 EL Butter
400 ml Milch
200 g Gratinkäse (gerieben)
Salz und Pfeffer
Muskatnuss
2 Zweige Petersilie

VEGGIE

Außerdem:
Auflaufform

Zubereitung: 20 Min.
Gar-/Backzeit: ca. 35 Min.

Einkaufsliste

1 Chicorée in Salzwasser mit Zitronenspalten ca. 10 Min. weichkochen, herausnehmen und in eiskaltem Wasser abschrecken. Anschließend halbieren, Stielenden abschneiden und in eine leicht gefettete Auflaufform geben.

2 Butter in einem Topf erhitzen und das Mehl glatt hineinrühren. Die Milch zugeben, unter ständigem Rühren aufkochen und die Hälfte des Gratinkäses unterrühren. Mit Salz, Pfeffer, Muskatnuss würzen und Milch-Käse-Masse über den Chicorée gießen.

3 Den restlichen Käse darüberstreuen und den Auflauf bei 180 °C Ober-/Unterhitze (Umluft 160 °C) im vorgeheizten Backofen ca. 20 Min. überbacken. Zum Servieren mit grob gehackter Petersilie bestreuen.

Kartoffel-Zucchiniküchlein

1 Kartoffeln waschen und schälen, Zwiebel häuten. Zucchini waschen, Enden abschneiden und schälen. Das Gemüse mit einem Küchenhobel fein raspeln und anschließend die Masse in einem Sieb leicht ausdrücken.

2 In einer Schüssel Ei-Ersatz, Kartoffelstärke und schwarze Sesamsaat vermischen und unter das Gemüse mengen. Mit Salz und Pfeffer würzen.

3 Radieschen waschen, Stielansätze entfernen und grob raspeln. Schnittlauch abspülen, trocken tupfen und in feine Röllchen schneiden. Sojade unter Radieschen und Schnittlauch rühren.

4 Etwas Kokosöl in einer großen Pfanne erhitzen und von der Kartoffel-Zucchini-Masse je 1 EL pro Küchlein hineinsetzen. Den Teig zu Puffern flach drücken und die einzelnen Küchlein goldbraun herausbacken. Bei mittlerer Hitze und mehrmaligem Wenden brauchen die Puffer jeweils ca. 5 Minuten.

5 Kartoffel-Zucchiniküchlein nach dem Garen aus der Pfanne nehmen, auf Küchenpapier kurz abtropfen lassen und mit der Radieschen-Sojade servieren.

ZUTATEN 4

500 g Kartoffeln (festkochend)
1 kleine Zwiebel
2 kleine Zucchini
1 TL Ei-Ersatz (vegan)
1 TL Kartoffelstärke
1 TL schwarze Sesamsaat
Salz und Pfeffer
4 EL Kokosöl
200 g Sojade Natur (vegan)
1 Bd. Radieschen
½ Bd. Schnittlauch

VEGAN

Zubereitung: 35 Min.
Garzeit: ca. 15 Min.

Einkaufsliste

Fenchel-Orangensalat

1 Fenchelknollen waschen, den Strunk entfernen und die oberen grünen Blätter (Fenchelgrün) abtrennen, fein hacken und beiseite stellen. Die Knollen halbieren, in Streifen schneiden und in kochendem Salzwasser 10 Min. bissfest garen. Herausnehmen, in einem Sieb abtropfen lassen und warmhalten.

2 Orangen waschen und abreiben. Mit einem scharfen Messer schälen und dabei die weiße Haut mit entfernen, so dass nur das Orangenfleisch bleibt. Dann die einzelnen Spalten filetieren und heraustrennen, den austretenden Saft dabei auffangen.

3 Vom Friséesalat die äußeren, dunklen Blätter entfernen und anschließend die inneren Blätter waschen und trocken tupfen. Salatblätter in mundgerechte Stücke zerteilen. Schwarze Oliven abgießen und abtropfen lassen.

4 In einer großen Schüssel aus Buttermilch, Essig, Öl, aufgefangenem Orangensaft sowie Salz und Pfeffer ein Dressing anrühren und Salat, Orangen sowie Fenchel darin marinieren. Auf Tellern anrichten und mit Oliven und fein gehacktem Fenchelgrün servieren.

ZUTATEN 4

VEGGIE

- 2 Fenchelknollen
- 2 Orangen
- ½ Friséesalat
- 50 g schwarze Oliven
- 100 ml Buttermilch
- 4 EL Weinessig
- 3 EL Olivenöl
- Salz und Pfeffer

Zubereitung: 35 Min.
Garzeit: ca. 10 Min.

Einkaufsliste

Info

Die Kombination aus Fenchel und Orange vereint Süße und Fruchtigkeit der Zitrusfrucht mit der leicht bitteren Note des Gemüses. Dies ergibt eine interessante und schmackhafte Note im Salat.

Pilzpfanne

1 Pilze mit einem Küchenpinsel säubern. Niemals waschen, die Pilze würden dadurch zu viel Wasser aufsaugen. Anschließend größere Exemplare in mundgerechte Stücke teilen und Pilze beiseite stellen.

2 Knoblauchzehe schälen und klein hacken, Frühlingszwiebeln waschen, putzen und in sehr feine Ringe schneiden. Ingwer mit einem Löffel schälen und ebenfalls klein hacken.

3 In einer Pfanne Sesamöl erhitzen, Knoblauch, Frühlingszwiebeln und Ingwer 2-3 Min. anbraten und anschließend die Pilze dazugeben. Unter Rühren 4-5 Min. goldbraun anbraten, mit Sojasauce, Salz und Pfeffer abschmecken. Nochmals kurz erhitzen und vom Herd nehmen.

4 Mit frisch gehackter Petersilie bestreut auf Tellern oder in der Pfanne servieren. Dazu reicht man frisches Baguette.

ZUTATEN 4

400 g gemischte Pilze (z.B. Austernpilze, Steinpilze, Pfifferlinge)
1 Knoblauchzehe
2 Frühlingszwiebeln
1 kleines Stk. Ingwer
3 EL Sesamöl
2 EL Sojasauce
Salz und Pfeffer
½ Bd. Petersilie
1 Baguette (Stangenweißbrot)

VEGAN

Zubereitung: 20 Min.
Garzeit: ca. 10 Min.

Einkaufsliste

Zucchiniwaffeln

ZUTATEN 4

2 Zucchini
200 g Weizenvollkornmehl
2 TL Backpulver
2 Eier
100 ml Milch
4 EL Olivenöl
1 kleine Zwiebel
1 Knoblauchzehe
Salz und Pfeffer
½ Bd. Petersilie

VEGGIE

Außerdem:
Waffeleisen

Zubereitung: 30 Min.
Ruhezeit: mind. 15 Min.
Backzeit: ca. 15 Min.

Einkaufsliste

1 Zucchini waschen, Enden abschneiden und auf einem Küchenhobel raspeln. Zwiebel und Knoblauch schälen und fein hacken.

2 Mehl und Backpulver in einer großen Schüssel mischen. Eier, Milch und **2 EL** Olivenöl in einer weiteren Schüssel verquirlen, mit Salz und Pfeffer würzen und unter die Mehlmischung rühren. Zucchini, Knoblauch, Zwiebel und fein gehackte Petersilie dazugeben und einen glatten Teig herstellen. Diesen beiseite stellen und mind. 15 Min. ruhen lassen.

3 Zwischenzeitlich das Waffeleisen vorheizen, vor jeder Teigfüllung mit etwas Olivenöl auspinseln und die Waffeln nach und nach goldbraun herausbacken. Zu Zucchiniwaffeln schmeckt auch Kräuter- oder Frühlingsquark.

Ofenkürbis

ZUTATEN 4

1 Hokkaidokürbis
5 EL Olivenöl
Meersalz und Pfeffer
2 Knoblauchzehen
1 TL Paprikapulver (edelsüß)
1 TL Thymian (getrocknet)
150 g Ziegenfrischkäse
2 Zweige Minze

VEGGIE

Zubereitung: 20 Min.
Backzeit: ca. 25 Min.

Einkaufsliste

1 Kürbis waschen, vierteln, Kerngehäuse entfernen und in schmale Streifen schneiden. Knoblauchzehen schälen und fein hacken. Minze abspülen, trocken tupfen, Blättchen abzupfen und in feine Streifen schneiden.

2 In einer großen Schüssel Olivenöl, Knoblauch, Meersalz, Pfeffer, Paprikapulver und Thymian verrühren. Die Kürbisscheiben darin marinieren und anschließend auf ein mit Backpapier belegtes Backblech geben. Im vorgeheizten Backofen bei 200 °C Ober-/Unterhitze (Umluft 180 °C) ca. 25 Min garen, nach der Hälfte der Zeit einmal wenden. Zum Servieren Kürbisspalten mit der frischen Minze und dem zerbröckelten Ziegenfrischkäse bestreuen.

Polenta-Pizza

1 In einem Topf 400 ml Wasser aufkochen und Polenta Maisgrieß darin 5 Min. unter ständigem Rühren köcheln lassen. Anschließend Hitze reduzieren, Topf abdecken und 10 Min. quellen lassen.

2 Zwischenzeitlich Knoblauchzehen schälen, klein schneiden und mit der breiten Messerklinge flach drücken. Zusammen mit den Pizzatomaten (inkl. Saft) und 1 TL Salz in einem Mixbecher zu einer homogenen Tomatensauce verarbeiten.

3 Basilikum waschen, trocken tupfen und - bis auf ein paar ganze Blätter für die Dekoration - in feine Streifen schneiden. Mozzarella in einem Sieb abtropfen lassen.

4 Eine flache Auflaufform mit Olivenöl einpinseln, die fertige Polenta am Boden gleichmäßig verstreichen und ca. 20 Min. auskühlen lassen. Anschließend Tomatensauce darauf verstreichen, mit Oregano bestreuen und Mozzarellastücke darauf verteilen.

5 Im vorgeheizten Backofen bei 180 °C Ober-/Unterhitze (Umluft 160 °C) 15-20 Min. backen. Herausnehmen, mit den feinen Basilikumstreifen bestreuen und mit einigen ganzen Basilikumblättern garnieren.

ZUTATEN 4

200 g Polenta Maisgrieß
200 g Pizzatomaten (Dose/Glas)
2 Knoblauchzehen
1 TL Salz
1 EL Olivenöl
250 g Mozzarella
½ Bd. Basilikum
1 TL Oregano (getrocknet)

VEGGIE

Außerdem:
flache Auflaufform

Zubereitung: 20 Min.
Ruhe-/Kühlzeit. 30 Min.
Gar-/Backzeit: ca. 25 Min.

Einkaufsliste

Info

Polenta gehört in vielen Ländern Europas zur festen Kochtradition und war schon in Zeiten des Alten Roms Hauptnahrungsmittel. Der Name Polenta geht zurück auf das lateinische Wort „polenta", was so viel wie Gerstengraupen bedeutet.

Couscous-Salat

1 Couscous in einem Topf mit **2 EL** Olivenöl mischen und nach Packungsanleitung mit kochendem Wasser übergießen. Zugedeckt 10 Min. quellen lassen.

2 Zwischenzeitlich Zwiebel und Knoblauch schälen und fein hacken, Champignons säubern und halbieren. Paprika waschen, trockenreiben, halbieren und Kerngehäuse und Scheidewände entfernen. Paprika in feine Streifen schneiden. Cherrytomaten waschen, trockenreiben und halbieren, Petersilie abspülen, trocken tupfen und grob hacken.

3 In einer Pfanne das restliche Olivenöl erhitzen, Zwiebel und Knoblauch 2-3 Min. anschwitzen und das Gemüse dazugeben. Mit Salz, Pfeffer, 1 TL Harissa und ½ TL Cumin würzen und 4-5 Min. weitergaren. Anschließend Couscous und halbierte Cherrytomaten dazugeben, alles gut vermengen und nochmals 2-3 Min. ziehen lassen.

4 Zum Servieren warmen Couscous-Salat in Bowls anrichten und mit grob gehackter Petersilie bestreut servieren.

ZUTATEN

4

VEGAN

200 g Couscous
4 EL Olivenöl
1 Zwiebel
1 Knoblauchzehe
100 g Champignons
1 gelbe Paprika
Salz und Pfeffer
1 TL Harissa Chili Paste
½ TL Cumin (Kreuzkümmel)
80 g Cherrytomaten
½ Bd. Petersilie

Zubereitung: 20 Min.
Ruhezeit: 10 Min.
Garzeit: ca. 10 Min.

Einkaufsliste

Gebackener Blumenkohl

1 Blumenkohl von den äußeren Blättern befreien, den Strunk entfernen und Blumenkohl in Röschen teilen. Diese gründlich waschen und in einem großen Topf mit kochendem Salzwasser 8-10 Min. vorkochen. Herausnehmen und in einem Sieb abtropfen lassen.

2 Zwischenzeitlich 3 Eier in einer Schüssel verquirlen sowie Mehl und Panko Paniermehl auf 2 Tellern bereitstellen.

3 Den abgetropften Blumenkohl mit etwas Salz würzen, anschließend einzelnen in Mehl wenden, durch die verquirlten Eier ziehen und in Panko Paniermehl wälzen. Die Panade dabei leicht andrücken.

4 In einer großen Pfanne mit Butterschmalz nun panierten Blumenkohl knusprig braun herausbacken, dabei häufig wenden.

5 Pinienkerne in einer zweiten Pfanne ohne Öl kurz anrösten und zusammen mit grob gehackter Petersilie über den fertigen Blumenkohl streuen.

ZUTATEN 4

VEGGIE

1 Blumenkohl
3 Eier
100 g Mehl (Type 405)
100 g Panko Paniermehl
Salz
100 g Butterschmalz
½ Bd. Petersilie
50 g Pinienkerne

Zubereitung: 25 Min.
Garzeit: ca. 20 Min.

Einkaufsliste

Kalte Avocado-Gurkensuppe

ZUTATEN 4

- 1 Avocado
- 1 Zitrone
- 1 Salatgurke
- 1 Schalotte (milde Zwiebel)
- 1 Knoblauchzehe
- 300 g Naturjoghurt
- 1 EL Olivenöl
- Salz und Pfeffer
- 2 Zweige Minze

VEGGIE

Zubereitung: 20 Min.
Kühlzeit: ca. 2 Std.

Einkaufsliste

Tipp Vor allem an heißen Tagen schmeckt eine kalte Avocado-Gurkensuppe sehr erfrischend.

1 Avocado waschen, trockenreiben und längs, rundherum mit einem scharfen Messer bis zum Kern einschneiden. Mit gegensätzlicher Drehbewegung beider Hälften Avocado voneinander trennen, den Kern herausnehmen und das Fruchtfleisch mit einem großen Löffel herausschälen.

2 Fruchtfleisch der Avocado etwas klein schneiden, in einen sehr großen Mixbecher geben und mit frisch gepresstem Zitronensaft angießen.

3 Salatgurke waschen, trockenreiben, schälen und in Würfel schneiden, Schalotte und Knoblauch schälen und ebenfalls in den Mixbecher geben. Alles mit dem Naturjoghurt, 1 EL Olivenöl, Salz, Pfeffer und grob gehackter Minze gut pürieren und - je nach „Sämigkeit" - etwas kaltes Wasser dazugeben.

4 Suppe vor dem Servieren ca. 2 Std. kaltstellen. Anschließend in Bowls oder Gläser füllen, ein paar restliche Gurkenstückchen dazugeben und die Suppe mit ein paar Minzeblättchen garniert kalt servieren.

Falafel

ZUTATEN

4

200 g Kichererbsen (gekocht)
1 Zwiebel
1 Stange Lauch/Porree
3 Knoblauchzehen
2 Zweige Petersilie
2 Zweige Koriander
½ Zitrone
Salz und Pfeffer
2 TL Cumin (Kreuzkümmel)
1 TL Chiliflocken
1 EL Tahini-Sesampaste
1 l Pflanzenöl

VEGAN

Außerdem:
Wok oder Fritteuse

Zubereitung: 30 Min.
Garzeit: ca. 10 Min.

Einkaufsliste

1 Gekochte Kichererbsen vor der Verwendung in einem Sieb gut durchspülen und abtropfen lassen. Verwendet man getrocknete Kichererbsen, müssen diese 1 Tag vorher in Wasser eingelegt werden.

2 Zwiebel und Knoblauch schälen und klein hacken, Lauch putzen, waschen, der Länge nach halbieren und ebenfalls sehr klein schneiden. Petersilie und Koriander abspülen, trocken tupfen und fein hacken.

3 Kichererbsen und alle geschnittenen Zutaten in einen sehr großen Mixbecher geben und grob pürieren. Mit dem Saft ½ Zitrone, Salz, Pfeffer, Cumin, Chiliflocken und Tahini-Sesampaste würzen und alles gut verrühren. Aus der Masse werden anschließend kleine Bällchen geformt, welche in einem WOK oder einer Fritteuse mit dem Pflanzenöl goldbraun frittiert werden.

4 Falafel kann man auf einem Salatbett und mit verschiedenen Joghurt-Dips wie z.B. Minzjoghurt servieren.

Info Falafel sind frittierte Kichererbsen- oder Bohnenbällchen mit Kräutern und Gewürzen. Das Gericht entstammt der arabischen Küche. Falafel schmecken warm und kalt und können gekühlt einige Tage aufbewahrt werden.

Low Carb & Paleo

10. KAPITEL

Zucchini-Spaghetti (Zoodles)

LOW CARB

ZUTATEN

4

- 4 mittelgroße Zucchini
- 3 EL Olivenöl
- ½ Limette
- Meersalz, Salz und Pfeffer
- 2 Knoblauchzehen
- 2 Zweige Zitronenthymian
- 50 g getrocknete Tomaten (in Öl)
- 200 g Schafskäse (Feta)
- 100 g Pinienkerne
- 1 Msp. Chiliflocken

VEGGIE

Außerdem:
Spiralschneider

Zubereitung: 30 Min.
Garzeit: ca. 10 Min.

Einkaufsliste

1 Zucchini waschen, trockenreiben und die Enden abschneiden. Mit einem Spiralschneider in feine lange Streifen/Zoodles schneiden. Diese anschließend in einer Schüssel mit **1 EL** Olivenöl sowie Meersalz und Limettensaft marinieren.

2 Knoblauch schälen und klein schneiden, Thymian abspülen, trocken tupfen und fein hacken. Getrocknete Tomaten abtropfen lassen und in Stücke schneiden, Schafskäse in Würfel schneiden.

3 Pinienkerne in einer Pfanne ohne Öl goldbraun anrösten und beiseite stellen. Knoblauch im restlichen Olivenöl anbraten, getrocknete Tomaten, Chiliflocken und Thymian dazugeben und mit Salz und Pfeffer würzen. 2-3 Min. garen und dann vom Herd nehmen.

4 Zucchini-Spaghetti auf Tellern anrichten, mit den getrocknete Tomaten und Schafskäse-Würfeln belegen und mit gerösteten Pinienkernen bestreut servieren.

Info

Spiralschneider zum Herstellen von „Zoodles" werden im Handel in unterschiedlichsten Varianten angeboten. Vom einfachen Handschäler, bis zum professionellen Spiralschäler mit Kurbel, sind diese speziellen Gemüseschneider verfügbar.

Avocado-Sushi mit Forellenkaviar

LOW CARB

ZUTATEN
4

- 2 Mini-Gurken
- 100 g Rucola
- 1 Avocado
- 200 g Räucherforellenfilets
- 6 Nori-Blätter
- 2 EL Sesamöl
- 25 g Forellen Kaviar
- eingelegter Ingwer
- Sojasauce
- Wasabi Paste

Außerdem:
Bambusmatte zum Rollen

Zubereitung: 45 Min.

Einkaufsliste

1 Mini-Gurken waschen, schälen, halbieren und in längliche Spalten schneiden. Rucola waschen, putzen und auf Küchenpapier abtropfen lassen. Avocado waschen, mit einem Längsschnitt bis zum Kern halbieren, den Kern entfernen und das Fruchtfleisch mit einem großen Löffel von der Schale lösen. Anschließend in lange Streifen schneiden. Forellenfilets abspülen, trocken tupfen und in 1 cm breite Streifen schneiden.

2 Jeweils 1 Nori-Blatt quer auf eine befeuchtete Bambusmatte legen, dünn mit Sesamöl bestreichen und mittig, gleichmäßig mit Gurken- und Avocadostreifen, Forellenfilets und Rucola belegen. Bambusmatte über das Nori-Blatt schlagen, mit den Händen die Füllung festhalten und Nori-Blatt dabei eng aufrollen. Matte zurückschlagen, das Nori-Blattende mit etwas Wasser befeuchten und fest andrücken. Jede Rolle in der gleichen Reihenfolge herstellen und anschließend mit einem scharfen Messer in je 6 gleichgroße Stücke teilen.

3 Zum Anrichten Avocado-Sushi mit Forellenkaviar und einem Rucola-Blättchen dekorieren und mit eingelegtem Ingwer, Sojasauce und Wasabi Paste zum Dippen servieren.

Fusilli mit Pesto verde

1 **Low Carb Fusilli** nach Packungsanleitung in kochendem Salzwasser al dente zubereiten, abgießen und abtropfen lassen.

2 Zwischenzeitlich Pinienkerne in einer Pfanne ohne Öl 2-3 Min. anrösten, herausnehmen und etwas abkühlen lassen. Anschließend in einen großen Mixbecher füllen, geschälte Knoblauchzehe, gewaschene und grob zerkleinerte Basilikumblätter sowie fein geriebenen Hartkäse dazugeben. Mit Salz und Pfeffer würzen und, unter stetiger Zugabe des Olivenöls, mit einem Stab- oder Standmixer ein sämiges **Pesto verde** herstellen.

3 Pesto gut mit den Low Carb Nudel vermischen und alles auf Tellern anrichten. Mit ein paar Basilikumblättern garniert servieren.

LOW CARB

ZUTATEN 4

500 g Low Carb Fusilli
30 g Pinienkerne
125 ml Olivenöl
1 Knoblauchzehe
1 Bd. Basilikum
80 g Grana Padano
(ital. Hartkäse)
Salz und Pfeffer

VEGGIE

Zubereitung: 15 Min.
Garzeit: ca. 15 Min.

Einkaufsliste

Info

Der Begriff ***Low*** (wenig) ***Carb*** (Kohlehydrate) bezeichnet eine Ernährungsform bzw. Diät, bei der der Körper nur wenig Kohlehydrate aufnimmt. Dadurch stellt sich der Stoffwechsel mit der Zeit um und die vom Körper benötigte Energie wird aus Fett bzw. Fettreserven gewonnen.

Spargelsalat

LOW CARB

ZUTATEN

4

- 1,5 kg weißer Spargel
- Salz und Pfeffer
- 1 Pr. Zucker
- 1 EL Butter
- ½ Bd. Radieschen
- 1 Salatgurke
- 3 EL Weinessig
- 5 EL Olivenöl
- 1 TL Senf
- ½ Bd. Petersilie

VEGGIE

Zubereitung: 35 Min.
Garzeit: ca. 15 Min.
Ruhezeit: mind. 1 Std.

Einkaufsliste

1 Spargel waschen, schälen und die holzigen Enden abschneiden. In einem großen Topf Wasser zum Kochen bringen, 2 TL Salz, 1 Prise Zucker und 1 EL Butter dazugeben und den Spargel darin, bei reduzierter Hitze, 12-15 Min. bissfest garen. Die Länge der Kochzeit hängt von der Dicke der Spargelstangen ab.

2 Zwischenzeitlich Radieschen waschen und in sehr feine Scheiben schneiden, Salatgurke waschen, schälen, längs halbieren und in mundgerechte Stücke schneiden.

3 In einer großen Schüssel aus Weinessig, Öl, fein gehackter Petersilie, Senf sowie Salz und Pfeffer ein Dressing anrühren, Radieschen und Gurke dazugeben und den abgetropften und in 3-4 cm lange Stücke geschnittenen Spargel untermengen. Vor dem Verzehr Spargelsalat mind. eine Stunde durchziehen lassen.

Shakshuka

LOW CARB

ZUTATEN

4

- 800 g Pizzatomaten (Dose/Glas)
- 1 Bd. Frühlingszwiebeln
- 2 EL Olivenöl
- 3 Knoblauchzehen
- 1 TL Cumin (Kreuzkümmel)
- ½ TL Chiliflocken
- Salz und Pfeffer
- 4 Eier
- 2 Zweige Koriander

VEGGIE

Zubereitung: 20 Min.
Gar-/Backzeit: ca. 25 Min.

Einkaufsliste

1 Pizzatomaten in grobe Stücke zerteilen und den Tomatensaft mit auffangen. Frühlingszwiebeln putzen, waschen und in Ringe schneiden, Knoblauch schälen und in feine Scheiben schneiden. Koriander abspülen und klein schneiden.

2 In einer feuerfesten Pfanne Olivenöl erhitzen, Frühlingszwiebeln und Knoblauch 2-3 Min anschwitzen und Tomaten sowie Tomatensaft dazugeben. Alles mit Cumin, Chiliflocken sowie Salz und Pfeffer würzen und ca. 15 Min. köcheln lassen. Pfanne anschließend vom Herd nehmen und 4 aufgeschlagene Eier vorsichtig auf die Tomaten gleiten lassen. Eier mit Salz und Pfeffer würzen.

3 Bei 200 °C Ober-/Unterhitze (Umluft 180 °C) ca. 6-8 Min. garen, bis die Eier gestockt sind. Anschließend herausnehmen, mit Koriander bestreuen und das Gericht in der Pfanne servieren.

Blumenkohl-Pizza

LOW CARB

ZUTATEN 4

350 g Blumenkohl
2 Eier
150 g geriebener Mozzarella
Salz und Pfeffer
½ TL Paprikapulver (scharf)
1 rote Zwiebel
500 g Spitzpaprika
100 g Mais (Dose/Glas)
1 Bd. Basilikum
200 g Schafskäse (Feta)
200 g Fenchelsalami

Außerdem:
Tarte-Form oder
rundes Pizza-Blech

Zubereitung: 30 Min.
Backzeit: ca. 30 Min.

Einkaufsliste

1 Blumenkohl in grobe Röschen teilen, waschen, abtropfen lassen und anschließend mit einem Mixer oder einer Küchenmaschine zerkleinern. Es sollte dabei jedoch kein Brei entstehen!

2 In einer Schüssel die Eier verquirlen, Blumenkohl und Mozzarella dazugeben und das Ganze gut vermengen. Mit Salz und Paprikapulver abschmecken. Anschließend die Masse in eine mit Backpapier ausgelegte große Tarte-Form oder ein rundes Pizzablech streichen und fest andrücken. Den Blumenkohl-Boden im vorgeheizten Backofen bei 180 °C (Umluft) 20 Min. backen.

3 Zwischenzeitlich Zwiebel schälen, halbieren und in Streifen schneiden, Spitzpaprika waschen, trockenreiben und halbieren. Kerngehäuse und Scheidewände entfernen und ebenfalls in Streifen schneiden. Mais in ein Sieb abgießen und abtropfen lassen. Basilikum - bis auf ein paar Blätter - in feine Streifen schneiden, Schafskäse in kleine Würfel zerteilen.

4 Blumenkohl-Boden aus dem Backofen nehmen, sämtliche Zutaten und die in dünne Scheiben geschnittene Fenchelsalami gleichmäßig darauf verteilen und weitere 8-10 Min. bei 180 °C (Umuft) fertig backen. Zum Servieren mit Basilikumblättern garnieren.

Info

Blumenkohl ist ein sehr vielseitiges Gemüse, dass sich gut für *Low Carb* Gerichte eignet. Er ist sehr kalorienarm und enthält wichtige Mineralstoffe und Vitamine. Blumenkohl kann roh verzehrt werden, jedoch auch gedünstet, gekocht und überbacken.

Mexican Chicken

LOW CARB

ZUTATEN

4

500 g Hähnchenbrustfilet
2 TL Oregano (getrocknet)
2 TL Thymian (getrocknet)
2 TL Paprikapulver (edelsüß)
1 TL Cumin (Kreuzkümmel)
1 TL Currypulver
1 TL Chilipulver oder-flocken
Salz und Pfeffer
1 Limette
1 rote Paprika
1 gelbe Paprika
1 Chilischote
½ Brokkoli
1 Zucchini
1 Knoblauchzehe
1 rote Zwiebel
4 EL Olivenöl

Zubereitung: 30 Min.
Garzeit: ca. 25 Min.
Ruhezeit: ca. 15 Min.

Einkaufsliste

1 Hähnchenbrustfilet gründlich waschen, trocken tupfen und in Streifen bzw. mundgerechte Stücke schneiden. Aus Oregano, Thymian, Paprikapulver, Cumin, Currypulver, Chilipulver, Salz, Pfeffer und dem Saft **½** Limette eine Marinade anrühren und das Fleisch darin 15 Min. ziehen lassen.

2 Zwischenzeitlich Paprika und Chili waschen, trockenreiben, halbieren, das Kerngehäuse und die Scheidewände entfernen und klein schneiden. Brokkoli in kleine Röschen teilen, waschen und abtropfen lassen, Zucchini waschen und in mundgerechte Stücke schneiden. Knoblauchzehe schälen und klein hacken, Zwiebel schälen, halbieren und ebenfalls kleinwürflig schneiden.

3 In einer großen Pfanne mit **2 EL** Olivenöl die Hähnchenfleisch von allen Seiten scharf anbraten und 5-6 Min. garen, herausnehmen und warm stellen.

4 In der gleichen Pfanne mit dem restlichen Olivenöl Zwiebel und Knoblauch 2-3 Min. anschwitzen, anschließend Paprika, Chilischote, Zucchini und Brokkoli dazugeben. Mit der Hähnchenmarinade, Salz und Pfeffer würzen, den restlichen Limettensaft angießen und weitere 5 Min. garen.

5 Zum Schluss das Hähnchenfleisch wieder hinzugeben, unter das Gemüse mischen und 5 Min. weiterköcheln. Mexican Chicken in der Pfanne oder auf Tellern angerichtet heiß servieren.

Brokkoli-Cremesuppe

LOW CARB

ZUTATEN

4

VEGGIE

- 1 Brokkoli
- 1 Zwiebel
- 1 Knoblauchzehe
- ½ Bd. Petersilie
- 2 EL Olivenöl
- 750 ml Gemüsebrühe
- 100 ml Kochsahne
- Salz und Pfeffer
- 4 TL Kokosmilch
- 2 TL Chiliflocken
- 1 EL Salatkerne Mix
- 1 Zweig Minze

Zubereitung: 30 Min.
Garzeit: ca. 20 Min.

Einkaufsliste

1 Brokkoli in Röschen teilen, waschen und abtropfen lassen, den Strunk schälen und in kleine Stücke schneiden. Zwiebel schälen, halbieren und klein schneiden, Knoblauch schälen und klein hacken. Petersilie abspülen, trocken tupfen und fein hacken.

2 In einem großen Topf Olivenöl erhitzen, Zwiebel und Knoblauch darin 2-3 Min. anschwitzen und mit Gemüsebrühe aufgießen. Einmal kurz aufkochen lassen und Hitze reduzieren. Brokkoliröschen und Strunkstücke hinzugeben und 15 Min. köcheln lassen. Anschließend Sahne und Petersilie unterrühren und alles mit Salz und Pfeffer abschmecken.

3 Mit einem Stabmixer die Suppe fein pürieren, vom Herd nehmen und in Tellern portionieren. Jeweils mit einem TL Kokosmilch, etwas Chiliflocken, einigen Minzeblättchen und Salatkernen dekorieren und warm servieren.

Käse-Spargelomelett

LOW CARB

ZUTATEN

4

VEGGIE

800 g grüner Spargel
1 Bd. Kerbel
10 Eier
100 g Berg- oder Graukäse
Salz und Pfeffer
4 EL Butter

Zubereitung: 40 Min.
Garzeit: ca. 25 Min.

Einkaufsliste

1 Spargel waschen, Enden abschneiden und 5 Min. in Salzwasser vorkochen. Herausnehmen und in 3-4 cm lange, schräge Stücke schneiden. Kerbel abspülen, trocken tupfen und fein hacken.

2 Eier in einer Schüssel verquirlen und frisch geriebenen Berg- oder Graukäse unterrühren. Kleingehackten Kerbel dazugeben und Masse mit Salz und Pfeffer abschmecken.

3 Für jedes Omelett **1 EL** Butter in der Pfanne erhitzen und ein Viertel der Spargelstücke darin 2-3 Min. anbraten. Anschließend ein Viertel der Eiermasse dazu geben und weitere 3 Min. stocken lassen. Wenn der Omelett Boden leicht gebräunt ist, herausnehmen und warmhalten. Weitere Omeletts wie beschrieben herstellen und warm servieren.

Tomaten-Auberginenauflauf

LOW CARB

ZUTATEN

4

VEGGIE

500 g Tomaten
2 Auberginen
½ Bd. Petersilie
60 g Butter
50 g Parmesan (ital. Hartkäse)
250 g Saure Sahne
Salz und Pfeffer

Außerdem:
Auflaufform

Zubereitung: 20 Min.
Gar-/Backzeit: ca. 35 Min.

Einkaufsliste

1 Tomaten und Auberginen waschen, trockenreiben und in dünne Scheiben schneiden. Petersilie abspülen und klein hacken, Parmesan auf einer Küchenreibe fein hobeln.

2 In einer Pfanne **die Hälfte** der Butter erhitzen und Petersilie darin anschwitzen, die Tomaten und Auberginen dazugeben und alles mit Salz und Pfeffer würzen. Gemüse abgedeckt und bei mittlerer Hitze 10 Min. garen. Anschließend Saure Sahne und die Hälfte des Parmesan dazugeben, gut vermengen und alles in eine leicht gefettete Auflaufform geben.

3 Mit dem restlichen Parmesan und einigen Butterflocken bestreuen und im vorgeheizten Backofen bei 200 °C Ober-/Unterhitze (Umluft 180 °C) ca. 20 Min. überbacken. Herausnehmen und heiß servieren.

Tumbet mit geräucherten Sprotten

LOW CARB

ZUTATEN

4

2 Auberginen
2 Zucchini
2 rote Zwiebeln
2 Knoblauchzehen
400 ml Passierte Tomaten
8 getrocknete Tomaten (in Öl)
½ Zitrone
50 ml Olivenöl
1 TL Thymian (getrocknet)
1 TL Rosmarin (getrocknet)
Salz und Pfeffer
600 g geräucherte Sprotten (Heringsart)

Außerdem:
Auflaufform

Zubereitung: 25 Min.
Gar-/Backzeit: ca. 30 Min.

Einkaufsliste

1 Auberginen und Zucchini waschen, trockenreiben, Enden abschneiden und in 5 mm dicke Scheiben schneiden oder hobeln. Zwiebeln schälen und in feine Ringe schneiden, Knoblauch schälen und grob zerkleinern.

2 In einem Mixbecher Passierte Tomaten, getrocknete Tomaten, Knoblauch, Zitronensaft, Olivenöl sowie Thymian, Rosmarin, Salz und Pfeffer fein pürieren.

3 Eine Auflaufform mit etwas Öl einpinseln, Auberginen- und Zucchinischeiben mit den Zwiebelringen abwechselnd einschichten und mit der Tomatensauce überziehen. Im vorgeheizten Backofen bei 200 °C Ober-/Unterhitze (Umluft 180 °C) 30 Min. garen. Anschließend Tumbet etwas abkühlen lassen und mit den geräucherten Sprotten servieren.

Info Geräucherte Sprotten, auch *Kieler Sprotten* genannt, bezeichnen eine Fischspezialität, die als Ganzes verzehrt werden kann. Bei der Sprotte handelt es sich um einen heringsartigen Seefisch, der in Größen von 10-20 cm im Handel angeboten wird. Als Fanggebiete zählen neben Nord- und Ostsee auch der Nordost-Atlantik.

Brennnesselomelett mit Garnelen

PALEO

1 Garnelen auftauen lassen, in einem Sieb abspülen und evtl. noch vorhandene Schalen und Därme entfernen. Garnelen anschließend halbieren bzw. etwas zerkleinern und abgedeckt beiseite stellen.

2 Brennnesseln aus der Natur - benötigt werden zwei Hände voll - waschen, abtropfen lassen und fein hacken. Dabei einige ganze Blätter zurücklegen. **Achtung:** Brennnesseln nur mit Handschuhen verarbeiten!

3 Getrocknete Tomaten abtropfen lassen und in Streifen schneiden, Fenchelsaat in einem Mörser grob zerstoßen.

4 Die Eier in einer großen Schüssel verquirlen, mit 2 EL Wasser, den gehackten Brennnesseln und getrockneten Tomaten verrühren. Anschließend mit Steinsalz und Pfeffer würzen.

5 Etwas Ghee in einer Pfanne erhitzen, Garnelen darin 1-2 Min. scharf anbraten, herausnehmen und warmhalten.

6 Für jedes Omelett 1 EL Ghee in der Pfanne erhitzen, ein Viertel der Eiermischung und einige Garnelen dazugeben und bei schwacher Hitze zugedeckt ca. 5 Min. stocken lassen. Anschließend Omelett auf einen Teller gleiten lassen und umgedreht wieder in die Pfanne geben. Weitere 4-5 Min. auf der zweiten Seite fertig garen. Auf diese Weise alle Omeletts herstellen und zum Servieren mit einigen gut gewaschenen Brennnesselblättchen garnieren.

ZUTATEN 4

250 g Garnelen aus Wildfang (TK)
2 Handvoll Brennnesseln (aus der Natur)
4 getrocknete Tomaten (in Öl)
1 TL Fenchelsaat
8 Eier (Freilandhaltung)
Steinsalz
Pfeffer
5 EL Ghee (Butterfett)

Zubereitung: 20 Min.
Garzeit: ca. 40 Min.

Einkaufsliste

Pollackfilet im Gemüsemantel

1 Zuerst den Gurkensalat herstellen: Salatgurke gründlich waschen, halbieren und mit einem Gemüsehobel in feine Scheiben schneiden. Schnittlauch abspülen, trocken tupfen und in feine Röllchen schneiden. Den Saft **1 Zitrone** auspressen und mit Steinsalz, Ahornsirup und Schnittlauch verrühren.

2 Gurkenscheiben in eine Salatschüssel geben und mit der Zitronenmarinade übergießen. Alles gut vermengen und ca. 30 Min. ziehen lassen. Anschließend 4 EL Olivenöl untermischen und nochmals abschmecken.

3 Zwischenzeitlich die aufgetauten Fischfilets abspülen, trocken tupfen, mit dem Saft **½ Zitrone** beträufeln und beiseite stellen.

4 Dill abspülen, trocken tupfen und fein hacken, Zucchini waschen, Stielenden abschneiden, Karotten schälen und putzen. Zucchini und Karotten auf einer Gemüsereibe fein raspeln und in einem Sieb fest ausdrücken.

5 Eier in eine Schüssel aufschlagen, verquirlen und mit dem Dill, Steinsalz, Zitronenpfeffer und Muskatnuss würzen. Anschließend das Gemüse untermischen und aus der Masse 8 große Rösti formen.

6 Fischfilets mit Steinsalz und Pfeffer würzen und von beiden Seiten mit je einem Rösti ummanteln. Röstimasse dabei fest andrücken und die Filets vollständig damit umschließen.

7 Ghee in einer großen Pfanne erhitzen und die Filets bei mittlerer Hitze 4-5 Min. von jeder Seite goldbraun braten. Pollackfilets mit Gurkensalat auf Tellern anrichten und mit Zitronenspalten oder Zitronenhälften servieren.

PALEO

ZUTATEN 4

1 Salatgurke (Bio)
½ Bd. Schnittlauch
3 Zitronen
Steinsalz und Pfeffer
1 EL Ahornsirup
4 EL Olivenöl
4 Pollackfilets aus Wildfang (Alaska-Seelachs)
Zitronenpfeffer (gemahlen)
½ Bd. Dill
2 große Zucchini (grün und gelb)
300 g Karotten
2 Eier (Freilandhaltung)
Muskatnuss
2 EL Ghee (Butterfett)

Zubereitung: 45 Min.
Garzeit: ca. 10 Min.
Ruhezeit: ca. 30 Min.

Einkaufsliste

Rucola mit Feigen und Bacon

PALEO

ZUTATEN

4

250 g Rucola
6 reife Feigen
12 Scheiben Bacon (Bio-Ware)
50 g Pekannüsse
4 EL Olivenöl
2 EL dunkler Balsamicoessig
Steinsalz
Pfeffer
1 TL Honig
etwas Balsamico Creme

Zubereitung: ca. 25 Min.
Garzeit: 2-3 Min.

Einkaufsliste

1 Rucola abspülen, putzen und auf Küchenpapier abtropfen lassen. Feigen waschen und vierteln. Pekannüsse mit einem Messer oder im Mixer grob zerkleinern und in einer Pfanne ohne Öl kurz anrösten.

2 In einer Schüssel aus Olivenöl, Balsamicoessig, Steinsalz und Pfeffer ein Dressing anrühren und dieses mit 1 TL Honig verfeinern.

3 Rucola auf Tellern verteilen, geviertelte Feigen und die etwas zerkleinerten Baconscheiben gleichmäßig auflegen und das Ganze mit dem Balsamico Dressing überziehen. Wer mag, kann noch eine Spur Balsamico Creme darüber geben.

Grünkohlsuppe

PALEO

ZUTATEN

4

500 g Grünkohl
1 Staudensellerie
1 Zwiebel
1 Knoblauchzehe
2 EL Olivenöl
750 ml Gemüsebrühe
Salz und Pfeffer
½ Bd. Petersilie
2 EL Kokosmilch

VEGAN

Zubereitung: 30 Min.
Garzeit: ca. 30 Min.

Einkaufsliste

1 Grünkohlblätter gründlich waschen und in grobe Stücke zerteilen, Staudensellerie putzen, waschen und in Ringe schneiden. Zwiebel und Knoblauch schälen und klein schneiden, Petersilie abspülen, trocken tupfen und grob hacken.

2 Olivenöl in einem großen Topf erhitzen und die Zwiebel sowie den Knoblauch 2-3 Min. anschwitzen. Sellerie und Grünkohl dazugeben und weitere 5-6 Min. garen. Anschließend mit Gemüsebrühe aufgießen, mit Salz und Pfeffer würzen und ca. 20 Min. köcheln.

3 Zum Schluss gehackte Petersilie unterrühren und das Ganze mit einem Mixstab fein pürieren. Suppe in Tellern anrichten und mit etwas Kokosmilch sowie einem Grünkohlblättchen garniert servieren.

Zucchini-Lasagne

PALEO

ZUTATEN 4

2 Zwiebeln
2 Knoblauchzehen
4 Zucchini
1 EL Ghee (Butterfett)
800 g Hackfleisch (vom Bio-Rind)
2 EL italienische Kräuter (getrocknet)
1 EL Honig
Steinsalz
Pfeffer
800 ml Passierte Tomaten
100 ml Kokosmilch (Bio)
75 g Pinienkerne
etwas Öl

Außerdem:
Auflaufform

Zubereitung: 30 Min.
Gar-/Backzeit: ca. 55 Min.

Einkaufsliste

1 Zwiebeln und Knoblauch schälen und fein hacken. Zucchini waschen, trocknen reiben, Enden abschneiden und mit einem Gemüsehobel in lange, ca. 5 mm dicke Scheiben schneiden.

2 Ghee in einer großen Pfanne erhitzen, Rinderhackfleisch dazugeben und 3-4 Min. bei großer Hitze anbraten. Dabei mit einem Kochlöffel oder -spatel fein zerkrümeln. Anschließend Zwiebeln, Knoblauch und die italienischen Kräuter untermischen und weitere 2-3 Min. garen.

3 Hackfleischmasse mit 1 EL Honig, Steinsalz und Pfeffer würzen und mit den Passierten Tomaten sowie der Kokosmilch auffüllen. Alles bei geringer Hitze und abgedeckt 15 Min. weiterköcheln.

4 Danach eine Auflaufform mit etwas Öl auspinseln und abwechselnd Zucchinischeiben und Hackfleischmasse einfüllen. Die letzte Schicht sollte aus Hackfleisch bestehen. Pinienkerne (ganze oder grob gehackte) darüber streuen und die Zucchini-Lasagne bei 180 °C Ober-/Unterhitze (Umluft 160 °C) im vorgeheizten Backofen 30 Min. backen.

5 Anschließend portionieren, auf Tellern anrichten und die Zucchini-Lasagne heiß servieren.

Mangoldrouladen mit Süßkartoffeln

PALEO

ZUTATEN 4

16 Mangoldblätter
1 Zwiebel
1 Knoblauchzehe
300 g Süßkartoffeln
1 Stängel Zitronengras
600 g Hackfleisch (vom Bio-Schwein)
½ TL Cumin (Kreuzkümmel)
Steinsalz und Pfeffer
400 ml Kokosmilch (Bio)
200 ml Gemüsebrühe (Bio)
6 Kaffir Limettenblätter
1 EL Ghee (Butterfett)

Außerdem:
Küchengarn, Bräter mit Deckel

Zubereitung: 45 Min.
Gar-/Backzeit: ca. 35 Min.

Einkaufsliste

1 Mangoldblätter waschen und abtropfen lassen, anschließend Stiele keilförmig aus den Blättern schneiden und Stiele fein würfeln. Zwiebel und Knoblauch schälen und klein schneiden. Süßkartoffeln waschen, schälen und in 2 cm große Würfel schneiden. Vom Zitronengras die äußeren Blätter entfernen und den Rest fein hacken.

2 Hackfleisch in einer großen Schüssel mit den gewürfelten Mangoldstielen, Zwiebel, Knoblauch und Zitronengras 3-4 Min. verkneten und alles mit Cumin, Steinsalz und Pfeffer würzen.

3 Die Mangoldblätter in einem großen Topf mit kochendem Wasser jeweils 2 Min. blanchieren, in eiskaltem Wasser abschrecken und auf Küchenpapier abtropfen lassen.

4 Ein Küchentuch auf der Arbeitsfläche ausbreiten und jeweils zwei Mangoldblätter, etwas überlappend, aufeinanderlegen. Hackfleischmasse in 8 Portionen teilen und je 1 Portion auf das untere Drittel der Blätter geben. Die Längsseite des Mangolds über die Füllung klappen, die Blätter von unten her aufrollen und mit Küchengarn zu Päckchen verschließen.

5 Kokosmilch, Gemüsebrühe und Kaffir Limettenblätter in einem Topf kurz aufkochen lassen.

6 Zwischenzeitlich einen Bräter mit 1 EL Ghee einfetten und die Mangoldrouladen hineinsetzen. Mit dem Kokosmilchsud übergießen und verschlossen im vorgeheizten Backofen bei 200 °C Ober-/Unterhitze (Umluft 180 °C) 20 Min. garen.

7 Zuletzt die Süßkartoffelwürfel dazugeben und weitere 10 Min. im Backofen fertig garen. Mangoldrouladen mit Süßkartoffeln auf Tellern anrichten und heiß servieren.

Hähnchenkeulen aus dem Ofen

1 Hähnchenkeulen gründlich waschen und trocken tupfen. Knoblauchzehen schälen und fein hacken. Rosmarin von den Stielen abstreifen und die Nadeln grob zerkleinern. Chilischote waschen, halbieren, die Kerne entfernen und klein schneiden. Fenchelsaat in einem Mörser grob zerstoßen.

2 Die Hähnchenkeulen und sämtliche vorbereiteten Zutaten, zusammen mit dem Saft einer halben Zitrone und dem Olivenöl, in einen Gefrierbeutel geben. Mit Steinsalz und Pfeffer würzen, alles im Beutel gut vermischen und 30 Min. verschlossen darin marinieren.

3 Zwiebeln schälen und in Spalten schneiden, Paprika waschen, trockenreiben und halbieren. Die Kerngehäuse entfernen und Paprika in 3 cm große Würfel schneiden. Champignons mit einem Pinsel säubern, Stiele etwas anschneiden und die Pilze halbieren. Pastinaken waschen, schälen, Wurzelansatz entfernen und in Scheiben schneiden.

4 Hähnchenkeulen aus der Marinade nehmen, in eine mit 1 EL Ghee gefettete Auflaufform setzen und im vorgeheizten Backofen bei 200 °C Ober-/Unterhitze (Umluft 180 °C) 30 Min. goldbraun garen; dabei mehrmals wenden.

5 Anschließend Zwiebeln, Paprika, Champignons und Pastinaken mit zu den Hähnchenkeulen geben, mit der Gemüsebrühe angießen, mit fein gehacktem Thymian bestreuen und die Lorbeerblätter dazugeben.

6 Auflaufform nochmals in den Backofen geben und das Gericht weitere 20 Min. fertig garen. Herausnehmen und Hähnchenkeulen mit dem Gemüse auf Tellern anrichten.

PALEO

ZUTATEN 4

- 4 Hähnchenkeulen (Bio)
- 2 Knoblauchzehen
- 2 Zweige Rosmarin
- 1 Chilischote
- 1 TL Fenchelsaat
- Steinsalz und Pfeffer
- ½ Zitrone
- 50 ml Olivenöl
- 2 Zwiebeln
- 3 Paprika (grün, rot und gelb)
- 500 g frische Champignons
- 500 g Pastinaken
- 2 Zweige Thymian
- 2 Lorbeerblätter
- 200 ml Gemüsebrühe (Bio)
- 1 EL Ghee (Butterfett)

Außerdem:
Auflaufform, Gefrierbeutel

Zubereitung: 40 Min.
Gar-/Backzeit: ca. 50 Min.
Ruhezeit: ca. 30 Min.

Einkaufsliste

Wok & Currys

11. KAPITEL

Lammcurry mit Kichererbsen-Fladen

1 Lammschulter gründlich waschen und in 4 cm große Würfel schneiden. Knoblauch, Zwiebel und Ingwer schälen und grob hacken.

2 In einem großen Topf 3 EL Olivenöl erhitzen und Cumin dazugeben, 1-2 Min. andüsten. Anschließend Lammfleisch salzen und pfeffern, mit 2 EL Mehl bestäuben und in den Topf geben. Lamm 4-5 Min. von allen Seiten scharf anbraten. Grob zerkleinerte Pizzatomaten, Rosinen, Currypulver und Currypaste untermischen und das Ganze mit Lamm Fond aufgießen. Zugedeckt bei geringer Hitze 90 Min. köcheln lassen.

3 Zwischenzeitlich für die Fladen Kichererbsen- und Weizenmehl in eine Schüssel sieben, die Kräuter der Provence, 2 EL Olivenöl und Salz hinzugeben und nach und nach 200 ml lauwarmes Wasser hinzufügen. Durch Kneten zu einem festen Teig verarbeiten, beiseite stellen und mindestens 30 Min. ruhen lassen.

4 Anschließend den Teig in 8 Portionen aufteilen und jeden Teigling auf einer bemehlten Arbeitsfläche hauchdünn zu einem Fladen ausrollen. In einer großen beschichteten Pfanne die Fladen - ohne Öl - von beiden Seiten ca. 2 Min. backen.

5 Nach Ende der Garzeit Lammfleisch in Bowls umfüllen, jeweils mit 1 EL Joghurt überziehen und mit grob gehacktem Koriander dekoriert **heiß servieren**. Dazu die Kichererbsen-Fladen reichen.

Tipp

Für zartes und saftiges Lamm sollte man beim Kauf auf eine kräftig hell- bis dunkelrosa Fleischfarbe und eine schöne Fettmarmorierung achten!

ZUTATEN 4

Für das Curry:

1 Lammschulter (ohne Knochen)
1 Zwiebel
1 Knoblauchzehe
1 kleines Stk. Ingwer
Salz und Pfeffer
2 EL Mehl (Type 405)
½ TL Cumin (Kreuzkümmel)
3 EL Olivenöl
100 g Rosinen
400 g Pizzatomaten (Dose/Glas)
1 EL Currypulver
1 TL gelbe Currypaste
200 ml Lamm Fond
4 EL Joghurt, griechischer Art
½ Bd. Koriander

Für die Fladen:

250 g Kichererbsenmehl
100 g Weizenmehl (Type 1050)
1 TL Kräuter der Provence
2 EL Olivenöl
Salz
etwas Mehl

Zubereitung: 50 Min.
Garzeit: ca. 1 Std. 50 Min.
Ruhezeit: 30 Min.

Einkaufsliste

SRI LANKA

Garnelen in Kokosmilch

ZUTATEN 4

600 g Garnelen (TK)
1 Bd. Frühlingszwiebeln
1 Knoblauchzehe
1 kleines Stk. Ingwer
2 rote Chilischoten
2 Zweige Koriander
3 EL Erdnussöl
1 EL rote Currypaste
250 ml Kokosmilch
150 ml Krustentier Fond
4 Kaffir Limettenblätter
1 EL Fischsauce
2 EL Sojasauce

Außerdem:
WOK oder tiefe Pfanne

Zubereitung: 30 Min.
Garzeit: ca. 15 Min.

Einkaufsliste

1 Garnelen auftauen, gründlich waschen und - falls noch vorhanden - Schalen bis auf die Schwanzspitzen entfernen.

2 Frühlingszwiebeln putzen, waschen und in feine Ringe schneiden, Knoblauch schälen und klein hacken. Ingwer mit einem Löffel schälen und klein schneiden, Chilischoten waschen, trockenreiben und in feine Ringe schneiden. Koriander abspülen, trocken tupfen und sehr fein hacken.

3 Erdnussöl in einem WOK oder einer tiefen Pfanne stark erhitzen, Garnelen darin 2-3 Min. kräftig anbraten. Anschließend herausnehmen und warm stellen.

4 Nun den Knoblauch, den Ingwer und die Frühlingszwiebeln in den WOK geben, 1-2 Min. anbraten, Currypaste unterrühren und nochmals 1-2 Min. weiter garen. Mit Kokosmilch und Krustentier Fond aufgießen, die Kaffir Limettenblätter und den Koriander zugeben und einmal kräftig aufkochen lassen.

5 Hitze reduzieren, Garnelen mit in den WOK geben und alles 3 Min. sanft köcheln lassen. Zum Schluss mit Fisch- und Sojasauce abschmecken und in Schalen oder Bowls servieren.

Sesam-Rindfleischgemüse

ZUTATEN 4

100 g Sesamsaat
500 g Rinderlende (Filet)
1 kleines Stk. Ingwer
4 Knoblauchzehen
1 Zwiebel
4 EL Sojasauce
1 TL Zucker
Salz und Pfeffer
Cayennepfeffer (gemahlen)
½ Brokkoli
2 Paprika (rot und gelb)
3 EL Sesamöl
50 ml Gemüsebrühe

Außerdem:
WOK oder tiefe Pfanne

Zubereitung: 25 Min.
Garzeit: ca. 15 Min.
Ruhezeit: 1 Std.

Einkaufsliste

1 Sesamsaat in einer kleinen Pfanne ohne Öl erhitzen und schwenken, bis sie duftet. Herausnehmen und abkühlen lassen.

2 Rinderlende gründlich waschen, trocken tupfen und in schmale Streifen schneiden. Anschließend in einer Schüssel mit dem Sesam vermengen. Hinzu kommen geschälter, klein geschnittener Ingwer, geschälter und klein gehackter Knoblauch sowie die fein geschnittene Zwiebel. Alles mit dem Sesam-Fleisch gut vermengen und mit 3 EL Sojasauce, Zucker, Pfeffer und Cayennepfeffer kräftig würzen. Nochmals gut unterrühren und das Fleisch 1 Std. zum „Durchziehen" kaltstellen.

3 Brokkoli in kleine Röschen teilen, waschen und abtropfen lassen. Paprika waschen, trockenreiben, halbieren, Kerngehäuse und Scheidewände entfernen und in feine Streifen schneiden.

4 Sesamöl im WOK heiß werden lassen, Rindfleisch mit der Marinade hinzugeben und von allen Seiten 5-6 Min. scharf anbraten. Anschließend Brokkoli und Paprikastreifen dazugeben, 2-3 Min. weiter garen und mit der Gemüsebrühe ablöschen. Nochmals mit etwas Sojasauce abschmecken und in 3-4 Min. fertiggaren. Sesam-Rindfleischgemüse heiß servieren.

Entencurry mit Okra Schoten

1 Die Entenbrüste gut abwaschen, trocken tupfen und auf der Hautseite mit einem scharfen Messer kreuzförmig die Fettschicht einschneiden. Mit Fünf-Gewürz-Pulver bestreuen und mit Sojasauce beträufeln. Zugedeckt ca. 20 Min. marinieren lassen.

2 Zwischenzeitlich die Okra Schoten waschen und die Enden und Stielansätze etwas kappen; dabei die Frucht nicht verletzen, sonst tritt eine schleimige Flüssigkeit aus. Okra Schoten in kochendem Salzwasser 4-5 Min. blanchieren und in kaltem Wasser abschrecken.

3 Zwiebel und Knoblauch schälen, halbieren und klein schneiden, Strohpilze in ein Sieb abgießen, abspülen und abtropfen lassen.

4 Zum Garen der Entenbrüste den WOK mit 1 EL Erdnussöl stark erhitzen und das Entenfleisch auf der Hautseite 4-5 Min. kross anbraten. Anschließend wenden und die Fleischseite nochmals 2-3 Min. anbraten. Entenbrüste aus dem WOK nehmen und warm stellen.

5 Im gleichen WOK nun Zwiebel, Knoblauch, Strohpilze und Okra Schoten 2-3 Min. schwenken bzw. "Pfannenrühren" und danach mit Gemüsebrühe und Kokosmilch aufgießen. Currypaste und Austernsauce einrühren und weitere 2 Min. köcheln lassen.

6 Zum Schluss die Entenbrüste in Scheiben schneiden, unter das Curry mischen, mit dem fein gehackten Koriander bestreuen und in Schalen oder Bowls anrichten.

ZUTATEN 4

2 Entenbrüste (ca. 800 g)
½ TL Fünf-Gewürz-Pulver
1 EL Sojasauce
400 g Okra Schoten
1 Zwiebel
2 Knoblauchzehen
200 g Strohpilze (Dose/Glas)
1 EL Erdnussöl
250 ml Gemüsebrühe
400 ml Kokosmilch
1 EL grüne Currypaste
1 EL Austernsauce (Oyster Sauce)
1 Zweig Koriander

Außerdem:
WOK oder tiefe Pfanne

Zubereitung: 35 Min.
Garzeit: ca. 20 Min.
Ruhezeit: ca. 20 Min.

Einkaufsliste

Mie Goreng

1 Zuerst eine Würzpaste wie folgt herstellen: Die Zwiebel schälen, halbieren und fein würfeln, Knoblauchzehe schälen und fein hacken. Den Ingwer mit einem Löffel schälen und ebenfalls sehr fein schneiden. In einem Mörser ½ TL Pfefferkörner zerstoßen und anschließend Zwiebel, Knoblauch und Ingwer hinzugeben. Mit etwas Salz würzen und alles zu einer feinen Paste verreiben.

2 Die Riesengarnelen (TK vorher auftauen) abspülen, Schalen und evtl. noch vorhandene Därme entfernen und auf Küchenpapier abtropfen lassen.

3 Mie Nudeln in einen Topf geben und nach Packungsanleitung mit kochend heißem Wasser übergießen. Darin 4-5 Min. ziehen lassen, abgießen und abtropfen lassen.

4 Pak Choi waschen und in dünne Streifen schneiden, Frühlingszwiebel putzen und in feine Ringe schneiden. Zuckerschoten abspülen und schräg halbieren, Sojabohnen Sprossen in einem Sieb abtropfen lassen. Chilischote waschen, trockenreiben und in feine Ringe schneiden.

5 In einem WOK **2 EL** Sesamöl stark erhitzen und die beiden Eier - unter ständigem Rühren - zu einem Rührei braten. Herausnehmen und beiseite stellen.

6 Nun das restliche Sesamöl im WOK erhitzen, die Würzpaste hinzugeben und 2-3 Min. garen. Chilischote, Pak Choi, Frühlingszwiebeln, Zuckerschoten, Sojasprossen und Sambal Oelek dazugeben und alles weitere 1-2 Min. „Pfannenrühren". Anschließend die Garnelen, die Mie Nudeln und das fertige Rührei hinzugeben und unter Rühren nochmals 2-3 Min. weitergaren.

7 Das Mie Goreng mit Sojasauce, Sweet Chili Sauce sowie Salz und Pfeffer abschmecken, nochmals verrühren und in Bowls servieren.

ZUTATEN 4

1 Zwiebel
1 Knoblauchzehe
1 kleines Stk. Ingwer
½ TL schwarze Pfefferkörner
400 g Riesengarnelen
250 g Mie Nudeln
1 Pak Choi (Blätterkohl)
3 Frühlingszwiebeln
200 g Zuckerschoten
100 g Sojabohnen Sprossen
1 rote Chilischote
5 EL Sesamöl
2 Eier
1 TL Sambal Oelek
1 EL Sojasauce
1 EL Sweet Chili Sauce
Salz und Pfeffer

Außerdem:
WOK oder tiefe Pfanne

Zubereitung: 30 Min.
Garzeit: ca. 15 Min.

Einkaufsliste

Chop Suey

1 Rinderfilet gut waschen, trocken tupfen und in feine Streifen schneiden. In einer Schüssel Mirin Reiswein, Sojasauce und Sesamöl mischen und das Fleisch damit marinieren. Abgedeckt 20 Min. ruhen lassen.

2 Zwiebel schälen und in sehr feine Ringe schneiden, Knoblauchzehen schälen und klein hacken. Frühlingszwiebeln putzen, waschen und in 3 cm lange Stücke schneiden. Champignons mit einem Pinsel putzen, die Stiele abtrennen und in Scheiben schneiden. Brokkoli in Röschen teilen, 3-4 Min. kochend blanchieren und abtropfen lassen.

3 Zuckerschoten waschen und schräg halbieren, Wasserkastanien und Bambussprossen in einem Sieb abtropfen lassen und danach die Wasserkastanien in Scheiben schneiden. Thai-Basilikum abspülen und in feine Streifen schneiden.

4 Anschließend **2 EL** Erdnussöl im WOK stark erhitzen, Rinderfiletstreifen dazugeben und 3-4 Min. kräftig anbraten. Herausnehmen und warm stellen. Den WOK mit Küchenpapier ausreiben und anschließend das restliche Erdnussöl hineingeben. Zwiebel, Knoblauch und Frühlingszwiebeln 1-2 Min. anschwitzen, Champignons und Brokkoli untermischen und weitere 2-3 Min. „Pfannenrühren". Danach Zuckerschoten, Wasserkastanien und Bambussprossen zufügen und 1 Min. weiterrühren.

5 Das Rindfleisch zum Gemüse in den WOK geben und alles mit Austernsauce, Salz und Zitronenpfeffer würzen, einmal aufkochen und dann sofort mit etwas Thai-Basilikum bestreut servieren. Dazu passen z.B. Mie-Nudeln.

ZUTATEN 4

400 g Rinderfilet
1 EL Mirin Reiswein
1 EL Sojasauce
1 TL Sesamöl (geröstet)
1 Zwiebel
2 Knoblauchzehen
1 Bd. Frühlingszwiebeln
200 g frische Champignons
1 kleiner Brokkoli
150 g Zuckerschoten
200 g Wasserkastanien (Dose)
50 g Bambussprossen
3 EL Erdnussöl
1 EL Austernsauce (Oyster Sauce)
Salz
Zitronenpfeffer (gemahlen)
1 Zweig Thai-Basilikum

Außerdem:
WOK oder tiefe Pfanne

Zubereitung: 35 Min.
Garzeit: ca. 20 Min.
Ruhezeit: 20 Min.

Einkaufsliste

Süßkartoffel-Kichererbsencurry

ZUTATEN 4

400 g Süßkartoffeln
400 g Kichererbsen (gekocht)
2 Knoblauchzehen
1 kleines Stk. Ingwer
½ Bd. Frühlingszwiebeln
3 EL Erdnussöl
½ TL Kurkuma (gemahlen)
2 EL gelbe Currypaste
Salz und Pfeffer
250 ml Kokosmilch
½ Limette
2 Zweige Koriander

VEGAN

Außerdem:
WOK oder tiefe Pfanne

Zubereitung: 20 Min.
Garzeit: ca. 20 Min.

Einkaufsliste

1 Süßkartoffeln waschen und in kochendem Salzwasser 10 Min. vorgaren, herausnehmen und etwas abkühlen lassen. Anschließend schälen und in 2 cm große Würfel schneiden.

2 Knoblauch und Ingwer schälen und klein hacken, Frühlingszwiebeln putzen, waschen und in 1 cm breite Ringe schneiden.

3 Erdnussöl im WOK stark erhitzen. Knoblauch, Ingwer, Frühlingszwiebeln und Süßkartoffel 2-3 Min. scharf anbraten. Mit Kokosmilch aufgießen und die Kichererbsen dazugeben. Mit Kurkuma, Currypaste, Salz, Pfeffer und dem Saft einer halben Limette würzen. 15 Min. köcheln lassen und mit grob gehacktem Koriander bestreut servieren. Dazu passt schnell zubereiteter Reis.

Verschiedene Reissorten

Basmati Reis • Brauner Reis • Jasmin Duftreis • Klebreis • Langkorn Reis
Roter Reis • Rundkorn Reis • Schwarzer Reis • Vollkornreis • Wildreis

Hähnchen und Garnelen mit Bratreis

ZUTATEN 4

Für den Bratreis:

300 g Basmati Reis
2 Eier
1 EL Sojasauce
1 TL Sambal Oelek
1 EL Kokosöl
1 TL Kurkuma (gemahlen)

Für Hähnchen und Garnelen:

2 Hähnchenbrustfilets
2 EL Sojasauce
1 EL Sweet Chili Sauce
300 g Garnelen
2 Knoblauchzehen
1 rote Chilischote
1 kleines Stk. Ingwer
200 g Champignons
4 EL Erdnussöl
1 Bd. Frühlingszwiebeln
200 g Zuckerschoten
1 Limette
3 Kaffir Limettenblätter
Salz und Pfeffer
100 ml Geflügelbrühe

Außerdem:
WOK oder tiefe Pfanne

Zubereitung: 45 Min.
Garzeit: ca. 35 Min.
Ruhezeit: mind. 20 Min.

Einkaufsliste

1 Basmati Reis in einem Topf mit Salzwasser nach Packungsanleitung garen. Anschließend in ein Sieb abgießen, mit kaltem Wasser gründlich abspülen und abtropfen lassen.

2 Zwischenzeitlich Hähnchenbrustfilets gut waschen, trocken tupfen und in Streifen schneiden. In einer Schüssel mit 2 EL Sojasauce und 1 EL Sweet Chili Sauce vermengen und mindestens 20 Min. abgedeckt marinieren.

3 Garnelen waschen und trocken tupfen, Knoblauch schälen und fein hacken. Chilischote waschen, trockenreiben und in feine Ringe schneiden, Champignons putzen und in Scheiben schneiden. Frühlingszwiebeln putzen, waschen und in 1 cm breite Ringe schneiden, Zuckerschoten waschen und schräg halbieren.

4 **Zwei EL** Erdnussöl im WOK stark erhitzen und das Hähnchenfleisch sowie die Garnelen 3-4 Min. kräftig anbraten. Anschließend herausnehmen und warm stellen. Weitere 2 EL Erdnussöl in den WOK geben, Knoblauch, Chilischote, Champignons, Frühlingszwiebeln, Zuckerschoten und klein geschnittenen Ingwer dazugeben und alles 2-3 Min. kräftig anbraten; dabei ständig rühren.

5 Anschließend mit Geflügelbrühe aufgießen, Saft und Schalenabrieb einer Limette sowie die Kaffir Limettenblätter dazugeben und mit Salz und Pfeffer würzen. Zugedeckt weitere 2 Min. garen und zum Schluss Hähnchenfleisch und Garnelen untermischen.

6 In einer Schüssel 2 Eier mit 1 EL Sojasauce und 1 TL Sambal Oelek verquirlen. In einer weiteren Pfanne das Kokosöl stark erhitzen und Basmati Reis darin 3-4 Min. anbraten. Mit Kurkuma würzen und die Eiermischung darüber gießen. Unter ständigem Rühren und Wenden den Reis weitere 2 Min. braten und anschließend mit Hühnchen und Garnelen servieren.

Fischcurry mit Kokosnuss

ZUTATEN 4

500 g Kabeljaufilets
½ Zitrone
Salz und Pfeffer
3 Frühlingszwiebeln
2 Knoblauchzehen
1 kleines Stk. Ingwer
1 rote Paprika
4 EL Pflanzenöl
½ TL Cumin (Kreuzkümmel)
1 TL Chiliflocken
¼ TL Bockshornklee (getrocknet)
500 ml Gemüsebrühe
200 g Kokosnusspaste
2 Zweige Koriander

Außerdem:
WOK oder tiefe Pfanne

Zubereitung: 25 Min.
Garzeit: ca. 15 Min.

Einkaufsliste

1 Kabeljaufilets abspülen und trocken tupfen, anschließend in mundgerechte Stücke zerteilen. Mit dem Saft einer halben Zitrone beträufeln und salzen.

2 Frühlingszwiebeln putzen, waschen und in feine Ringe schneiden, Knoblauch und Ingwer schälen und klein hacken. Paprika waschen, trockenreiben, halbieren, Kerngehäuse und Scheidewände entfernen und in schmale Streifen schneiden. Koriander abspülen, trockentupfen und fein hacken.

3 **Zwei EL** Pflanzenöl im WOK heiß werden lassen, Frühlingszwiebeln, Knoblauch und Ingwer dazugeben und 2-3 Min. scharf anbraten. Anschließend das restliche Öl sowie Paprikastreifen hinzugeben und mit Cumin, Chiliflocken, Bockshornklee und Pfeffer würzen. Nochmals 1-2 Min. garen und mit der Gemüsebrühe aufgießen.

4 Die Kokosnusspaste einrühren, einmal kurz aufkochen lassen und das Fischfilet dazugeben. Die Hitze im WOK reduzieren und das Curry 5-6 Min. „ziehen" lassen. Anschließen in Schalen oder Bowls anrichten und mit frischem Koriander bestreuen.

Straußenpfanne mit Capunti Nudeln

ZUTATEN 4

Für die Capunti Nudeln:
100 g Hartweizengrieß
100 g Weizenmehl (Type 405)
Salz
Muskatnuss
100 ml Mineralwasser

Für das Straußenfilet:
500 g Straußenfilet
2 EL Szechuanpfeffer
1 TL Sesamöl (geröstet)
1 Zwiebel
2 Knoblauchzehen
200 g Zuckerschoten
200 g Wasserkastanien (Dose)
½ Bd. Koriander
2 EL Erdnussöl
1 EL Sojasauce
1 EL Austernsauce (Oyster Sauce)
Salz und Pfeffer

Außerdem:
WOK oder tiefe Pfanne

Zubereitung: 60 Min.
Garzeit: ca. 25 Min.
Ruhezeit: 1 Std. 20 Min.

Einkaufsliste

1 Zuerst den Teig für die selbstgemachten Capunti Nudeln herstellen: Hierzu Hartweizengrieß, Weizenmehl, ½ TL Salz und etwas Muskatnuss in eine Rührschüssel geben, alles gut vermengen und nach und nach mit Mineralwasser zu einem Teig verkneten. Den Teig so lange kneten, bis sich der anfangs sehr krümelige Teig zu einer glatten Kugel formen lässt. Die Teigkugel dann in Klarsichtfolie einwickeln und ca. 1 Std. im Kühlschrank ruhen lassen.

2 Zwischenzeitlich Straußenfilet gut abspülen, trocken tupfen und in dünne Streifen schneiden. Mit **1 EL** zerstoßendem Szechuanpfeffer und Sesamöl einreiben. Anschließend abgedeckt beiseite stellen und 20 Min. marinieren lassen.

3 Zwiebel und Knoblauchzehen schälen und klein schneiden, Zuckerschoten waschen und schräg halbieren. Wasserkastanien in einem Sieb abtropfen lassen und anschließend in Scheiben schneiden. Koriander abspülen, trocken tupfen und fein hacken.

4 Nun den Nudelteig in 4 Teile schneiden und auf einer leicht bemehlten Arbeitsfläche jeweils zu Strängen mit einem Durchmesser von 6-8 mm ausrollen. Anschließend diese in ca. 3 cm große Stücke schneiden und nochmals leicht mit Mehl bestäuben. Zum Formen der Capunti Nudeln die Teiglinge mit Hilfe des Zeige- und Mittelfingers, unter leichtem Druck auf die Arbeitsfläche, an der Längsseite zu sich ziehen, so dass sich der Teig leicht um die Fingerspitzen wölbt. Nicht umstülpen! In einem Topf mit kochendem Salzwasser die Nudeln ca. 10 Min. garen.

5 Zwischenzeitlich das Straußenfilet im heißen WOK mit Erdnussöl scharf anbraten und 3-4 Min. „Pfannenrühren". Herausnehmen und warm stellen.

6 Im gleichen WOK Zwiebel, Knoblauch, Zuckerschoten und Wasserkastanien 2-3 Min. anbraten und Austernsauce, Salz und den restlichen Szechuanpfeffer dazugeben. Straußenfilet und Fleischsaft wieder in den WOK geben, gut untermengen und bei leichter Hitze noch 4-5 Min. „ziehen" lassen. Am Schluss mit fein gehacktem Koriander bestreuen.

7 Zuletzt die fertig gegarten Nudeln in ein Sieb abgießen, gut abtropfen lassen und zusammen mit der Straußenpfanne auf Tellern, in Schüsseln oder Bowls heiß servieren.

Glasnudeln aus dem WOK

ZUTATEN 4

100 g Glasnudeln
4 Karotten
1 Salatgurke
1 Chilischote
2 EL Erdnussöl
½ Limette
1 EL brauner Zucker
½ TL Harissa Chili Paste
1 EL Sojasauce
1 TL Sesamöl
1 EL No Fish-Sauce (vegan)

VEGAN

Außerdem:
Spiralschneider,
WOK oder tiefe Pfanne

Zubereitung: 25 Min.
Garzeit: ca. 10 Min.

Einkaufsliste

1 Glasnudeln in der Länge einmal teilen und in einen Topf geben. Mit kochend heißem Wasser übergießen und 2-3 Min. darin ziehen lassen. Herausnehmen und in einem Sieb abtropfen lassen.

2 Karotten waschen und schälen, Salatgurke waschen. Das Gemüse mit einem Spiralschneider in feine Streifen schneiden (Zoodles), Gurkenstreifen dabei nochmals in der Länge halbieren. Chilischote waschen, trockenreiben und in feine Ringe schneiden.

3 Das Erdnussöl im WOK stark erhitzen und darin Karotten, Gurke und Chilischote unter Rühren 3 Min. garen. 100 ml lauwarmes Wasser aufgießen und weiterköcheln, bis das Wasser verkocht ist. Anschließend mit dem Saft einer halben Limette, braunem Zucker, Harissa Chili Paste, Sojasauce, Sesamöl sowie No Fish-Sauce würzen. Die Glasnudeln dazugeben, gut untermengen und nochmals 2-3 Min. „Pfannenrühren".

4 Anschließend den Glasnudelsalat in Schüsseln oder Bowls verteilen und möglichst noch warm servieren.

Tipp *Glasnudelsalat* ist eine fernöstliche Wok-Spezialität, die sich sehr individuell mit den unterschiedlichsten Zutaten kombinieren lässt. Hierzu zählen Shiitake-Pilze, Mungobohnen-Keimlinge, Paprika, Frühlingszwiebeln, Tofu oder auch süße Komponenten wie Papaya und Mango.

Grünes Curry mit Muscheln und Klebreis

ZUTATEN 4

300 g Klebreis
1 kg Grünschalmuscheln (TK)
1 Zwiebel
2 Knoblauchzehen
1 grüne Chilischote
1 Bd. Frühlingszwiebeln
½ Salatgurke
1 grüne Paprika
200 g Zuckerschoten
1 kleiner Brokkoli
100 g Stangenbohnen
Salz
3 EL Erdnussöl
250 ml Gemüsebrühe
50 g Kokosnusspaste
1 EL grüne Currypaste
1 TL Palmzucker
2 EL Sojasauce
1 Zweig Koriander

Außerdem:
WOK oder tiefe Pfanne

Zubereitung: 55 Min.
Garzeit: ca. 40 Min.
Ruhezeit: mind. 2 Std.

Einkaufsliste

1 Zuerst den Klebreis zubereiten: Reis so lange in kaltem Wasser waschen, bis dieses nicht mehr trüb ist. Anschließend den Reis in 450 ml Wasser mit etwas Salz für mind. 2 Std. einweichen. Danach den Reis kurz aufkochen lassen, Hitze reduzieren und ca. 25 Min. bei geschlossenem Deckel garen.

2 Zwischenzeitlich die Grünschalmuschel (auch **Green-Shell-Muscheln** genannt) auftauen, abwaschen/abbürsten und in einem Sieb abtropfen lassen.

3 Zwiebel und Knoblauch schälen und fein hacken, Chilischote waschen, trockenreiben und in feine Ringe schneiden. Frühlingszwiebeln putzen, waschen und in 1 cm breite Ringe schneiden, Salatgurke schälen, mit einem Löffel das Kerngehäuse entfernen und in 1 cm breite Scheiben schneiden.

4 Paprika waschen, trockenreiben, halbieren, Kerngehäuse entfernen und in Streifen schneiden. Zuckerschoten waschen und schräg halbieren, Brokkoli in kleine Röschen teilen, waschen und abtropfen lassen. Stangenbohnen waschen, die Enden entfernen und halbieren.

5 Anschließend die Bohnen in kochendem Salzwasser 5-6 Min. bissfest garen, herausnehmen und in kaltem Wasser abschrecken.

6 Erdnussöl im WOK stark erhitzen, Zwiebel, Knoblauch und Chiliringe darin unter Rühren 2-3 Min. scharf anbraten. Danach Frühlingszwiebeln, Gurke, Paprika, Zuckerschoten, Brokkoli und Bohnen hinzugeben und weitere 2-3 Min. bissfest garen. Nun die Gemüsebrühe aufgießen, Kokosnusspaste und Currypaste einrühren und mit Salz, Palmzucker und Sojasauce würzen. Die Muscheln mit einlegen und zugedeckt, bei geringer Hitze, 2-3 Min. köcheln lassen.

7 Zum Servieren den Klebreis mit der Gabel etwas auflockern und zusammen mit dem grünen Curry, das noch mit frisch gehacktem Koriander bestreut wird, servieren.

Lachscurry mit schwarzem Reis

1 Schwarzen Reis in einem Sieb gründlich waschen, in einen Kochtopf geben und mit 500 ml Wasser auffüllen. Kurz einweichen lassen und einmal aufkochen. Anschließend bei mäßiger Hitze ca. 35 Min. köcheln, bis das gesamte Wasser aufgesogen ist. (evtl. abweichende Angaben auf der Verpackung beachten!)

2 Zwischenzeitlich das Lachsfilet gut abspülen, trocken tupfen und in 3 cm große Würfel schneiden. Koriandersaat in einem Mörser fein zerstoßen, den Lachs damit einreiben und das Ganze mit dem Saft einer halben Limette beträufeln und kalt stellen.

3 Mu-Err Pilze kurz waschen, anschließend mit heißem Wasser übergießen und 10 Min. einweichen lassen.

4 Knoblauchzehen schälen und fein hacken, Frühlingszwiebeln putzen, waschen und in 1 cm breite Ringe schneiden. Mungobohnen-Keimlinge in ein Sieb abgießen, abspülen und abtropfen lassen.

5 Erdnussöl im WOK stark erhitzen, Knoblauch, Frühlingszwiebeln, Mungobohnen und Mu-Err Pilze dazugeben und 2-3 Min. kräftig anbraten. Lachswürfel, Currypaste und Kokosmilch zugeben und bei geringer Hitze 3-4 Min. köcheln lassen.

6 Lachscurry mit Salz, Palmzucker und Fischsauce abschmecken, mit fein geschnittenem Thai-Basilikum bestreuen und mit dem schwarzen Reis servieren. Den Reis salzt man - nach Belieben - erst kurz vorher mit etwas Meersalz.

ZUTATEN 4

200 g Schwarzer Reis
Meersalz
600 g Lachsfilet
1 TL Koriandersaat
½ Limette
20 g getrocknete Mu-Err Pilze
2 Knoblauchzehen
1 Bd. Frühlingszwiebeln
50 g Mungobohnen-Keimlinge
3 EL Erdnussöl
2 EL rote Currypaste
400 ml Kokosmilch
Salz
1 TL Palmzucker
1 EL Fischsauce
4 Zweige Thai-Basilikum

Außerdem:
WOK oder tiefe Pfanne

Zubereitung: 30 Min.
Garzeit: ca. 45 Min.
Ruhezeit: 10 Min.

Einkaufsliste

Scharfe Mango-Garnelen

1 Garnelen (TK vorher auftauen) gut waschen und - falls noch vorhanden - Schalen entfernen. Auf Küchenpapier abtropfen lassen. Ingwer mit einem Löffel schälen und sehr klein schneiden. Zusammen mit der Sojasauce in eine Schüssel geben und darin die Garnelen abgedeckt mind. 20 Min. marinieren.

2 Knoblauch schälen und fein hacken, Chilischoten waschen, trockenreiben und in feine Ringe schneiden. Frühlingszwiebeln putzen, waschen und in 1 cm breite Ringe schneiden.

3 Mangos waschen, trockenreiben und schälen. Anschließend seitlich neben dem Kern, der sich in der Mitte der Mango befindet und 2-3 cm groß ist, 2 Hälften abschneiden. Vom verbleibenden Mittelteil mit dem Kern das restliche Fruchtfleisch ablösen. Mango dann in mundgerechte Stücke/Spalten schneiden.

ZUTATEN 4

500 g Garnelen (frisch oder TK)
1 kleines Stk. Ingwer
1 EL Sojasauce
1 Knoblauchzehe
2 rote Chilischoten
1 Bd. Frühlingszwiebeln
2 Mangos
2 Zweige Thai-Basilikum
4 EL Erdnussöl
250 ml Gemüsebrühe
2 EL Sweet Chili Sauce
Salz und Pfeffer

Außerdem:
WOK oder tiefe Pfanne

Zubereitung: 40 Min.
Garzeit: ca. 25 Min.
Ruhezeit: mind. 20 Min.

Einkaufsliste

4 In einem WOK **2 EL** des Erdnussöls stark erhitzen und die Garnelen darin 3-4 Min. anbraten. Herausnehmen und warm stellen. Im gleichen WOK mit dem restlichen Erdnussöl Knoblauch, Chilischoten und Frühlingszwiebeln 2-3 Min. garen und anschließen die Mangostücke dazugeben. Mit Gemüsebrühe aufgießen, Sweet Chili Sauce einrühren und weitere 2 Min. köcheln lassen. Anschließend die Garnelen wieder dazugeben, mit Salz und Pfeffer würzen und zum Servieren mit frisch gehacktem Thai-Basilikum bestreuen.

Asiatischer Erdnusstopf

1 Basmati Reis gründlich waschen, durch ein Sieb abtropfen lassen und in einen Topf geben. Wasser hinzufügen (Menge nach Packungsanleitung), nach Belieben noch etwas salzen und ca. 10 Min. einweichen lassen. Den Reis anschließend kurz aufkochen, Hitze reduzieren und in 15-20 Min. garkochen. Der Reis ist fertig, wenn er das gesamte Wasser aufgesogen hat.

2 Schweineschnitzelfleisch gründlich abspülen, trocken tupfen und in rundgerechte Stücke schneiden. Mit Sojasauce und Fünf-Gewürz-Pulver marinieren und abgedeckt mind. 30 Min. beiseite stellen.

3 Zwiebel und Knoblauch schälen und klein hacken, Chilischote waschen, trockenreiben und in sehr feine Ringe schneiden. Frühlingszwiebeln putzen, waschen und in 1 cm breite Ringe schneiden, Paprika waschen, trockenreiben, halbieren, Kerngehäuse entfernen und in kleine Würfelchen schneiden. Koriander abspülen, trocken tupfen und grob hacken.

4 Erdnussöl im WOK stark erhitzen und das Schweinefleisch mit Zwiebel, Knoblauch und Chiliringen 3-4 Min „Pfannenrühren". Anschließend Frühlingszwiebeln und Paprikawürfelchen dazugeben und weitere 2-3 Min. garen. Mit Gemüsebrühe und Kokosmilch aufgießen und die Erdnussbutter einrühren. Mit Salz, Pfeffer und dem Saft einer halben Limette würzen und nochmals 2-3 Min. köcheln lassen.

5 Zum Servieren den Erdnusstopf mit frisch gehacktem Koriander bestreuen und zusammen mit dem Basmati Reis servieren.

ZUTATEN 4

300 g Basmati Reis
4 Schweineschnitzel (à 150 g)
2 EL Sojasauce
½ TL Fünf-Gewürz-Pulver
1 Zwiebel
1 Knoblauchzehe
1 kleine Chilischote
1 Bd. Frühlingszwiebeln
1 rote Paprika
2 Zweige Koriander
2 EL Erdnussöl
200 ml Gemüsebrühe
200 ml Kokosmilch
2 EL Erdnussbutter
Salz und Pfeffer
½ Limette

Außerdem:
WOK oder tiefe Pfanne

Zubereitung: 40 Min.
Garzeit: ca. 30 Min.
Ruhezeit: mind. 40 Min.

Einkaufsliste

Fisch & Meer

12. KAPITEL

Schwertfisch mit Safranrisotto

1 Schwertfischsteaks kurz abspülen, trocken tupfen und mit dem Saft einer halben Zitrone beträufeln. Anschließend abgedeckt zur Seite stellen.

2 Zwiebel schälen und klein hacken, Karotte waschen, schälen und in kleinste Würfelchen schneiden. Cherrytomaten waschen, trockenreiben und halbieren, Petersilie abspülen, trocken tupfen und - bis auf ein paar Blättchen zur Deko - fein hacken.

3 Zwiebel und Karotte in einem Topf mit **1 EL** Olivenöl anschwitzen, anschließend den Risotto Reis dazugeben und glasig andünsten. Mit **der Hälfte** der Gemüsebrühe aufgießen und mit Safran, Salz und Pfeffer würzen.

4 Das Risotto bei schwacher Hitze zugedeckt ca. 20 Min. köcheln, nach und nach mit der restlichen Brühe auffüllen. Nach Ende der Garzeit sollte das Risotto eine „schlotzige" Konsistenz aufweisen.

5 Zwischenzeitlich den Schwertfisch salzen und pfeffern, mit Olivenöl einpinseln und auf dem heißen Grill oder in einer Grillpfanne von beiden Seiten ca. 3-4 Min. garen. Die halbierten Cherrytomaten 2 Min. vor Garzeitende mit in die Pfanne oder auf den Grill geben.

6 Das Risotto nochmals kräftig umrühren, auf Tellern verteilen und die Schwertfischsteaks daraufsetzen. Mit Cherrytomaten und fein gehackter Petersilie bestreut servieren.

ZUTATEN 4

4 Schwertfischsteaks (à ca. 150 g)
½ Zitrone
1 Zwiebel
1 Karotte
3 EL Olivenöl
250 g Risotto Reis
(Vialone Nano oder Arborio)
400 ml Gemüsebrühe
1 g Safranfäden
Salz und Pfeffer
200 g Cherrytomaten
2 Zweige Petersilie

Außerdem:
Grill oder Grillpfanne

Zubereitung: 20 Min.
Garzeit: ca. 30 Min.

Einkaufsliste

Tipp Beim Fischkauf sollte man auf Arten achten, die aus nachhaltig befischten und gesunden Beständen stammen. So ist bei Wildfischen in der Regel nicht eine komplette Fischart von Überfischung betroffen, sondern nur einzelne Bestände in unterschiedlichen Fanggebieten. Beim Schwertfisch sind die Bestände im Nordatlantik und Nordpazifik gesund und werden nachhaltig befischt.

MAROKKO

Lachs-Saltimbocca mit Püree und Gemüsechips

ZUTATEN 4

4 Lachsfilets (à ca. 180 g)
4 Scheiben Serrano Schinken
4 Salbeiblätter
Salz und Pfeffer
6 EL Olivenöl
400 g Kartoffeln (mehlig kochend)
1 Lorbeerblatt (getrocknet)
150 g Crème fraîche
1 Zitrone
Muskatnuss
1 große Kartoffel (festkochend)
1 Süßkartoffel
1 Zucchini
1 kleine Aubergine
1 l Pflanzenöl

Außerdem:
WOK oder Fritteuse

Zubereitung: 50 Min.
Garzeit: ca. 45 Min.

Einkaufsliste

1 Lachsfilets gut abspülen und trocken tupfen. Mit einem scharfen Messer seitlich jeweils eine Tasche hineinschneiden und mit einer Scheibe eingerolltem Serrano Schinken und einem Salbeiblatt füllen. Lachs abgedeckt beiseitestellen.

2 Mehlig kochende Kartoffeln waschen, schälen und in grobe Stücke schneiden. In einem Topf mit kochendem Salzwasser und dem Lorbeerblatt ca. 20-25 Min. weichkochen. Danach das Wasser abgießen, das Lorbeerblatt entfernen und die Kartoffeln im Topf etwas abkühlen lassen.

3 Anschließend Crème fraîche, **4 EL** Olivenöl sowie den Schalenabrieb und Saft der Zitrone zu den Kartoffeln geben und alles mit einem Stabmixer fein pürieren. Mit Salz, Pfeffer und Muskatnuss abschmecken und das Püree warmhalten.

4 Für die Gemüsechips die festkochende Kartoffel und die Süßkartoffel waschen und schälen. Zucchini und Aubergine waschen, trockenreiben und die Enden abschneiden. Alle Gemüsesorten mit einem Küchenhobel in feine Scheiben hobeln und portionsweise im WOK oder der Fritteuse mit dem Pflanzenöl 3-4 Min. goldgelb frittieren. Gemüsechips auf Küchenpapier abtropfen lassen.

5 Lachstranchen mit Salz und Pfeffer würzen und in einer Pfanne mit dem restlichen Olivenöl ca. 4 Min. von jeder Seite bei mittlerer Hitze goldbraun braten. Zum Schluss Lachs-Saltimbocca zusammen mit dem Püree auf Tellern anrichten und die Gemüsechips dazu reichen.

Welsfilet mit Fenchel-Senf Salsa

1 Frühlingszwiebeln putzen, waschen und in 1 cm breite Ringe schneiden. Karotte waschen, schälen und in Stifte schneiden oder hobeln. Fenchelknolle putzen, waschen, halbieren, den Strunk keilförmig herausschneiden und Fenchel in feine Streifen schneiden.

2 In einem Topf das Olivenöl erhitzen und das gesamte Gemüse darin 1-2 Min. anschwitzen. Mit Weißwein ablöschen und mit Fisch Fond aufgießen. Danach 3-4 Min. bei mittlerer Hitze köcheln lassen.

3 Anschließend die Welsfilets abspülen, trocken tupfen und in eine Pfanne ohne Öl legen. Den Gemüsesud mit Gemüseeinlage darüber gießen und bei geringer Hitze 6-8 Min. zugedeckt garen.

4 Zwischenzeitlich Kerbel abspülen, trocken tupfen und fein hacken. Zucker, Malz Essig, Senf und Kerbel in einer Schüssel gut verrühren, Pflanzenöl tröpfchenweise mit einem **Holzlöffel** unterrühren und alles mit Salz und Pfeffer abschmecken.

5 Das Gemüse auf Tellern anrichten, jeweils 1 Welsfilet darauf geben und zum Servieren mit der Senf-Sauce überziehen.

ZUTATEN 4

4 Welsfilets (à ca. 150 g)
1 Bd. Frühlingszwiebeln
1 Karotte
1 kleine Fenchelknolle
2 EL Olivenöl
50 ml Weißwein (trocken)
500 ml Fisch Fond
½ Bd. Kerbel
1 EL Zucker
2 EL Malz Essig
2 EL mittelscharfer Senf
7 EL Pflanzenöl
Salz und Pfeffer

Zubereitung: 25 Min.
Garzeit: ca. 15 Min.

Einkaufsliste

Info

Wels oder auch *Waller* genannt ist ein grätenarmer und beliebter Speisefisch. Er ist mild im Geschmack und sein Fleisch besteht überwiegend aus ungesättigten Fettsäuren (gutes Fett). Welsfilet lässt sich gebraten, gegrillt, gebacken oder auch frittiert recht einfach zubereiten.

Tintenfisch mit Tomaten, Oliven und Kapern

1 Tintenfischtuben auftauen, gründlich waschen, trocken tupfen und die Tuben in dünne Ringe schneiden.

2 Tomaten kurz in kochendem Wasser blanchieren, herausnehmen, kalt abschrecken und häuten. Mit dem Kerngehäuse in grobe Würfel schneiden. Zwiebel und Knoblauch schälen und fein hacken, Chilischote waschen, trockenreiben und in feine Ringe schneiden.

3 Olivenöl in einer Pfanne stark erhitzen und darin die Tintenfischringe 2-3 Min. kräftig anbraten. Zwiebel, Knoblauch und Chilischote dazugeben und 1-2 Min. mit garen. Tomatenwürfel untermischen und das Ganze mit Weißwein ablöschen. Anschließend mit Fisch Fond aufgießen und zugedeckt 5-6 Min. bei geringer Hitze köcheln lassen.

4 Zwischenzeitlich Petersilie abspülen, trocken tupfen und fein hacken. Oliven (ohne Stein) und Kapernäpfel abtropfen lassen. Alles zusammen zum Tintenfisch geben und mit Salz, Pfeffer und 1 Prise Zucker abschmecken. Tintenfischringe auf Tellern oder in Bowls anrichten und heiß servieren.

ZUTATEN 4

750 g Tintenfischtuben (TK)
6 Tomaten
1 Zwiebel
1 Knoblauchzehe
1 Chilischote
3 EL Olivenöl
100 ml Weißwein (trocken)
100 ml Fisch Fond
½ Bd. Petersilie
50 g schwarze Oliven
50 g Kapernäpfel (Glas)
Salz und Pfeffer
1 Pr. Zucker

Zubereitung: 25 Min.
Garzeit: ca. 15 Min.

Einkaufsliste

Seelachs in der Papillote („en papillote“)

1 Seelachsfilets abspülen, trocken tupfen, mit dem Saft einer halben Zitrone beträufeln und mit Salz und Pfeffer würzen.

2 Frühlingszwiebeln putzen, waschen und in 1 cm breite Ringe schneiden, Cherrytomaten waschen und halbieren. Shiitake-Pilze mit einem Pinsel reinigen, Stiele abtrennen und in Scheiben schneiden. Petersilie abspülen, trocken tupfen und fein hacken. Gemüse, Pilze und Petersilie in eine Schüssel geben und gut vermengen.

3 Für jede Fischportion einen Papierzuschnitt in Backblechgröße auflegen und jeweils in der Mitte mit **1 EL** Olivenöl beträufeln. Die Gemüse-Pilz-Mischung gleichmäßig auf 4 Portionen verteilen, darauf je ein Seelachsfilet setzen und mit je einem Thymianzweig und einem Lorbeerblatt belegen. Mit Salz und Pfeffer würzen, 1 kleines Stück Butter dazugeben und pro Portion mit **1 EL** Pernod abrunden.

4 Anschließend je einen weiteren Papierzuschnitt auf die Portionen legen und ringsum die Papierhälften - nach und nach zur Mitte hin - zusammenfalten. Die Päckchen sollten gut und fest verschlossen sein.

5 Die Päckchen auf ein Backblech setzen und im vorgeheizten Backofen bei 190 °C Ober-/Unterhitze (Umluft 170 °C) 15-20 Min. garen. Nach Ende der Garzeit wird das Gericht verschlossen auf Tellern serviert und erst am Tisch geöffnet.

ZUTATEN 4

- 4 Seelachsfilets (à ca. 150 g)
- ½ Zitrone
- Salz und Pfeffer
- 1 Bd. Frühlingszwiebeln
- 200 g Cherrytomaten
- 150 g Shiitake-Pilze
- 4 Zweige Petersilie
- 4 EL Olivenöl
- 4 Zweige Thymian
- 4 Lorbeerblätter
- 4 TL Butter
- 4 EL Pernod

Außerdem:
Back- oder Pergamentpapier

Zubereitung: 45 Min.
Gar-/Backzeit: ca. 20 Min.

Einkaufsliste

Tipp Als Beilage kann man schwarze Reisnudeln (Black Rice Noodles) servieren, die man nach dem Kochen mit etwas Knoblauch und mit 1 EL Kokosöl in der Pfanne anbraten und vor dem Servieren mit 1 EL Sojasauce verfeinern kann.

Vongole unter der Haube

1 Venusmuscheln (Vongole) gründlich waschen, mindestens 1 Std. wässern und anschließend in einem Sieb abtropfen lassen.

2 Zwischenzeitlich Zwiebel und Knoblauch schälen und fein hacken, Lauchstange waschen, putzen, längs halbieren und in kleine Würfel schneiden. Karotten waschen, schälen und fein würfeln, Thymian und Basilikum abspülen, trocken tupfen und fein hacken.

3 In einem großen Topf mit Olivenöl Zwiebel, Knoblauch, Lauch und Karotten 2-3 Min. anschwitzen und anschließend die Muschel dazugeben. Mit Thymian und Basilikum bestreuen und alles gut untermischen. Mit Vermouth ablöschen und mit Fisch Fond aufgießen. Zugedeckt bei mittlerer Hitze ca. 3-4 Min. köcheln lassen. Mit Salz und Pfeffer würzen, nochmals gut umrühren und Hitze wegnehmen.

4 Muscheln und Gemüse in die Auflaufform geben, hierbei die nicht geöffneten Venusmuscheln aussortieren. Blätterteig auf einer leicht bemehlten Arbeitsfläche etwas größer als die Auflaufform ausrollen, den Rand der Form mit einem verquirlten Eigelb einpinseln (Eiweiß wird nicht benötigt) und den Blätterteig vorsichtig darüber ziehen. Den Rand fest andrücken und mit dem restlichen Eigelb bepinseln. Blätterteig, mit 1 cm überstehendem Rand an der Auflaufform, abschneiden.

5 Im vorgeheizten Backofen bei 180 °C Ober-/Unterhitze (Umluft 160 °C) den Blätterteig 8-10 Min. goldbraun überbacken, herausnehmen, in der Form servieren und erst am Tisch öffnen.

ZUTATEN 4

2 kg Venusmuscheln (Vongole)
1 Zwiebel
2 Knoblauchzehen
½ Stange Lauch/Porree
2 Karotten
4 Zweige Thymian
4 Zweige Basilikum
2 EL Olivenöl
50 ml trockener Vermouth (Dry)
200 ml Fisch Fond
Salz und Pfeffer
1 Pck. Blätterteig (250-300 g)
1 Ei
etwas Mehl

Außerdem:
Große rund Auflaufform

Zubereitung: 35 Min.
Garzeit: ca. 20 Min.
Ruhezeit: mind. 1 Std.

Einkaufsliste

Rotbarsch in Curryrahm mit Früchten

ZUTATEN 4

300 g Basmati Reis
4 Rotbarschfilets (à ca. 120 g)
½ Zitrone
Salz und Pfeffer
1 EL Butter
1 EL Mehl (Type 405)
1 EL Currypulver
200 ml Gemüsebrühe
100 ml Kochsahne
2 Scheiben Ananas (Dose)
2 halbe Pfirsiche (Dose)
1 Zweig Koriander

Zubereitung: 20 Min.
Garzeit: ca. 40 Min.

Einkaufsliste

1 Basmati Reis in einem Sieb gründlich waschen, in einen Kochtopf geben und mit 500 ml Wasser auffüllen. Kurz einweichen lassen und einmal aufkochen. Anschließend bei mäßiger Hitze ca. 20 Min. (oder evtl. abweichend nach Packungsanleitung) köcheln, bis das gesamte Wasser aufgesogen ist.

2 Zwischenzeitlich Rotbarschfilets abspülen, trocken tupfen und in mundgerechte Stücke schneiden. Mit frisch gepresstem Zitronensaft beträufeln, leicht salzen und pfeffern und abgedeckt einige Minuten ziehen lassen.

3 Die Butter in einem großen Topf zerlassen und zügig Mehl und Currypulver einrühren. Mit Gemüsebrühe und Sahne aufgießen und unter ständigem Rühren aufkochen lassen. Hitze reduzieren und die Sauce 5 Min. weiterköcheln.

4 Inzwischen Ananas und Pfirsiche in einem Sieb abtropfen lassen und in kleine Stücke schneiden. Die Fischfilets in die Sauce einlegen und 10 Min. darin ziehen lassen. Reis und Früchte untermischen und alles weitere 5 Min. leicht köcheln.

5 Fischcurry nochmals mit Salz und Pfeffer abschmecken, in Bowls abfüllen und mit ein paar gewaschenen Korianderblättchen garniert servieren.

Steinbuttfilet mit Mango-Spinat

1 Steinbuttfilets abspülen, trocken tupfen, mit Limettensaft beträufeln und zum Marinieren abgedeckt beiseite stellen.

2 Zwiebel schälen, halbieren und fein würfeln, Blattspinat von den groben Stielen befreien, waschen und in einem Sieb abtropfen lassen.

3 Mangos waschen, schälen und links und rechts am Kern entlang das Fruchtfleisch abtrennen. Anschließend das restliche Fruchtfleisch vom Kern lösen und alles in 1 cm breite Spalten schneiden.

4 Zwiebel in einer Pfanne mit 1 EL Olivenöl farblos anschwitzen, Blattspinat dazugeben und 2-3 Min. garen, bis der Spinat „zusammenfällt". Mango Spalten dazugeben, mit Kokosmilch und Fisch Fond aufgießen und weitere 3-4 Min. köcheln. Danach den Mango-Spinat warm halten.

5 Fischfilets mit Salz und Pfeffer würzen und in einer zweiten Pfanne mit dem restlichen Olivenöl 4-5 Min. von beiden Seiten goldbraun braten. Anschließend herausnehmen, auf Küchenpapier abtropfen lassen und zusammen mit dem Mango-Spinat anrichten.

ZUTATEN 4

- 4 Steinbuttfilets (à ca. 150 g)
- 1 Zwiebel
- 500 g Spinatblätter
- 2 Mangos
- 2 EL Olivenöl
- 100 ml Kokosmilch
- Salz und Pfeffer
- ½ Limette
- 100 ml Fisch Fond

Zubereitung: 25 Min.
Garzeit: ca. 20 Min.

Einkaufsliste

Seehecht im Bananenblatt

1 Seehechtfilets gut abspülen, trocken tupfen und in einen ausreichend großen Gefrierbeutel geben. Aus Currypaste, geschältem und klein gehackten Ingwer, dem Saft einer halben Limette, Kokosmilch, Fischsauce, Salz und etwas Szechuanpfeffer eine Marinade anrühren und diese zu den Fischfilets gießen. Den Gefrierbeutel gut verschließen und mindestens 30 Min. zum Marinieren kaltstellen.

2 Zwischenzeitlich Karotten waschen, schälen, in 3-4 cm lange Stücke teilen und in feine Stifte schneiden. Frühlingszwiebeln putzen, waschen und in 1 cm breite Ringe schneiden, Thai-Basilikum abspülen, trocken tupfen und in feine Streifen schneiden.

3 Bananenblätter säubern, auf einer Arbeitsfläche ausbreiten und in 4 Quadrate (ca. 30x30 cm) schneiden. Die Hälfte der Karottenstreifen und Frühlingszwiebeln mittig darauf verteilen, jeweils ein Fischfilet darauflegen und mit dem restlichen Gemüse bedecken. Thai-Basilikum und jeweils ein Kaffir Limettenblatt dazugeben und alles mit der Marinade aus dem Gefrierbeutel beträufeln. Nun die Enden der Bananenblätter über den Fisch klappen und Päckchen herstellen, welche mit Küchengarn zusammengeschnürt werden.

4 Bananen-Fisch-Päckchen auf ein mit Backpapier ausgelegtes Backblech setzen und im vorgeheizten Backofen bei 180 °C Ober-/Unterhitze (Umluft 160 ° C) 20 Min. garen. Nach Garzeitende die Fischfilets im Bananenblatt aus dem Ofen nehmen, auf Tellern anrichten und Päckchen erst am Tisch öffnen. Die Bananenblätter selbst sind **nicht** zum Verzehr geeignet!

ZUTATEN 4

- 4 Seehechtfilets (à ca. 150 g)
- 1 EL grüne Currypaste
- 1 kleines Stk. Ingwer
- 100 ml Kokosmilch
- ½ Limette
- 1 EL Fischsauce
- Salz
- Szechuanpfeffer
- 2 Karotten
- 1 Bd. Frühlingszwiebeln
- 2 Zweige Thai-Basilikum
- 4 Kaffir Limettenblätter
- 1-2 Bananenblätter

Außerdem:
Gefrierbeutel, Küchengarn

Zubereitung: 35 Min.
Garzeit: ca. 20 Min.
Ruhezeit: mind. 30 Min.

Einkaufsliste

Zander mit Limetten-Anisbutter

1 Koriandersaat in einer Pfanne ohne Öl anrösten, herausnehmen und in einem Mörser fein zerstoßen. Zusammen mit dem Maismehl in einem flachen Gefäß gut vermengen.

2 Zanderfilets abspülen, trocken tupfen und mit Salz und Pfeffer würzen. Mit der Hautseite im Maismehl wälzen und anschließend in einer Pfanne mit dem Olivenöl auf der Hautseite 3-4 Min. bei mittlerer Hitze kross anbraten. Filets wenden, 1-2 Min. weitergaren, danach herausnehmen und auf Küchenpapier abtropfen lassen. Abdecken und warmhalten.

3 Die Butter in die gleiche Pfanne geben, aufschäumen lassen und mit Anislikör ablöschen. Den Schalenabrieb einer halben Limette und den Saft der ganzen Limette dazugeben und solange mit einem Schneebesen einrühren, bis die Sauce eine leichte Bindung erhält. Dabei nicht mehr kochen lassen.

4 Zanderfilets auf Tellern anrichten und mit der Limetten-Anisbutter überziehen.

Tipp Als Beilage kann man ein Fenchel-Tomatenragout reichen, dass aus 500 g reifen Strauchtomaten, 1 Zwiebel, 1 Fenchelknolle, Olivenöl, Salz und 1 Prise Zucker in 15-20 Min. zubereitet ist.

ZUTATEN 4

- 4 Zanderfilets mit Haut (à ca. 150 g)
- 1 TL Koriandersaat (gemahlen)
- 2 EL Maismehl
- Salz und Pfeffer
- 3 EL Olivenöl
- 1 EL Butter
- 3 EL Anislikör
- 1 Limette

Zubereitung: 20 Min.
Garzeit: ca. 15 Min.

Einkaufsliste

Kabeljau auf mallorquinische Art

1 Sultaninen in einer Schüssel mit heißem Wasser abgedeckt mind. 15 Min. einweichen.

2 Zwischenzeitlich Pinienkerne in einer Pfanne ohne Öl 2-3 Min. goldbraun rösten. Spinat waschen, Stiele entfernen und in einem Sieb abtropfen lassen. Knoblauchzehen schälen und fein hacken, getrocknete Tomaten etwas abtropfen lassen und in Streifen schneiden.

3 Kabeljaufilets abspülen, trocken tupfen und mit dem Saft einer halben Zitrone beträufeln. Mit Salz und Pfeffer würzen und in einer großen Pfanne mit 4 EL Olivenöl und mittlerer Hitze 2-3 Min. von beiden Seiten anbraten. Herausnehmen und warmhalten.

4 Knoblauch in die gleiche Pfanne geben, 1-2 Min. anbraten und anschließend den Spinat hinzugeben. Abgedeckt ca. 4-5 Min. garen, bis die Spinatblätter „zusammenfällt". Den Deckel abnehmen, getrocknete Tomaten, Sultaninen und Pinienkerne dazugeben und mit Salz und Pfeffer würzen.

5 Die Fischfilets nun mit in die Pfanne geben, vorsichtig mit dem Spinat bedecken und 3-4 Min. bei geringer Hitze fertig garen. Kabeljaufilets auf Tellern mit dem Spinat anrichten.

ZUTATEN 4

4 Kabeljaufilets (à 150-180 g)
50 g Sultaninen (Rosinen)
50 g Pinienkerne
4 EL Olivenöl
3 Knoblauchzehen
4 getrocknete Tomaten (in Öl)
500 g Babyspinatblätter
Salz und Pfeffer
½ Zitrone

Einweichzeit: mind. 15 Min.
Zubereitung: 25 Min.
Garzeit: ca. 20 Min.

Einkaufsliste

Fleisch, Geflügel & Wild

13. KAPITEL

Rinderfilet mit Rosmarinkartoffeln

1 Zuerst die Pfefferbutter herstellen: Hierfür Knoblauch schälen, Thymian abspülen, trocken tupfen und von den Stielen streifen. Zusammen fein hacken. Stangenpfeffer in Stücke schneiden und in einem Mörser grob zerstoßen. Butter weich werden lassen und zusammen mit Knoblauch, Thymian, Stangenpfeffer, Schalenabrieb der Zitrone sowie etwas Salz glattrühren. Die Pfefferbutter auf ein Stück Alufolie geben und fest zu einer Rolle zusammendrehen. Anschließend kühl stellen.

2 Nun sind die Rosmarinkartoffeln an der Reihe: Kartoffeln waschen, abtropfen lassen und - je nach Größe - im Ganzen oder halbiert auf einem mit Backpapier ausgelegten Backblech ausbreiten. Kartoffeln mit etwas Olivenöl einpinseln und mit grob gehackten Rosmarinnadeln, Cayennepfeffer, Cumin und Meersalz bestreuen.

3 Zum Schluss die Rinderfilets zubereiten: Fleisch gut abspülen, trocken tupfen und salzen. Die Filets anschließend in einer heißen und feuerfesten Pfanne mit Butterschmalz 1-2 Min. von jeder Seite scharf anbraten, danach jeweils 3 Min. bei mittlerer Hitze weiterbraten. Zum Fertiggaren bei 80 °C Ober-/Unterhitze in den Backofen geben, nochmals ca. 12 Min. (für Medium) garen und dabei mehrmals wenden. Zum Schluss mit Pfeffer aus der Mühle bestreuen und mit Rosmarinkartoffeln und Pfefferbutter servieren.

ZUTATEN 4

Für die Pfefferbutter:
1 Knoblauchzehe
4 Zweige Thymian
4 Langer Pfeffer (Stangenpfeffer)
100 g Butter
½ Zitrone
Salz

Für die Rosmarinkartoffeln:
600 g kleine Kartoffeln (festkochend)
2 EL Olivenöl
3 Zweige Rosmarin
Cayennepfeffer (gemahlen)
Cumin (Kreuzkümmel)
Meersalz

Für die Rinderfilets:
4 Rinderfilets (à ca. 200 g)
Salz
2 EL Butterschmalz
Pfeffer

Zubereitung: 30 Min.
Garzeit: ca. 40 Min.
Kühlzeit: mind. 30 Min.

Einkaufsliste

GARSTUFEN:

Die einzelnen Garstufen können mit einem Fleisch-/Bratenthermometer oder durch Fingerdruck anhand des Daumenballen-Vergleichs geprüft werden.

RARE
Kerntemperatur 45-50 °C

Das Fleisch hat eine dünne, braune Kruste und ist innen noch fast roh und blutig. Bringt man **Daumen und Zeigefinger** der Hand ohne Druck zusammen, entspricht der Gegendruck des Daumenballens etwa dieser Garstufe (schwammig).

MEDIUM RARE
Kerntemperatur 55 °C

Das Fleisch hat eine braune, knusprige Kruste und ist im Kern gerade noch roh, allerdings nicht mehr blutig. **Daumen und Mittelfinger** berühren sich ohne Druck, der Widerstand des Daumenballens bietet den Vergleich zu dieser Garstufe (federt stark).

MEDIUM
Kerntemperatur 60 °C

Das Fleisch hat eine braune, knusprige Kruste und ist im Kern durchgehend rosa, jedoch an keiner Stelle mehr roh. **Daumen und Ringfinger** berühren sich ohne Druck, Daumenballen fühlt sich an wie diese Garstufen (federt leicht).

MEDIUM WELL
Kerntemperatur 65 °C

Der Farbunterschied zwischen Fleisch und Kruste ist nicht mehr so deutlich und der Kern ist noch leicht rosa bis hellbraun. Fingerdruck am Fleisch ohne Daumenballenvergleich (federt kaum spürbar).

WELL DONE
Kerntemperatur 70 °C

Fleisch ist gut durchgebraten, an keiner Stelle mehr rosa gefärbt, aber noch saftig. **Daumen und kleiner Finger** berühren sich ohne Druck, Daumenballen hat den Widerstand dieser Garstufe (fest).

Gefüllte Kalbsschnitzel-Röllchen

ZUTATEN 4

8 Kalbsschnitzel (à 60-80 g)
Salz und Pfeffer
8 Scheiben Parmaschinken
8 Scheiben Mozzarella-Aufschnitt
2 Schalotten (milde Zwiebeln)
2 EL Olivenöl
400 g Pizzatomaten (Dose/Glas)
5 EL trockener Sherry (Dry)
1 Pr. Zucker
1 Zweig Estragon

Außerdem:
Kleine Holzspießer

Zubereitung: 30 Min.
Garzeit: ca. 20 Min.

Einkaufsliste

1 Kalbsschnitzel gut abspülen, trocken tupfen und dünn ausklopfen. Hierzu verwendet man am besten unter und auf dem Fleisch je ein Stück Klarsichtfolie und klopft dann das Fleisch mit einem Plattiereisen oder dem Topfboden einer Stielkasserolle flach.

2 Anschließend mit Salz und Pfeffer würzen und mit jeweils einer Scheibe Parmaschinken und einer Scheibe Mozzarella-Aufschnitt belegen. Zu Röllchen formen und mit kleinen Holzspießen fixieren.

3 Schalotten schälen, halbieren und fein würfeln, Estragon abspülen, trocken tupfen und fein hacken. Fleischröllchen in einer heißen Pfanne mit Olivenöl 3-4 Min. von allen Seiten goldbraun anbraten, Schalotten hinzugeben und 2 Min. mit garen. Danach Pizzatomaten mit dem gesamten Dosen-/Glasinhalt untermischen und 10 Min. zugedeckt bei geringer Hitze schmoren lassen.

4 Mit Sherry aufgießen, mit Salz, Pfeffer und einer Prise Zucker abschmecken und mit gehacktem Estragon bestreut servieren.

Tipp Zu Kalbsschnitzel-Röllchen passen als Beilage schnell zubereitete *Gnocchi*. Diese werden aus 500 g gekochten Kartoffeln, 150 g Mehl, 1 Ei sowie 1 Pr. Salz hergestellt und garen ca. 5-10 Min. Gnocchi sind aber auch im Handel als Fertigprodukt in verschiedenen Geschmacksrichtungen wie Spinat, Basilikum, Rote Bete etc. erhältlich.

Tandoori-Putenspieße mit Tomatenreis

1 Putenbrust abspülen, trocken tupfen und in 2 cm große Würfel schneiden. Naturjoghurt, Tandoori Paste, Salz und Pfeffer in einer Schüssel glattrühren und mit der Putenbrust in einen großen Gefrierbeutel geben. Gut verschließen und mind. 1 Std. zum Marinieren kaltstellen.

2 Ananas schälen und dabei alle braunen „Augen" vollständig entfernen. Nach dem Schälen der Länge nach halbieren und jede Hälfte nochmals in 3 Spalten teilen. Strunk in der Mitte entfernen und das Fruchtfleisch in 2 cm dicke Stücke schneiden. Ananas in einer verschließbaren Dose oder Schüssel kaltstellen.

3 Jasmin Reis in einem Sieb gründlich waschen und in einem Topf mit 375 ml Wasser (oder nach Packungsanleitung) kurz einweichen lassen. Etwas Salz dazugeben und einmal aufkochen lassen. Anschließend bei mäßiger Hitze ca. 20 Min. köcheln, bis das gesamte Wasser aufgesogen ist.

4 Zwischenzeitlich **1 Zwiebel** und die Knoblauchzehe schälen, klein schneiden und mit **1 EL** Olivenöl in einem Topf 1-2 Min. anschwitzen. Tomatenmark einrühren und die Passierten Tomaten hinzugeben. Mit Salz und Pfeffer würzen und 10 Min. köcheln lassen.

5 Nun die restlichen 2 Zwiebeln schälen, halbieren und zum Aufspießen grob zerteilen. Nach Ende des Marinierens das Putenfleisch aus dem Gefrierbeutel nehmen, etwas auf Küchenpapier abtropfen lassen und abwechselnd mit Ananas- und Zwiebelstücken auf 8 Metall- oder Holzspieße aufziehen.

6 Restliches Olivenöl in einer großen Pfanne erhitzen und die Putenspieße bei starker Hitze 3-4 Min. rundum anbraten. Danach auf ein Backblech legen und im vorgeheizten Backofen bei 200 °C Ober-/Unterhitze (Umluft 180 °C) 10 Min. zu Ende garen.

7 Den Jasmin Reis mit der Tomatensauce mischen und zusammen mit Putenspießen auf Tellern anrichten.

ZUTATEN 4

600 g Putenbrust
300 g Naturjoghurt
150 g Tandoori Paste
Salz und Pfeffer
1 Ananas
250 g Jasmin Reis
3 Zwiebeln
1 Knoblauchzehe
3 EL Olivenöl
1 TL Tomatenmark
200 ml Passierte Tomaten

Außerdem:
großer Gefrierbeutel,
Metall- oder Holzspieße

Zubereitung: 45 Min.
Garzeit: ca. 50 Min.
Ruhezeit: mind. 1 Std.

Einkaufsliste

Ente mit Kürbis-Maispuffern

1 Entenhälften gut abspülen und trocken tupfen (TK-Ware vorher auftauen). Innen und außen mit Salz und Pfeffer würzen, in einen Bräter setzen und Butterschmalz sowie die Gewürzzweige dazugeben. Stark erhitzen und die Enten von allen Seiten 4-5 Min. scharf anbraten. Anschließend den Bräter abdecken und Enten im vorgeheizten Backofen bei 210 °C Ober-/Unterhitze (Umluft 190 ° C) 30-35 Min. garen. Zwischendurch mehrmals mit dem gebildeten Bratensatz übergießen.

2 Rotwein, Portwein, Zucker, Zimtstange und die Cranberries in einem Topf erhitzen und 8-10 Min. bei mittlerer Hitze köcheln lassen. Anschließend Speisestärke mit 1 EL Wasser anrühren und die Cranberry Sauce damit abbinden. Sauce danach warmhalten.

3 Kürbis waschen, halbieren, das Kerngehäuse entfernen und auf einer Küchenreibe fein raspeln. Maiskörner abgießen und mit Kürbis, Ei, Salz und Muskatnuss vermengen. Cornflakes in einem Gefrierbeutel grob zerkleinern und unter die Kürbis-Mais-Masse mischen. Anschließend 12 kleine Puffer formen und diese in einer Pfanne mit Butterschmalz von jeder Seite 3-4 Min. goldbraun braten.

4 Kurz vor Garzeitende der Enten Honig und Feigensenf glatt verrühren und die Entenhälften damit bestreichen. In der verbleibenden Garzeit die Enten - ohne Deckel - fertig garen. Anschließend herausnehmen, tranchieren und mit dem Cranberry-Kompott und den Puffern auf Tellern servieren.

ZUTATEN 4

2 halbe (Wild-)Enten, frisch oder TK, gesamt ca. 1,5 bis 2 kg Gewicht
Salz und Pfeffer
2 Zweige Rosmarin
2 Zweige Thymian
2 EL Butterschmalz
125 ml Rotwein (trocken)
125 ml roter Portwein
1 Zimtstange
1 EL Zucker
400 g Cranberries
1 TL Speisestärke
500 g Hokkaidokürbis
300 g Mais (Dose/Glas)
1 Ei
Muskatnuss
50 g Cornflakes
4 EL Butterschmalz
1 EL Honig
1 TL Feigensenf

Außerdem:
Großer Bräter mit Deckel
Gefrierbeutel

Zubereitung: 25 Min.
Garzeit: ca. 50 Min.

Einkaufsliste

Lammkoteletts mit Kapern-Orangensauce

1 Knoblauchzehen mit der Schale etwas zerdrücken (anstoßen), Zitronenthymian abspülen, trocken tupfen und Blättchen von den Stielen zupfen. Pfefferkörner in einem Mörser grob zerstoßen und in einer Schüssel mit dem Olivenöl sowie Knoblauch und Thymian gut verrühren.

2 Lammkoteletts abspülen, trocken tupfen und in einen großen Gefrierbeutel geben. Die Marinade dazu schütten und den Beutel gut verschließen. Anschließend für mindestens 1 Std. kaltstellen und Lammkoteletts marinieren.

3 Zwischenzeitlich **1 Orange** schälen, dabei die weißen Häute komplett entfernen. Anschließend mit einem scharfen Messer zwischen den einzelnen Orangenstücken die Filets herausschneiden (es sollte keine Haut mehr an den Stücken verbleiben). Schalotten schälen, halbieren und klein schneiden.

4 Die Lammkoteletts nach der Marinierzeit aus dem Gefrierbeutel nehmen, salzen und mit 2 EL des Marinade-Öls in einer großen Pfanne von beiden Seiten und mittlerer Hitze 4-5 Min. anbraten. Wieder aus der Pfanne nehmen und warmhalten.

5 Schalotten und abgetropfte Kapern in den Bratensatz geben und kurz mit anschwitzen. Orangenmarmelade einrühren und mit dem frisch gepressten Saft der zweiten Orange sowie Lamm Fond aufgießen. Etwa 5 Min. bei geringer Hitze einkochen, danach von der eiskalten Butter Flöckchen abnehmen und mit einem Schneebesen einrühren; dies bindet die Sauce ab.

6 Zum Schluss die Orangenfilets dazugeben und nicht mehr kochen lassen. Lammkoteletts zusammen mit der Orangensauce auf Tellern anrichten und heiß servieren. Als Beilage kann man Couscous reichen, der in wenigen Minuten zubereitet ist.

ZUTATEN 4

- 2 Knoblauchzehen
- 4 Zweige Zitronenthymian
- 1 TL schwarze Pfefferkörner
- 100 ml Olivenöl
- 8 Lammkoteletts (à 100-125 g)
- 2 Orangen
- 2 Schalotten (milde Zwiebeln)
- Salz
- 50 g Kapern (eingelegt)
- 2 EL Orangenmarmelade
- 200 ml Lamm Fond
- 30 g Butter

Außerdem:
großer Gefrierbeutel

Zubereitung: 35 Min.
Garzeit: ca. 20 Min.
Ruhezeit: mind. 1 Std.

Einkaufsliste

Wildschweingulasch mit Süßkartoffelpüree

1 Wildschweingulasch auftauen lassen. Anschließend waschen, gut trocken tupfen, evtl. noch etwas zerkleinern und in einer großen Pfanne mit Olivenöl 4-5 Min. rundherum scharf anbraten. Danach aus der Pfanne nehmen und warmhalten.

2 Zwiebeln und Knoblauch schälen und fein hacken, Schinkenspeck in kleine Würfel schneiden. Alles in der Pfanne mit dem Bratensatz des Fleisches 2-3 Min. garen und das Wildschweingulasch wieder dazugeben. Salzen und pfeffern und anschließend mit Rotwein und dem Wild Fond aufgießen. Tomatenmark hineinrühren und mit Thymian, Rosmarin und – je nach Belieben – Wildgewürz abschmecken. Gulasch bei geschlossenem Deckel und mäßiger Hitze ca. 60 Min. schmoren.

3 Zwischenzeitlich die Süßkartoffeln und Karotten waschen, schälen und in grobe Stücke schneiden. In einem Topf mit kochendem Salzwasser ca. 20 Min. weichkochen und anschließend Flüssigkeit abgießen. Danach Schmand und Butter zum Gemüse geben, mit einem Stampfer oder einem Mixstab grob pürieren und mit Salz und Muskatnuss würzen. Süßkartoffelpüree warmhalten.

4 Gulasch nach Ende der Garzeit mit etwas angerührter Speisestärke abbinden und evtl. nochmals nachwürzen. Die geputzten und in Scheiben geschnittenen Champignons in die heiße Sauce geben und das Ganze mit Saurer Sahne verfeinern. Wildschweingulasch mit dem Süßkartoffelpüree auf Tellern anrichten und heiß servieren.

ZUTATEN 4

Für das Wildschweingulasch:
1 kg Wildschweingulasch (TK)
3 EL Olivenöl
125 g Schinkenspeck
2 Zwiebeln
2 Knoblauchzehen
Salz und Pfeffer
250 ml Rotwein (trocken)
500 ml Wild Fond
1 EL Tomatenmark
½ TL Thymian (getrocknet)
½ TL Rosmarin (getrocknet)
etwas Wildgewürz (getrocknet)
1 EL Speisestärke
100 g Champignons
100 g Saure Sahne

Für das Süßkartoffelpüree:
500 g Süßkartoffeln
200 g Karotten
200 g Schmand
1 TL Butter
Salz
Muskatnuss

Zubereitung: 40 Min.
Garzeit: ca. 1 Std. 35 Min.

Einkaufsliste

Schweinefilet „Bacon & Beans"

ZUTATEN 4

600 g Schweinefilet
1 EL Senf
16 Scheiben Bacon
Salz und Pfeffer
3 EL Olivenöl
400 g Prinzessbohnen
200 g Strauchtomaten
1 rote Zwiebel
2 Knoblauchzehen
1 Zweig Rosmarin

Außerdem:
Küchengarn

Zubereitung: 40 Min.
Garzeit: ca. 40 Min.

Einkaufsliste

1 Schweinefilet gründlich waschen und trocken tupfen. Anschließend in 8 gleichgroße Stücke zerteilen. Die Fleischränder mit Senf bestreichen und je 1 Scheibe Bacon herumwickeln. Mit Küchengarn am Rand fixieren und als Medaillons in Form bringen.

2 Filets mit wenig Salz und Pfeffer würzen und in einer großen Pfanne mit **2 EL** Olivenöl von allen Seiten 3-4 Min. goldbraun anbraten. Das Fleisch herausnehmen, auf ein mit Backpapier belegtes Backblech geben und im vorgeheizten Backofen bei 120 °C Ober-/Unterhitze (100 °C Umluft) 15 Min. garen.

3 Zwischenzeitlich die Prinzessbohnen in einem Topf mit reichlich Salzwasser 10 Min. kochen, herausnehmen und in sehr kaltem Wasser (oder Eiswasser) abschrecken. In einem Sieb abtropfen lassen und anschließend in 8 Portionen aufteilen. Um jede Portion Bohnen nun fest eine Scheibe Bacon wickeln.

4 In der Pfanne mit dem Bratensatz der Filets nochmals 1 EL Olivenöl erhitzen und darin eine geschälte und grob zerkleinerte Zwiebel sowie in Scheiben geschnittene Knoblauchzehen 1-2 Min. anschwitzen. Anschließend die Bohnenpäckchen hineinsetzen, Rosmarinzweig dazugeben und Speckbohnen von allen Seiten 3-4 Min. anbraten.

5 Die Schweinefilets aus dem Backofen nehmen, kurz zusammen mit den Strauchtomaten zu den Bohnen geben und 1-2 Min. fertig garen. Dabei das Fleisch löffelweise mit dem Bratensaft überziehen. Gericht in der Pfanne oder auf Tellern servieren.

Kaninchen mit Kraut und Kümmelröllchen

ZUTATEN 4

- 1000 ml Buttermilch
- 1 kg Kaninchenfleisch (Kaninchenteile)
- 850 g Weinsauerkraut (Dose/Glas)
- 300 g helle, kernlose Trauben
- 150 g Bauchspeck
- 250 ml Weißwein (lieblich)
- Salz und Pfeffer
- 2 Lorbeerblätter (getrocknet)
- einige Wacholderbeeren
- 400 g Kichererbsen (gekocht)
- 1 Ei
- ½ Bd. Petersilie
- ½ TL Kümmel (ganz)
- 1 EL Maismehl
- 50 g Paniermehl (Semmelbrösel)
- 2 EL Butterschmalz

Außerdem:
Großer Schmortopf mit Deckel

Zubereitung: 55 Min.
Garzeit: ca. 1 Std. 40 Min.
Marinierzeit: 1-2 Tage

Einkaufsliste

1 Kaninchenfleisch gut waschen, trocken tupfen, mit Salz und Pfeffer einreiben und in eine große Schüssel geben. Mit der Buttermilch übergießen und für 1-2 Tage abgedeckt im Kühlschrank „beizen". Nach der Hälfte der Zeit einmal wenden.

2 Trauben von den Stielen zupfen, waschen und einmal halbieren, Bauchspeck in feine Würfel schneiden. Das Weinsauerkraut in den Schmortopf geben, Trauben und Bauchspeck darüber verteilen und das Ganze mit einigen Wacholderbeeren und 2 Lorbeerblättern bedecken. Anschließend die Hälfte des Weins aufgießen.

3 Kaninchenfleisch aus der „Beize" nehmen, abwaschen, trocken tupfen und auf das Sauerkraut legen. Den restlichen Wein aufgießen und den Deckel schließen. Im **nicht** vorgeheizten Backofen bei 200 °C Ober-/Unterhitze (180 °C Umluft) ca. 1 Std. 30 Min. schmoren. Zu Beginn den Deckel öffnen, das Fleisch kurz von beiden Seiten anbräunen und dann den Deckel schließen.

4 Für die Kümmelröllchen die Kichererbsen in ein Sieb abgießen, gut abspülen und abtropfen lassen. Petersilie waschen, trocken tupfen und zusammen mit dem Kümmel grob hacken. Anschließend Kichererbsen, Petersilie, Kümmel, Salz, Ei, Maismehl und Paniermehl in einem Mixer geben und zu einer homogenen Masse verarbeiten.

5 Diese danach mit den Händen gut durchkneten und zu 12 Röllchen à ca. 7 cm Länge formen. Kümmelröllchen in einer heißen Pfanne mit dem Butterschmalz von allen Seiten ca. 10 Min. braten, herausnehmen und etwas abtropfen lassen.

6 Nach Ende der Schmorzeit das Kaninchenfleisch zusammen mit dem Traubenkraut und den Kümmelröllchen **heiß** servieren.

Bulgur-Pilaw mit Pute und Kalb

1 Putenbrust und Kalbfleisch gründlich waschen, trocken tupfen und in 2 cm große Stücke schneiden. Zwiebel schälen, halbieren und in kleine Würfel schneiden.

2 In einer großen Pfanne mit **1 EL** Butterschmalz die Zwiebelwürfel glasig anschwitzen und das Fleisch hinzugeben. 5-6 Min. von allen Seiten kräftig anbraten. Tomatenmark einrühren und mit Salz, Pfeffer, Paprikagewürz und Cumin würzen. Alles gut vermengen, mit **350 ml** der Gemüsebrühe aufgießen und zugedeckt bei mittlerer Hitze 30-40 Min. köcheln lassen. Zwischendurch umrühren und bei Bedarf noch etwas Brühe nachgießen.

3 Restliches Butterschmalz in einem großen Topf erhitzen, gründlich gewaschenen Bulgur hinzugeben und unter Rühren 5 Min. anbraten. Danach vom Herd nehmen. Die Fleischstücke nach Ende der Garzeit aus der Sauce nehmen und zum Bulgur geben.

4 Die Pizzatomaten in einer Schüssel mit 100 ml kochendem Wasser auffüllen, gut vermengen und unter den Bulgur und das Fleisch rühren. Zugedeckt weitere 10 Min. bei geringer Hitze köcheln lassen. Danach den Deckel abnehmen, ein sauberes Küchentuch über den Topf spannen und den Deckel wieder aufsetzen.

5 Pilaw im vorgeheizten Backofen bei 140 °C Ober-/Unterhitze (Umluft 120 °C) noch 15 Min. dämpfen, bis der Bulgur weich ist. Anschließend in Bowls oder auf Tellern servieren und mit Petersilie Blättchen bestreut heiß servieren.

ZUTATEN 4

300 g Putenbrust
300 g Kalbfleisch
1 große Zwiebel
2 EL Butterschmalz
Salz und Pfeffer
1 TL Paprikapulver (edelsüß)
½ TL Cumin (Kreuzkümmel)
1 EL Tomatenmark
400 g Pizzatomaten (Dose/Glas)
500 ml Gemüsebrühe
400 g Bulgur
2 Zweige Petersilie

Zubereitung: 30 Min.
Garzeit: ca. 1 Std. 20 Min.

Einkaufsliste

Pochiertes Rinderfilet mit Aprikosen-Salsa

ZUTATEN 4

1000 ml Rinder Fond
4 EL Estragon Essig
1 Lorbeerblatt (getrocknet)
3 Zweige Thymian
3 Zweige Majoran
600 g Rinderfilet
200 g Senfgurken (Glas)
150 g Aprikosen (Dose)
3 Frühlingszwiebeln
4 EL Olivenöl
etwas Zitronensaft
Salz
rosa Pfefferbeeren

Zubereitung: 35 Min.
Garzeit: ca. 25 Min.

Einkaufsliste

1 Thymian- und Majoranzweige abspülen, trocken tupfen und sehr fein schneiden. Rinder Fond in einem Topf erhitzen, **3 EL** Estragon Essig, Lorbeerblatt sowie die fein geschnittenen Kräuter hinzugeben und 5 Min. bei mittlerer Hitze köcheln lassen. Anschließend auf geringe Hitze zurückschalten.

2 Rinderfilet gut abspülen, von verbliebener Haut und Sehnen befreien (diesen Vorgang nennt man *parieren*) und mit Küchenpapier abtupfen. Anschließend Fleisch in den Rinder Fond geben und 20 Min. im Sud ziehen lassen.

3 Senfgurken und Aprikosen in einem Sieb abtropfen lassen und kleinwürflig schneiden, Frühlingszwiebeln putzen, waschen und in 1 cm breite Ringe schneiden. In einer Schüssel mit dem restlichen Estragon Essig, einem Spritzer Zitronensaft und dem Olivenöl alles gut zu einer Senfgurken-Aprikosen-Salsa verrühren.

4 Zum Schluss Rinderfilet aus dem Sud nehmen, abtropfen lassen und in Scheiben schneiden. Mit Salz und rosa Pfefferbeeren würzen und mit der Salsa auf Tellern anrichten.

Info *Senfgurken* sind in einem gekochten Sud aus Essig, Senfkörnern, Zucker, Salz und verschieden Gewürzen eingelegte, vollreife Gurken. Der Saft der Senfgurken (Sud) lässt sich auch gut zum Würzen für die Zubereitung von Kartoffel- und Nudelsalaten verwenden.

Drumsticks vom Blech

ZUTATEN 4

12 Hähnchen Unterschenkel
2 Knoblauchzehen
1 Chilischote
1 kleines Stk. Ingwer
100 ml Olivenöl
4 EL Sweet Chili Sauce (für Huhn)
2 EL Sojasauce
2 EL Honig
1 Limette
Salz und Pfeffer
½ TL Currypulver
2 Zweige Koriander

Außerdem:
Großer Gefrierbeutel

Zubereitung: 15 Min.
Garzeit: ca. 35 Min.
Marinierzeit: mind. 1 Std.

Einkaufsliste

1 Hähnchen Unterschenkel gründlich waschen, trocken tupfen und säubern. Knoblauchzehen schälen und fein hacken, Chilischote waschen, trockenreiben und in feine Ringe schneiden. Ingwer mit einem Löffel schälen und sehr fein hacken.

2 Anschließend Knoblauch, Chili, Ingwer sowie Olivenöl, Sweet Chili Sauce, Sojasauce, Honig und den Saft einer Limette in einen mindestens 6 Liter fassenden Gefrierbeutel geben und die Marinade mit Salz, Pfeffer und Currypulver würzen. Die Hähnchen Unterschenkel dazugeben, den Gefrierbeutel gut verschließen und die Marinade 2-3 Min. in das Fleisch einmassieren. Danach kaltstellen und mind. 1 Std. marinieren lassen.

3 Den Backofen auf 180 °C Ober-/Unterhitze (Umluft 160 °C) vorheizen und nach Ende der Marinierzeit die Drumsticks aus dem Gefrierbeutel nehmen und auf ein mit Backpapier ausgelegtes Backblech setzen. Für 30-35 Min. auf der mittleren Schiene des Backofens goldbraun garen. Zwischendurch mehrmals wenden und mit der verbliebenen Marinade bestreichen.

4 Zum Schluss Koriander abspülen, trocken tupfen und die Drumsticks zum Servieren mit den Blättchen bestreuen.

Tipp

Zu Drumsticks vom Blech passen knusprig gebratene Kartoffelscheiben /-chips, Pommes frites und ein Sweet-Chili-Dip.

Grillen & BBQ

14. KAPITEL

Spareribs

ZUTATEN

4

1,5-2 kg Spareribs
3 EL Tomatenmark
250 ml Rotwein (trocken)
3 EL Olivenöl
1 EL Honig
2 EL Weinessig
2 Zweige Thymian
½ TL Nelkenpulver
2 Knoblauchzehen
Pfeffer
Meersalz

Außerdem:
Große Schüssel oder Bräter mit Deckel

Zubereitung: 15 Min.
Garzeit: ca. 30-35 Min.
Marinierzeit: mind. 12 Std.

Einkaufsliste

1 In einer großen Schüssel oder einem Bräter Tomatenmark, Rotwein, Essig, Olivenöl, Honig, fein gehackten Thymian und das Nelkenpulver zu einer Marinade verrühren und mit „angeschlagenen“ Knoblauchzehen (leicht mit dem Messerrücken angedrückt) und Pfeffer würzen.

2 Die Spareribs abspülen, trocken tupfen und evtl. an der Unterseite der Knochen befindliche Haut mit einem scharfen Messer ablösen. Anschließend die Spareribs zwischen den Knochen zerteilen und in Portionen von jeweils 3 Rippen aufteilen. In die Marinade einlegen, gut verschließen und mind. 12 Std. darin marinieren.

3 Vor dem Grillen Spareribs aus der Marinade nehmen, abtropfen und trocken tupfen. Anschließend auf den heißen Grill geben und unter mehrmaligem Wenden ca. 15 Min. von jeder Seite kräftig braun grillen. Dabei immer wieder mit der Marinade bepinseln und erst zum Servieren mit Meersalz bestreuen.

Info Spareribs werden im Handel in verschiedenen Ausführungen angeboten. Besonders beliebt sind dabei, neben den klassischen Spare Ribs aus Bauchrippen, auch Baby Back Ribs (Loin Ribs) oder St. Louis Cut Spare Ribs.

GRILLSAUCE

ZUTATEN 4

1 kleines Stk. Ingwer
100 ml Sojasauce
6 EL Mirin Reiswein
2 EL Tahini-Sesampaste
4 TL Zucker
½ TL Sambal Oelek
2 EL Sesamsaat

VEGAN

Zubereitung: 15 Min.
Garzeit: ca. 10 Min.

Einkaufsliste

Tahini-Sauce

1 Ingwer mit einem Löffel schälen und sehr fein hacken. Zusammen mit Sojasauce, Mirin Reiswein, Sesampaste und Zucker unter Rühren in einem Topf erwärmen, bis eine glatte Sauce entsteht. Tahini-Sauce mit Sambal Oelek abschmecken.

2 In eine Bowl oder ein Twist-off-Glas abfüllen und mit kurz angerösteter Sesamsaat leicht bestreuen.

Barbecue Sauce

1 Cola in einem Topf auf ca. die Hälfte der Flüssigkeit einkochen. Anschließend mit fein gehacktem Knoblauch, Ketchup, Tomatenmark, braunem Zucker, Honig, Cumin und Zimtpulver verrühren und mit etwas Worcester Sauce, Rauchsalz und frisch gemahlenem Pfeffer abschmecken.

2 Die BBQ Sauce nochmals 20-25 Min. bei mittlerer Hitze köcheln lassen. Nach dem Abkühlen kann man die Sauce servieren, aber auch gekühlt für einige Zeit aufbewahren.

GRILLSAUCE

ZUTATEN 4

500 ml Cola (kalorienfrei)
2 Knoblauchzehen
100 ml Ketchup
1 EL Tomatenmark
2 EL brauner Zucker
1 EL Honig
1 TL Rauchsalz
1 EL Worcester Sauce
1 TL Cumin (Kreuzkümmel)
½ TL Zimtpulver
schwarzer Pfeffer

VEGGIE

Zubereitung: 15 Min.
Garzeit: ca. 35 Min.

Einkaufsliste

GRILLSAUCE

ZUTATEN 4

200 g Kichererbsen (gekocht)
2 Knoblauchzehen
1 Zitrone
Salz
½ TL Cumin (Kreuzkümmel)
3 EL Tahini-Sesampaste

VEGAN

Zubereitung: 15 Min.

Einkaufsliste

Hummus

1 Kichererbsen gründlich abspülen und abtropfen lassen. Zusammen mit 100 ml kaltem Wasser in einem Mixer pürieren.

2 Anschließend geschälten Knoblauch, Saft einer Zitrone, etwas Salz sowie Cumin dazugeben und alles gut vermixen. Mit Sesampaste ergänzen und cremig verrühren.

Cocktailsauce

GRILLSAUCE

ZUTATEN 4

- 8 EL Mayonnaise
- 8 EL Ketchup
- ½ Zitrone
- 2 EL Sojasauce
- 2 cl Cognac

VEGGIE

Zubereitung: 10 Min.
Kühlzeit: mind. 1 Std.

Einkaufsliste

1 Mayonnaise und Ketchup zu gleichen Teilen und dem Saft ½ frisch gepressten Zitrone mit dem Schneebesen glatt verrühren. Anschließend nur mit Sojasauce und Cognac abschmecken und nochmals gut durchrühren.

2 Cocktailsauce vor dem Verzehr mindestens 1 Std. kaltstellen.

Teufelssauce

GRILLSAUCE

ZUTATEN 4

- 200 g Strauchtomaten
- 1 Knoblauchzehe
- ½ Zwiebel
- 1 rote Chilischote
- 1 eingelegte Peperoni (Glas)
- 2 EL Olivenöl
- 100 ml Gemüsebrühe
- Salz und Pfeffer
- 1 Pr. Zucker

VEGAN

Zubereitung: 20 Min.
Garzeit: ca. 15 Min.

Einkaufsliste

1 Strauchtomaten waschen, halbieren, Stielansätze keilförmig herausschneiden und klein schneiden. Zwiebel und Knoblauch schälen und fein hacken. Chilischote waschen und in feine Ringe schneiden, Peperoni abtupfen und fein würfeln.

2 Olivenöl in einem Topf erhitzen, Zwiebel und Knoblauch dazugeben und 1-2 Min. anschwitzen. Chilischote und Tomatenstücke hinzufügen und mit der Gemüsebrühe aufgießen. Bei geringer Hitze 10-15 Min. „dicklich“ einkochen.

3 Anschließend mit einem Stabmixer fein pürieren und mit Salz und Pfeffer sowie 1 Prise Zucker abschmecken. Zum Schluss die Peperoniwürfel einrühren und die Sauce kaltstellen.

Limetten-Buttermilch-Hähnchenbrust

ZUTATEN 4

800 g Hähnchenbrustfilet
500 ml Buttermilch
2 Limetten
2 Stängel Zitronengras
1 Msp. Wasabi Paste
Salz und Pfeffer
2 EL Olivenöl

Zubereitung: 15 Min.
Garzeit: ca. 15 Min.
Ruhezeit: mind. 3 Std.

Einkaufsliste

1 Buttermilch, Olivenöl, Schalenabrieb **1** Limette und den Saft von 2 Limetten in einer großen Schüssel verquirlen, mit Wasabi Paste, Salz und Pfeffer würzen und nochmals umrühren. Zitronengras waschen, die äußeren Blätter entfernen, in ca. 3-4 cm lange Stücke schneiden und in die Marinade geben.

2 Anschließend Hähnchenbrustfilet gründlich waschen, trocken tupfen und in 4 Portionen teilen. In die Buttermilch-Marinade einlegen und zugedeckt mind. 3 Std. kaltstellen.

3 Später das Fleisch aus der Marinade nehmen, trocken tupfen und auf dem heißen Grill 12-15 Min. von beiden Seiten grillen.

Folienkartoffeln mit Kräuterquark

ZUTATEN 4

4 große Kartoffeln (à 200 g)
Meersalz
½ TL Kümmel (ganz)
1 Kresse (Schale/Beet)
½ Bd. Schnittlauch
1 Zweig Petersilie
1 Zweig Dill
250 g Speisequark
1 EL Schlagsahne
Cayennepfeffer (gemahlen)

VEGGIE

Zubereitung: 25 Min.
Garzeit: ca. 40 Min.

Einkaufsliste

1 Kartoffeln in Salzwasser 15 Min. vorkochen. Anschließend herausnehmen, auf je ein Stück Alufolie setzen, mit Meersalz und Kümmel bestreuen und fest einwickeln.

2 Für den Quark die Kresse abschneiden und alle anderen Kräuter abspülen, trocken tupfen und klein hacken. In einer Schüssel den Quark mit 3 EL Wasser und 1 EL Sahne glattrühren und die Kräuter unterziehen. Alles mit Cayennepfeffer abschmecken.

3 Kartoffeln in der Folie auf den heißen Grill legen und ca. 20-25 Min. grillen. Anschließend mit dem Kräuterquark servieren und Folien erst am Tisch öffnen.

T-Bone-Steak

1 T-Bone-Steaks gut abspülen, trocken tupfen und mit Olivenöl einpinseln (im Kühlschrank aufbewahrtes Fleisch vorher bei Zimmertemperatur 1-2 Std. entspannen lassen).

2 Anschließend die Steaks - noch ungewürzt - auf den heißen Grill legen (höchste Grillstufe) und von jeder Seite ca. 5-6 Min. grillen. Dabei nur einmal wenden! Für ein Steak, das z.B. *Medium Rare* gebraten werden soll, eine Kerntemperatur von 55 °C mit dem Grillthermometer überwachen.

3 Steaks vom Grill nehmen, von beiden Seiten mit Meersalz und frischem Pfeffer aus der Mühle würzen und einzeln in Alufolie einwickeln. Im Backofen bei 80 °C Ober-/Unterhitze 10-15 Min. in der Folie entspannen lassen. Anschließend aufschneiden und servieren.

ZUTATEN 4

2 T-Bone-Steaks
(à 600-800 g und 4-5 cm dick),
dry aged (trocken abgehangen)
2 EL Olivenöl
Meersalz und Pfeffer

Außerdem:
Grillthermometer

Zubereitung: 10 Min.
Garzeit: ca. 10-12 Min.
Ruhezeit: 10-15 Min.

Einkaufsliste

Köfte (Hackfleischspieße)

1 Zwiebeln und Knoblauch schälen und sehr fein hacken, Koriandersaat und Cumin in einer Pfanne ohne Öl leicht anrösten und anschließend alles in einem Mörser fein zerstoßen.

2 Hackfleisch in einer Schüssel mit sämtlichen Zutaten vermengen, mit Salz und Pfeffer würzen und zu einer geschmeidigen Masse verkneten. Anschließend in Portionen teilen und mit angefeuchteten Händen länglich um Holzspieße formen.

3 Auf den heißen Grill legen und von jeder Seite 3 Min. grillen, danach an den Rand legen und 2 Min. von jeder Seite weiter grillen. Köfte-Hackfleischspieße sind gar, wenn die Kerntemperatur etwa 70 °C beträgt (Grillthermometer).

ZUTATEN 4

2 Zwiebeln
2 Knoblauchzehen
½ TL Koriandersaat
½ TL Cumin (Kreuzkümmel)
600 g Hackfleisch (vom Rind)
Salz und Pfeffer

Außerdem:
Holzspieße, evtl.
Grillthermometer

Zubereitung: 20 Min.
Garzeit: ca. 10 Min.

Einkaufsliste

Info

Köfte, auch *Kufteh*, *Kufta* oder *Kafta* genannt, sind Hackfleischfladen oder -bällchen, die aus Rind- oder Lammfleisch zubereitet werden. Beliebt sind Köfte vor allem in der türkischen und arabischen Küche. Zu den typischen Gewürzen für das Hackfleisch zählen auch Oregano, Paprikapulver, Zimt- oder Nelkenpulver.

Pulled Pork-Burger

ZUTATEN 4

1 kg Schweinenacken
oder-schulter
4 Burger Buns (Burger-Brötchen)

***Für den Rub** (Gewürzmischung):*
1 TL Knoblauchpulver
1 TL Paprikapulver (edelsüß)
½ TL Oregano (getrocknet)
½ TL Thymian (getrocknet)
1 TL Chiliflocken
1 TL brauner Zucker
1 TL Meersalz

***Für den Cole Slaw** (Krautsalat):*
½ Weißkohl
½ Rotkohl
1 kleine Zwiebel
100 ml Kochsahne
2 EL Weinessig
1 TL Zucker
etwas Zitronensaft
Salz und Pfeffer

Für die BBQ-Sauce:
100 ml Apfelsaft
1 EL Apfelessig
1 EL Sojasauce
50 ml Ketchup
1 Knoblauchzehe
½ TL Chilipulver
Salz und Pfeffer

Außerdem:
Grillthermometer,
evtl. Burger-Spieße

Zubereitung: 30 Min.
Garzeit: ca. 9-18 Std.
Ruhezeit: mind. 12 Std.

Einkaufsliste

1 Für den **Rub** in einer Schüssel Knoblauchpulver, Paprikapulver, Oregano, Thymian, Chiliflocken, braunen Zucker und Meersalz mischen und das abgespülte und abgetupfte Fleisch von allen Seiten damit gut einreiben. Anschließend in Klarsichtfolie fest einwickeln und für mindestens 12 Std. zum Marinieren kaltstellen.

2 Für den **Cole Slaw** Weiß- und Rotkohl waschen, grob zerteilen und auf dem Küchenhobel in feine Streifen hobeln. Zwiebel schälen und in Würfelchen schneiden. In einer großen Schüssel Sahne, Weinessig, etwas Salz, Zucker, einen Spritzer Zitronensaft und Pfeffer verrühren und den Kohl dazugeben. Alles gut vermengen und durchziehen lassen.

3 Für die **BBQ-Sauce** Apfelsaft, Apfelessig, Sojasauce, Ketchup, gehackte Knoblauchzehe und Chilipulver in einem Topf aufkochen und ca. 4-5 Min. bei mittlerer Hitze köcheln lassen. Anschließend mit Salz und Pfeffer abschmecken und beiseite stellen.

4 Nach der Marinierzeit den Schweinenacken aus der Folie auswickeln. Auf dem vorgeheizten Grill bei 100-110 °C wird das Schweinefleisch nun mit geschlossenem Deckel langsam gegart, bis schließlich eine Kerntemperatur von 90-95 °C erreicht ist. Dies ist mit einem Grillthermometer, das direkt mit dem Fühler im Fleisch steckt, zu überwachen. Je nach Fleisch, Fleischstärke oder Grill Art dauert dieser Vorgang 9-18 Std. Unterstützend kann man bei einem Gasgrill noch eine Räucherröhre auf dem Grillrost platzieren, hierzu gibt das Handbuch des entsprechenden Geräts Auskunft. Ab einer Kerntemperatur von 75 °C das Fleisch max. einmal pro Stunde mit BBQ-Sauce einpinseln (moppen).

5 Nach Ende der Grillzeit wird das Fleisch mit zwei Gabeln zerrupft (pulled), mit der BBQ-Sauce vermengt und zusammen mit dem Cole Slaw in den zuvor kurz auf dem Grill angetoasteten Burger Buns gleichmäßig verteilt. Für einen besseren Halt kann man die Burger noch mit Burger-Spießen fixieren.

GRILLMARINADE

Thai-Basilikum-Marinade

ZUTATEN 4

1 kleines Stk. Ingwer
1 Zitrone
½ Bd. Thai-Basilikum
150 ml Olivenöl
Salz und Pfeffer

VEGAN

Zubereitung: 15 Min.

Einkaufsliste

1 Ingwer mit einem Löffel schälen und fein hacken, Thai-Basilikum abspülen, trocken tupfen und fein hacken. Zitrone waschen, trockenreiben und die Schale mit einer Küchenraspel abreiben. Anschließend den Saft auspressen.

2 Olivenöl in einem Mixer mit Salz, Ingwer, Zitronensaft und Zitronenschale gut aufmixen und anschließend Thai-Basilikum und frisch gemahlenen Pfeffer dazugeben. Nochmals kurz untermixen (nicht pürieren!) und in ein Gefäß abfüllen. Thai-Basilikum-Marinade eignet sich besonders gut zum Marinieren von Geflügel.

GRILLMARINADE

Scharfe Honig-Marinade

ZUTATEN 4

4 EL Honig
4 EL mittelscharfer Senf
½ Zitrone
1 TL Currypulver
1 Knoblauchzehe
1 TL Sambal Oelek
Salz und Pfeffer

VEGGIE

Zubereitung: 15 Min.

Einkaufsliste

1 Honig, Senf, den Saft der Zitrone, die fein geschnittene Knoblauchzehe sowie Currypulver gut verrühren bzw. mixen.

2 Mit Sambal Oelek, Salz und Pfeffer scharf abschmecken und in eine Bowl oder ein Twist-off-Glas abfüllen.

Buttermilch-Tandoori-Marinade

GRILLMAR NADE

ZUTATEN 4

300 ml Buttermilch
1 EL Tandoori Paste
1 Limette
Salz und Pfeffer
1 kleines Stk. Ingwer

VEGGIE

Zubereitung: 10 Min.
Ruhezeit: mind. 10 Min.

Einkaufsliste

1 Buttermilch in einen hohen Mixbecher geben und mit Tandoori Paste, dem Saft einer Limette, Salz, Pfeffer und frisch geschältem und zerkleinerten Ingwer aufmixen.

2 Anschließend in ein Gefäß abfüllen und mindestens 10 Min. ziehen lassen. Buttermilch-Tandoori-Marinade eignet sich zum Marinieren aller hellen Fleischsorten.

Senf-Kräuter-Marinade

1 Thymian-, Petersilie-, Oregano- und Majoranzweige waschen, trocken tupfen und zusammen fein hacken. In einer Schüssel Olivenöl, groben Senf, Honig, Weinessig und Pfeffer gut verquirlen und die fein gehackten Kräuter unterziehen.

2 Anschließen in ein Gefäß abfüllen. Mit dieser Marinade lassen sich sämtliche Grillfleischarten marinieren.

GRILLMARINADE

ZUTATEN 4

2 Zweige Thymian
2 Zweige Petersilie
2 Zweige Oregano
2 Zweige Majoran
150 ml Olivenöl
3 EL grober Senf
1 EL Honig
70 ml Weinessig
Pfeffer

VEGGIE

Zubereitung: 20 Min.

Einkaufsliste

GRILLMARINADE

ZUTATEN 4

5 EL Olivenöl
3 EL Sojasauce
1 Zitrone
1 Knoblauchzehe
1 Chilischote
Salz und Pfeffer

VEGAN

Zubereitung: 15 Min.

Einkaufsliste

Zitronen-Soja-Marinade

1 Olivenöl, Sojasauce, den Saft der Zitrone sowie kleingeschnittene Knoblauchzehe und Chilischote gut verrühren oder mixen. Mit Salz und Pfeffer abschmecken.

2 Anschießend in ein Gefäß abfüllen. Die Marinade eignet sich besonders gut zum Einlegen/Marinieren von Geflügelfleisch.

Jakobsmuschel-Lachsspieße

1 Jakobsmuscheln (TK vorher auftauen) und das Lachsfilet gründlich abspülen und trocken tupfen. Lachs in mundgerechte Stücke schneiden. Zwiebeln schälen, vierteln und in einzelne Segmente teilen.

2 Jakobsmuscheln, Lachswürfel und Zwiebelstücke nun abwechselnd auf 4 Spieße aufziehen und abgedeckt beiseite stellen

3 Koriandersaat in einer Pfanne ohne Öl 3-4 Min. anrösten und anschließend in einem Mörser fein zerstoßen. Aus dem Saft **einer** frisch gepressten Limette, der Koriandersaat, Salz und Zitronenpfeffer eine Marinade anrühren und diese über die Jakobsmuschel-Lachsspieße geben.

4 Anschließend auf jeden Spieß noch etwas Olivenöl träufeln und auf den heißen Grill geben. Nach 7-8 Min. grillen von beiden Seiten sind die Spieße gar. Die restlichen Limetten warm abwaschen, trocken tupfen, in feine Scheiben schneiden und die Jakobsmuschel-Lachsspieße darauf servieren.

ZUTATEN 4

12 Jakobsmuscheln (ausgelöst)
400 g Lachsfilet
2 rote Zwiebeln
1 TL Koriandersaat
3 Limetten
Salz
Zitronenpfeffer (gemahlen)
2 EL Olivenöl

Außerdem:
Metall- oder Holzspieße

Zubereitung: 20 Min.
Garzeit: ca. 15 Min.

Einkaufsliste

Tipp

Jakobsmuschel-Spieße lassen sich auch mit anderen Zutaten wie Thunfisch, Garnelen oder auch Räucherspeck kombinieren. Als Gemüse eignet sich außer Zwiebel auch Paprika, Zucchini oder Aubergine. Wer es fruchtig möchte, kann auch Papaya oder Mango dazwischen aufspießen.

Riesengarnelen vom Grill

1 Riesengarnelen (TK vorher auftauen) bis auf das Schwanzstück schälen. Anschließend mit einem scharfen Messer am Rücken der Garnelen einen Schnitt setzen und Darm entfernen. Abspülen, trocken tupfen und abgedeckt kühlstellen.

2 Zwischenzeitlich in einer Schüssel Olivenöl, geschälte und grob zerkleinerte Knoblauchzehen, Salz und schwarzen Pfeffer aus der Mühle, etwas Knoblauchsalz und weißen Pfeffer, sowie je 1 TL Oregano und Basilikum gut verrühren und die Garnelen darin marinieren. Abgedeckt oder verschlossen für mind. 2 Std. kühl stellen.

3 Anschließend Garnelen aus der Marinade nehmen, abtropfen lassen und auf Holzspieße ziehen. Diese auf dem heißen Grill ca. 2 Min. von jeder Seite grillen und anschließend heiß servieren.

ZUTATEN 4

800 g Riesengarnelen
5 EL Olivenöl
3 Knoblauchzehen
Salz und Pfeffer
Knoblauchsalz
weißer Pfeffer (gemahlen)
1 TL Oregano (getrocknet)
1 TL Basilikum (getrocknet)

Außerdem:
Holzspieße

Zubereitung: 15 Min.
Garzeit: ca. 4-6 Min.
Ruhezeit: mind. 2 Std.

Einkaufsliste

Saté-Spieße mit Zitronengras

Info *Saté (Satay)* ist ein Grillgericht, das der indonesischen und philippinischen Küche zugeschrieben wird. Hierbei wird Fleisch meist süß-scharf eingelegt und auf Bambusspießen über Holzkohle gegrillt.

ZUTATEN 4

600 g Hähnchenbrustfilet
1 TL Koriandersaat
½ TL schwarze Pfefferkörner
1 Stängel Zitronengras
1 Chilischote
Salz
1 TL Palmzucker (gemahlen)
125 ml Kokosmilch
1 EL Sojasauce

Außerdem:
Bambusspieße

Zubereitung: 35 Min.
Garzeit: ca. 10 Min.
Ruhezeit: mind. 1 Std.

Einkaufsliste

1 Hähnchenbrustfilet gründlich waschen, trocken tupfen, in dünne Scheiben und dann in 4 cm breite Stücke schneiden.

2 Koriandersaat und Pfefferkörner in einer Pfanne ohne Öl anrösten bis sie duften, danach im Mörser fein zerstoßen. Zitronengras waschen, die äußeren Blätter entfernen und sehr fein hacken, Chilischote waschen, trockenreiben und ebenso klein hacken. Alles zusammen zu den Gewürzen in den Mörser geben und mit Salz und Palmzucker zu einer feinen Paste zerreiben.

3 Kokosmilch in einen Topf geben, mit der im Mörser zerriebenen Gewürzpaste und der Sojasauce glattrühren und 2-3 Min. köcheln lassen. Anschließend etwas abkühlen, über das Fleisch gießen, durchkneten und mindestens 1 Std. marinieren.

4 Danach die Hähnchenbruststücke einzeln auf Bambusspieße aufziehen und auf dem heißen Grill 5-6 Min. grillen. Dabei mehrmals wenden und immer wieder mit der Marinade bestreichen. Das Fleisch sollte am Schluss durch, aber nicht trocken sein.

Makrelen mit Grillgemüse

1 Makrelen außen und innen unter fließendem Wasser gründlich reinigen und anschließend mit Küchenpapier trocken tupfen. Die äußere Haut mit einem scharfen Messer mehrfach leicht einschneiden und die Makrelen danach innen und außen mit Meersalz, Pfeffer und Chiliflocken würzen. Kräuterzweige gleichmäßig in den Bauchhöhlen der Fische verteilen, je 2 Scheiben Zitrone dazugeben und jeden Fisch innen und außen mit **1 EL** Olivenöl beträufeln. Makrelen abgedeckt beiseite stellen.

2 Für das Grillgemüse Zucchini, Aubergine und Paprika waschen und trockenreiben. Zucchini in lange, dünne Scheiben hobeln, Aubergine in dünne Scheiben schneiden. Paprika halbieren, Kerngehäuse entfernen und in Spalten schneiden. Alles zusammen in eine große Schüssel geben und mit **4 EL** Olivenöl, 2 klein gehackten Knoblauchzehen, einer fein geschnittenen Chilischote sowie Salz und Pfeffer gut vermengen. Grillgemüse mind. 30 Min. abgedeckt marinieren lassen.

3 Zum Schluss Makrelen in Fischgrillzangen oder direkt auf dem heißen Rost 10-15 Min. grillen; dabei mehrfach wenden. Der Fisch ist gar, wenn die Haut dunkel und knusprig wird. Das Grillgemüse kann man parallel dazu in einer Grillpfanne auf dem Rost garen und zusammen mit den Makrelen servieren.

ZUTATEN 4

4 mittelgroße Makrelen (ausgenommen)
4 Zweige Majoran
4 Zweige Rosmarin
4 Zweige Thymian
Meersalz
Salz und Pfeffer
2 Zitronen
1 EL Chiliflocken
8 EL Olivenöl
1 Zucchini
1 Aubergine
1 rote Paprika
1 gelbe Paprika
2 Knoblauchzehen
1 Chilischote

Außerdem:
Grillpfanne, evtl. Grillzangen für ganze Fische

Zubereitung: 45 Min.
Garzeit: ca. 10-15 Min.
Ruhezeit: mind. 30 Min.

Einkaufsliste

Kapernpaste mit Sardellen

1 Mandelkerne in einer Pfanne ohne Öl leicht anrösten, abkühlen lassen und grob hacken.

2 Kapernäpfel abtropfen lassen und vom Stiel trennen. Minzeblätter abzupfen, waschen und trocken tupfen. Knoblauchzehen schälen und grob hacken, Sardellenfilets auf Küchenpapier etwas abtropfen lassen.

3 Sämtliche Zutaten mit dem Olivenöl in einen Mixbecher geben und zu einer Paste verarbeiten.

DIP

ZUTATEN 4

100 g Kapernäpfel (Glas)
2 Knoblauchzehen
4 Sardellenfilets
50 g Mandelkerne (geschält)
100 ml Olivenöl
1 Zweig Minze

Zubereitung: 15 Min.
Garzeit: 4-5 Min.

Einkaufsliste

Tsatsiki

DIP

ZUTATEN 4

1 Salatgurke
3 Knoblauchzehen
2 Zweige Dill
3 EL Olivenöl
500 g Joghurt, griechischer Art
½ Zitrone
Salz und Pfeffer

VEGGIE

Zubereitung: 15 Min.

Einkaufsliste

1 Salatgurke waschen, trockenreiben und halbieren. Kerngehäuse entfernen und Gurke sehr fein würfeln. Knoblauchzehen schälen und fein hacken, Dill abstreifen und kleinschneiden.

2 Joghurt, Olivenöl, Knoblauch und den Saft einer halben Zitrone in einer Schüssel glatt verrühren. Anschließend Gurkenstückchen und Dill untermengen und alles mit Salz und Pfeffer abschmecken. Tsatsiki mit etwas Gurke und Dill dekoriert servieren.

DIP

ZUTATEN 4

1 Mango
200 g Naturjoghurt
2 Zweige Thai-Basilikum
1 EL gelbe Currypaste
½ Limette
Salz
Szechuanpfeffer

VEGGIE

Zubereitung: 15 Min.

Einkaufsliste

Curry-Mango-Dip

1 Mango waschen, trockenreiben und schälen. Das Fruchtfleisch links und rechts am Kern entlang abschneiden und den Rest lösen. Fruchtfleisch grob zerkleinern. Thai-Basilikum abspülen, trocken tupfen und grob hacken, Limettensaft auspressen.

2 Alle Zutaten mit Naturjoghurt und Currypaste in einen großen Mixbecher geben und fein pürieren. Zuletzt mit Salz und Szechuanpfeffer abschmecken.

Tomaten-Chutney

1 Tomaten waschen, trockenreiben, halbieren, Stielansätze entfernen und in kleine Würfel schneiden. Ingwer mit einem Löffel schälen und klein hacken. Zwiebeln schälen und kleinwürflig schneiden, Chilischote waschen, trockenreiben und in sehr feine Ringe schneiden.

2 Alles zusammen in e nen Topf geben, mit braunem Zucker und Weinessig auffüllen und mit Meersalz und Pfeffer würzen. Tomaten ca. 1 Std. bei mittlerer Hitze einkochen lassen; zwischendurch mehrmals umrühren.

3 Nach Ende der Garzeit die Hälfte der Tomaten pürieren und wieder zurück in den Topf geben. Ein Päckchen Einmachhilfe einrühren und anschließend das Chutney abfüllen. Chutney kann warm oder kalt verzehrt werden.

CHUTNEY

ZUTATEN 4

1 kg grüne Tomaten
1 kleines Stk. Ingwer
2 Zwiebeln
1 Chilischote
150 g brauner Zucker
1 TL Meersalz
Pfeffer
125 ml Weinessig
1 Pck. Einmachhilfe

VEGAN

Zubereitung: 30 Min.
Garzeit: 1 Std.

Einkaufsliste

CHUTNEY

ZUTATEN 4

400 g Hokkaidokürbis
1 kleines Stk. Ingwer
1 rote Zwiebel
2 Zweige Koriander
2 EL Olivenöl
3 EL brauner Zucker
Salz und Pfeffer

VEGAN

Zubereitung: 20 Min.
Garzeit: 1 Std.

Einkaufsliste

Kürbis-Chutney

1 Kürbis waschen, zerteilen, Kerngehäuse entfernen und in kleine Würfelchen schneiden. Ingwer schälen und klein hacken, Zwiebel schälen und fein würfeln. Korianderblätter von den Stielen streifen und kleinschneiden.

2 In einem Topf Olivenöl erhitzen, Zucker darin karamellisieren und Kürbis, Ingwer, Zwiebel und Koriander dazugeben. Mit Salz und Pfeffer würzen und bei schwacher Hitze ca. 1 Std. köcheln lassen. Anschließend heiß in Gläser abfüllen, verschießen und auskühlen lassen.

Balkanspieße

ZUTATEN 4

400 g Rinderfilet
400 g Schweinefilet
4 kleine Zwiebeln
1 rote Paprika
1 gelbe Paprika
2 EL Olivenöl
1 TL Chilipulver
Salz und Pfeffer

Außerdem:
Holzspieße

Zubereitung: 20 Min.
Garzeit: ca. 20 Min.
Ruhezeit: 30 Min.

Einkaufsliste

1 Rinder- und Schweinefilet gründlich waschen, trocken tupfen und in mundgerechte Würfel schneiden. Zwiebeln schälen und vierteln, Paprikaschoten waschen, trockenreiben und halbieren. Die Kerngehäuse und Scheidewände entfernen und in Stücke schneiden.

2 Fleischwürfel, Zwiebelspalten und Paprika abwechselnd auf Holzspieße aufziehen, mit Olivenöl bepinseln und mit Chilipulver, Salz und Pfeffer würzen. Abgedeckt 30 Min. ruhen lassen und danach auf den heißen Grill legen. Balkanspieße von jeder Seite 1 Min. heiß angrillen und anschließend bei mittlerer Hitze ca. 15 Min. fertig garen.

Thunfischsteaks

ZUTATEN 4

4 Thunfischsteaks (à 150 g)
2 Knoblauchzehen
½ TL Chiliflocken
1 Zitrone oder Limette
Salz und Pfeffer
3 EL Olivenöl
Meersalz

Zubereitung: 15 Min.
Garzeit: ca. 6-8 Min.

Einkaufsliste

1 Knoblauchzehen schälen, fein hacken und zusammen mit Chiliflocken, dem Saft einer Zitrone (oder Limette) sowie Meersalz und Pfeffer zu einer Marinade anrühren. Unter ständigem Rühren 3 EL Olivenöl langsam dazu gießen.

2 Küchenfertige Thunfischsteaks gründlich unter fließendem Wasser kalt abspülen, danach gut trocken tupfen. Thunfischsteaks ungewürzt auf den heißen Grill legen und 1 Min. von jeder Seite scharf angrillen. Anschließend an den Rand legen und nochmals 2-3 Min. bei mäßiger Hitze garen. Zum Servieren jedes Steak mit etwas Marinade beträufeln und mit grobem Meersalz bestreuen.

Beef Brisket

ZUTATEN 6-8

1 Rinderbrust (2-3 kg), hochwertige Ware, am besten "Full Packer"

Für den Rub *(Gewürzmischung):*
Meersalz
schwarzer Pfeffer
1 EL brauner Zucker
1 TL Senfkörner (ganz)
1 TL Knoblauchpulver
1 TL Zwiebelpulver
1 TL Chiliflocken

Für die Mop Sauce:
1 kleine Zwiebel
2 Knoblauchzehen
1 Chilischote
50 ml Apfelsaft
100 ml Exportbier
60 ml Olivenöl
1 EL Worcester Sauce
1 TL Cayennepfeffer (gemahlen)
Salz

Außerdem:
Grillthermometer

Zubereitung: 40 Min.
Garzeit: ca. 8-10 Std.
Ruhezeit: insgesamt 3 Std.

Einkaufsliste

1 Rinderbrust am Stück gründlich waschen und trocken tupfen. Mit einem scharfen Messer noch vorhandenes Fett und Sehnen entfernen und nur auf der Unterseite, als Hitzeschutz beim Grillen, eine dünne Schicht davon belassen.

2 **Rub** in einer Schüssel aus Meersalz, frisch gemahlenem schwarzen Pfeffer, braunem Zucker, zuvor im Möser zerstoßenen Senfkörnern, Knoblauchpulver, Zwiebelpulver und Chiliflocken anmischen und damit die Rinderbrust ringsum gut einreiben. Fleisch abgedeckt 1-2 Std. zum Durchziehen beiseite stellen.

3 Grill oder Smoker auf 110-120 ° C vorheizen und anschließend das Fleisch auf die indirekte Grillzone setzen. Ein Grillthermometer ins Fleisch schieben und den Deckel schließen. Das Beef Brisket wird nun durch Wärme und Rauch gegart. Dieser Vorgang dauert bis zum Erreichen einer Kerntemperatur, je nach Art und Größe des Fleisches, ca. 5-6 Std.

4 Zwischenzeitlich eine **Mop Sauce** aus kleingehackter Zwiebel und Knoblauchzehen, fein geschnittener Chilischote, Apfelsaft, Bier, Olivenöl, Worcester Sauce sowie Salz und Cayennepfeffer anrühren. Damit wird das Fleisch während des Garens 2-3 mal eingepinselt, wobei darauf zu achten ist, dass die Gewürze am Fleisch (Rub) nicht abgespült werden.

5 Nach Ende der Garzeit des ersten Abschnitts (70 °C Kerntemperatur) Fleisch vom Grill nehmen und fest und luftdicht in Alufolie einwickeln. Hinzugeben kann man etwas Mop Sauce oder Rinder Fond, dann trocknet das Fleisch nicht aus. Das Beef Brisket kommt nun - in der Folie - zurück auf dem Grill. Das Fleischthermometer wieder einschieben und bis zum Erreichen einer Kerntemperatur von ca. 90 °C nochmals weitere 3-4 Std. garen.

6 Anschließend das fertig gegarte Fleisch vom Grill nehmen und entspannen lassen. Hierzu den Backofen auf 60 °C Ober-/Unterhitze vorheizen und das Beef Brisket darin 1 Std. ruhen lassen. Zum Schluss aus dem Ofen nehmen, Alufolie öffnen, Bratensaft auffangen und das Fleisch - quer zur Faser - in dünne Scheiben schneiden. Noch etwas mit dem Bratensaft beträufeln und anschließend servieren.

Maiskolben mit Chili-Limettenmarinade

ZUTATEN 4

4 Maiskolben
1 EL Zucker
2 Chilischoten
2 Limetten
2 EL Honig
2 EL Sojasauce
1 EL Sesamöl
Salz und Pfeffer
2 Zweige Koriander

VEGGIE

Außerdem:
Holzspieße oder
Maiskolbenhalter

Zubereitung: 20 Min.
Garzeit: ca. 20 Min.

Einkaufsliste

1 Rohe Maiskolben in köchelndem Wasser mit 1 EL Zucker für 20 Min. weichkochen (vorgegarte Maiskolben können direkt zum Grillen verwendet werden). Anschließend gekochte Maiskolben abtropfen lassen, Maiskolbenhalter verwenden oder evtl. auf Holzspieße aufziehen.

2 Zwischenzeitlich die Chili-Limettenmarinade herstellen. Limetten warm abwaschen und trockenreiben, von **einer** Limette die Schale mit einer Küchenraspel abreiben. Beide Limetten auspressen und den Saft zusammen mit der Limettenschale in eine Schüssel geben. Anschließend Chilischoten waschen, trockenreiben und in sehr feine Ringe schneiden. Zusammen mit Honig, Sojasauce, Sesamöl, Salz und Pfeffer zum Limettensaft geben und alles glatt verrühren. Zum Schluss Koriander abspülen, trocken tupfen, sehr fein hacken und unter die Marinade mischen.

3 Maiskolben mit der Marinade einpinseln und auf den heißen Grill geben. Bei mittlerer Hitze die Kolben von allen Seiten grillen, dabei mehrfach drehen und mit der Marinade bestreichen. Nach ca. 15-20 Min., sobald erste Körner stark geröstet sind, Maiskolben vom Grill nehmen und servieren.

Info

Im Handel erhältliche *Maiskolbenhalter* erleichtern den Verzehr heißer Kolben. Diese werden einfach links und rechts in das Gargut gesteckt, wobei damit aber auch gegrilltes Gemüse fest fixiert werden kann. Maiskolbenhalter gibt es in Ausführungen mit Holz-, Edelstahl-, Kunststoff- oder auch Porzellangriffen.

Texas-Burger

1 Das küchenfertige Rinderhackfleisch halbieren, eine Hälfte davon kräftig kneten, bis Eiweiß austritt. Anschließend mit der ungekneteten Hackfleischmasse vermengen und daraus 4 Patties formen. Der Durchmesser der Hackfleischscheiben sollte etwas größer als die Burger-Brötchen sein, da das Fleisch beim Braten etwas schrumpft. Hackfleisch-Patties für 30 Min. in den Gefrierschrank geben, dann halten diese besser zusammen.

2 Baconscheiben auf den heißen Grill legen und von beiden Seiten knusprig grillen, Eier vorsichtig in einer Grillpfanne aufschlagen und 4 Spiegeleier braten. Burgerbrötchen auf der Schnittfläche kurz anrösten.

3 Parallel dazu die Hackfleisch-Patties, noch ungewürzt, auf dem heißen Grill geben und von einer Seite 4-5 Min. grillen. Anschließend wenden und auch auf der anderen Seite 2 Min. garen. Oberseite mit Salz und Pfeffer würzen, die Käsescheiben drauflegen und nochmals 2-3 Min. weitergrillen.

4 Leicht angeröstete Burger Buns auflegen, Ketchup oder BBQ-Sauce auf den Unterteilen verstreichen und mit allen Zutaten wie folgt belegen: Je ein Salatblatt, 1 Scheibe Bacon, 1 Hackfleisch-Patty mit Käsescheibe, 2 Scheiben Bacon und oben 1 Spiegelei. Das Oberteil der Burger Buns kann aufgelegt oder angelehnt werden, damit das Spiegelei nicht sofort zerläuft.

ZUTATEN 4

500 g Hackfleisch (vom Rind)
4 Salatblätter (z.B. Römer Salat)
12 Scheiben Bacon
4 Scheiben Schmelzkäse
4 EL Ketchup oder BBQ Sauce
Salz und Pfeffer
4 Eier
4 Burger Buns (z.B. mit Sesam)

Zubereitung: 30 Min.
Garzeit: ca. 20 Min.
Ruhezeit: 30 Min.

Einkaufsliste

Knoblauch-Kräuter-Dip

DIP

ZUTATEN 4

1 Kresse (Beet/Schale)
½ Bund Schnittlauch
2 Knoblauchzehen
150 g Crème fraîche
100 g Naturjoghurt
etwas Zitronensaft
Salz und Pfeffer

VEGGIE

Zubereitung: 15 Min.
Ruhezeit: 30 Min.

Einkaufsliste

1 Kresse am Beet abschneiden, waschen und abtropfen lassen. Schnittlauch abspülen und trocken tupfen. Beide Kräuter sehr fein hacken.

2 Knoblauchzehen schälen und fein hacken, zusammen mit Crème fraîche, Naturjoghurt, einem Spritzer Zitrone, den Kräutern sowie Salz und Pfeffer in einer Schüssel glatt verrühren. Vor dem Verzehr 30 Min. durchziehen lassen und mit ein paar Schnittlauch-Röllchen dekorieren.

Eier-Bacon-Dip

1 Eier in einem Topf mit Wasser 8-10 Min. hart kochen, herausnehmen, kalt abschrecken, schälen und klein schneiden.

2 Bacon in feine Würfelchen schneiden und in einer Pfanne ohne Öl 4-5 Min. kross anbraten. Herausnehmen und kaltstellen. Petersilie abspülen, trocken tupfen und Blättchen abzupfen

3 Frischkäse in einer Schüssel mit der Sauren Sahne glattrühren, mit Salz und Pfeffer würzen und anschließend Eier und Bacon vorsichtig untermischen. Mit Petersilie bestreut servieren.

DIP

ZUTATEN 4

3 Eier
150 g Bacon
1 Zweig Petersilie
200 g Frischkäse „Kräuter"
1 EL Saure Sahne
Salz und Pfeffer

Zubereitung: 20 Min.
Garzeit: ca. 15 Min.

Einkaufsliste

Black Beans-Jalapeño-Dip

1 Schwarze Bohnen waschen und über Nacht in reichlich kaltem Wasser einweichen (alternativ können auch Kidneybohnen aus der Dose verwendet werden). Bohnen anschließend abgießen und gründlich unter fließendem Wasser abspülen. In einem Topf mit Salzwasser die Bohnen, zusammen mit einem Lorbeerblatt, etwa 90 Min. bei geringer Hitze weichkochen.

2 Anschließend abgießen und dabei 100 ml des Bohnenwassers auffangen. Lorbeerblatt entfernen und die Bohnen abgedeckt kühlstellen. Zwiebel und Knoblauchzehen schälen und fein hacken, Jalapeños in feine Ringe schneiden.

3 In einer Pfanne Olivenöl erhitzen, Zwiebel, Knoblauch und Jalapeños darin 2-3 Min. anschwitzen. Die Bohnen dazugeben, mit Salz, Pfeffer und Paprikapulver würzen und mit dem Bohnenwasser aufgießen. Zugedeckt 15-20 Min. bei geringer Hitze zu einer „breiigen" Masse einkochen.

4 Zum Schluss die Bohnenmasse mit einem Mixer grob pürieren und mit etwas Zitronensaft verfeinert servieren.

DIP

ZUTATEN 4

200 g schwarze Bohnen
1 Lorbeerblatt (getrocknet)
1 Zwiebel
2 Knoblauchzehen
2 EL Olivenöl
2 Jalapeño
(Chilischoten, eingelegt)
Salz und Pfeffer
1 TL Paprikapulver (edelsüß)
1 Spritzer Zitronensaft

VEGAN

Zubereitung: 25 Min.
Garzeit: ca. 1 Std. 55 Min.
Ruhezeite: mind. 12 Std.

Einkaufsliste

Guacamole (Avocado-Dip)

DIP

ZUTATEN 4

1 Avocado
1 Knoblauchzehe
1 grüne Chilischote
½ Limette
2 Zweige Koriander
Salz und Pfeffer

VEGAN

Zubereitung: 15 Min.

Einkaufsliste

1 Avocado waschen, trockenreiben und der Länge nach bis zum Kern einschneiden. Beide Hälften durch gegenseitiges Drehen trennen und den Kern entfernen. Fruchtfleisch mit einem Löffel herausschälen und klein schneiden.

2 Knoblauch schälen und zerkleinern, Chilischote klein schneiden, Limettensaft auspressen und Korianderblätter von den Stielen zupfen. Anschließend alles zusammen mit der Avocado in einem Mixbecher geben und pürieren. Mit Salz und Pfeffer abschmecken und servieren.

Tipp Grillsaucen oder Dips gehören zu jeder Party / jedem Barbecue einfach dazu und ergänzen Fleisch- und Gemüsegerichte vom Grill. Dips sind schnell und einfach aus wenigen Zutaten zubereitet.

Halloumi-Grillkäse mit Strauchtomaten

1 Halloumi Grillkäse in 2 cm große Würfel schneiden, Thymian abspülen, trocken tupfen und sehr fein hacken.

2 Den Grillkäse in einer Schüssel mit Olivenöl, fein gehacktem Thymian, Salz, rosa Pfefferbeeren und Ahornsirup vermischen und zugedeckt mind. 1 Std. in der Marinade ziehen lassen.

3 Strauchtomaten vom Stiel zupfen, waschen und auf Küchenpapier abtropfen lassen.

4 Nach Ende der Marinierzeit Grillkäsewürfel herausnehmen, etwas abtropfen lassen und anschließend abwechselnd mit den Tomaten auf Spieße aufziehen. Danach auf den heißen Grill legen und 4-5 Min. von beiden Seiten grillen.

ZUTATEN 4

VEGGIE

750 g Halloumi Grillkäse
3 Zweige Thymian
Salz
1 TL rosa Pfefferbeeren
1 EL Ahornsirup
400 g Strauchtomaten
2 EL Olivenöl

Außerdem:
Metallspieße

Zubereitung: 25 Min.
Garzeit: ca. 10 Min.
Ruhezeit: mind. 1 Std.

Einkaufsliste

Info

Halloumi Käse, oder auch *Challúmi* genannt, ist eine Spezialität aus dem Mittelmeerraum. In der Konsistenz etwas fester und im Geschmack etwas würziger als Mozzarella. Da Halloumi beim Erhitzen jedoch seine Form behält, eignet sich dieser Käse besonders gut zum Grillen.

Rinderfilet mit Chimichurri-Salsa

ZUTATEN 4

Für die Chimichurri-Salsa:
1 Knoblauchzehe
1 rote Zwiebel
1 Chilischote
1 Bd. Petersilie
1 TL Thymian (getrocknet)
1 TL Oregano (getrocknet)
1 TL Puderzucker
Salz und Pfeffer
2 EL Weinessig
100 ml Pflanzenöl

Für die Rinderfilets:
4 Rinderfilets (à ca. 200 g)
1 TL Meersalz
1 EL Olivenöl

Zubereitung: 15 Min.
Garzeit: ca. 10 Min.
Ruhezeit: mind. 2 Std.

Einkaufsliste

1 Knoblauch und Zwiebel schälen und fein hacken, Chilischote waschen, trockenreiben und mit den Kernen in feine Ringe schneiden. Petersilie abspülen, trocken tupfen und fein hacken.

2 Sämtliche Zutaten mit Thymian, Oregano, Puderzucker, Salz, Pfeffer, Essig und Pflanzenöl in einer Schüssel verrühren. Die Chimichurri-Salsa abgedeckt mindestens 2 Std. durchziehen lassen.

3 Anschließend Rinderfilets abspülen, trocken tupfen, mit 1 EL Olivenöl einpinseln und mit Meersalz bestreuen. Auf dem heißen Grill das Fleisch von beiden Seiten ca. 2 Min. grillen, danach an den Rand legen und nochmals 2 Min. von jeder Seite weitergaren. Vom Grill nehmen, warmhalten und 3-4 Min. ruhen lassen.

4 Die Rinderfilets im Ganzen oder in schräge Scheiben geschnitten zusammen mit der Chimichurri-Salsa servieren.

Info Generell sollte beim Grillen auf **Holzkohle** darauf geachtet werden, dass die Kohle vor dem Grillen gut durchgeglüht ist, das Grillgut nicht verkohlt und kein Fett oder keine Marinade in die Kohle tropft! Grillgut deshalb vorher gut abtupfen oder in einer Grillschale garen.

Nudelsalat

ZUTATEN 4

300 g Hörnchennudeln
250 g Erbsen und Möhren (Dose/Glas)
150 g Paprika in Streifen (Glas)
5 EL Mayonnaise
1 EL Senf
3 EL Pflanzenöl
3 EL Weinessig
Salz und Pfeffer

VEGGIE

Zubereitung: 15 Min.
Garzeit: ca. 10 Min.
Ruhezeit: mind. 1 Std.

Einkaufsliste

1 Hörnchennudeln in Salzwasser nach Packungsangaben kochen, durch ein Sieb abgießen und abkühlen lassen.

2 Zwischenzeitlich Erbsen und Möhren abgießen und abtropfen lassen, Möhren etwas klein schneiden. Paprikastreifen abgießen und abtropfen lassen, anschließend in kleine Stücke schneiden.

3 In einer großen Schüssel Mayonnaise, Senf, Pflanzenöl, Weinessig sowie Salz und Pfeffer glatt verrühren, anschließend das Gemüse und die Nudel dazugeben und alles gut vermengen. Für 1 Std. abgedeckt durchziehen lassen und anschließend kalt servieren.

Stockbrot vom Grill

ZUTATEN 4

500 g Mehl (Type 405)
20 g frische Hefe
oder 1 Pck. Trockenhefe
2 TL Salz
1 Pr. Zucker
3 EL Olivenöl

VEGAN

Außerdem:
Äste oder Lagerfeuerspieße

Zubereitung: 20 Min.
Garzeit: ca. 15 Min.
Ruhezeit: ca. 45 Min.

Einkaufsliste

1 Hefe in 250 ml lauwarmem Wasser auflösen und in einer großen Rührschüssel mit Salz, 1 Prise Zucker, Mehl und Olivenöl zu einem Teig verkneten. Anschließend Teig mit einem feuchten Küchentuch abdecken und an einem warmen Ort ca. 30 Min. „gehen" lassen.

2 Danach den Teig nochmals durchkneten und in 8 Portionen teilen. Aus jedem Teigling lange Stränge drehen und diese spiralförmig oben um die Äste oder Lagerfeuerspieße wickeln. Nochmals abgedeckt ca. 15 Min. ruhen lassen. Am Schluss das Stockbrot über dem heißen Grill oder dem offenen Feuer für ca. 15 Min. goldbraun backen.

Karamellisierte Ananas

ZUTATEN

4

1 Ananas
2 EL brauner Zucker
40 g Butter
1 TL Zimtpulver
1 Zweig Minze

VEGGIE

Zubereitung: 15 Min.
Garzeit: 5-7 Min.

Einkaufsliste

1 Die Ananas schälen, dabei alle braunen „Augen" vollständig entfernen. Nach dem Schälen in 1 cm breite Scheiben schneiden und den Strunk in der Mitte mit einem Ausstecher oder scharfem Messer herausschneiden.

2 Die Butter erwärmen und zusammen mit dem Zucker und dem Zimt verrühren. Anschließend die Ananasscheiben damit von allen Seiten bepinseln und auf den heißen Grill legen. Nach 5-7 Min. sind die Scheiben karamellisiert und können mit ein paar Minzeblättchen garniert serviert werden.

Marshmallow-Erdbeerspieße

ZUTATEN

4

1 Tüte Marshmallows
200 g Erdbeeren
Schokolade oder Schokosauce
1 Zweig Minze

Außerdem:
Holzspieße

Zubereitung: 15 Min.
Garzeit: ca. 6-8 Min.

Einkaufsliste

1 Erdbeeren waschen, trocken tupfen und abwechselnd mit Marshmallows auf die Spieße aufziehen. Anschließend Schokolade schmelzen oder Schokosauce erhitzen.

2 Spieße bei mittlerer Hitze auf den Grill legen, immer wieder wenden und so lange Grillen, bis die Mashmallows weich werden und eine braune Farbe annehmen. Mit der geschmolzenen Schokolade und einigen Minzeblättchen servieren.

Hot & cold Drinks

15. KAPITEL

Power-Smoothie mit Matcha

1 Ingwer mit einem Löffel schälen und fein hacken, Spinatblätter und Rucola waschen und auf Küchenpapier abtropfen lassen.

2 Banane und Kiwi schälen und in grobe Stücke schneiden, Datteln entsteinen und in Stücke schneiden. Zitrone (oder Limette) heiß abwaschen und den Saft frisch auspressen.

3 Zuerst Früchte, dann Spinat, Rucola und Ingwer in einen großen Mixbecher füllen, anschließend Zitronensaft, Matcha Tee und 300 ml Wasser hinzugeben. Mit dem Mixer auf höchster Stufe fein pürieren, bis eine sämige Konsistenz entsteht. Wer den Smoothie süßer möchte, kann etwas Agavendicksaft hinzugeben. Smoothies in hohe Gläser abfüllen und genießen.

ZUTATEN 2

1 kleines Stk. Ingwer
50 g Babyspinatblätter
½ Bd. Rucola
1 Banane
1 Kiwi
½ Zitrone oder Limette
2 Datteln
4 g Matcha Tee (Pulver)
evtl. etwas Agavendicksaft

Zubereitung: 20 Min.

Einkaufsliste

Matcha Latte

ZUTATEN 2

4 g Matcha Tee (Pulver)
400 ml Milch
etwas Honig

Außerdem:
Matcha-Besen,
Milchaufschäumer

Zubereitung: 10 Min.
Garzeit: ca. 5 Min.

Einkaufsliste

1 Matcha Tee in eine Schale geben, mit 160 ml heißem Wasser (ca. 80 °C) aufgießen und mit dem Matcha-Besen oder einem Milchaufschäumer ca. 15 Sek. lang schaumig schlagen.

2 Die Milch in einem Topf erhitzen (nicht kochen lassen), mit dem Milchaufschäumer aufschäumen und in Matcha-Schalen oder hohe Gläser abfüllen. Matcha Tee anschließend langsam dazu gießen und mit etwas Honig süßen.

Info Als vegane Alternative verwendet man anstatt Milch Soja- oder Mandelmilch und anstatt Honig Ahornsirup.

Sojamilch-Schokoshake

1 Sojamilch und Schokosirup in einem großen Mixbecker verquirlen, Schokoladeneis dazugeben und cremig pürieren.

2 Zartbitterschokolade mit einem Küchenhobel oder einer Reibe fein raspeln. Shake in Gläsern abfüllen und mit Zartbitterschokolade garniert genießen.

ZUTATEN 2

150 ml Sojamilch
2 EL Schokosirup
400 ml Schokoladeneis
etwas Zartbitterschokolade

Zubereitung: 10 Min.

Einkaufsliste

Grüner Smoothie

1 Spinatblätter gründlich waschen und abtropfen lassen, Bananen schälen und in grobe Stücke zerteilen. Ingwer mit einem Löffel schälen und zerkleinern, Minzeblättchen von den Stielen streifen.

2 Alles zusammen mit Orangensaft, Agavendicksaft und 150 ml Wasser in einen Mixbecher geben und fein pürieren. Zuletzt in Gläser umfüllen und mit etwas Chia Samen bestreuen.

ZUTATEN 2

150 g Spinatblätter
2 Bananen
1 kleines Stk. Ingwer
2 Zweige Minze
150 ml Orangensaft
1 EL Agavendicksaft
1 TL Chia Samen

Zubereitung: 15 Min.

Einkaufsliste

Ananas-Kokosmilchshake

1 Kopf und unteren Strunk der Ananas entfernen und Frucht schälen. Dabei alle braunen „Augen" sorgfältig entfernen. Ananas vierteln, den mittleren Strunk herausschneiden und Fruchtfleisch grob zerteilen.

2 Ananasstücke in einen großen Mixbecher geben, Ananassaft und Kokosmilch dazu gießen und alle gut mixen. Anschließend Zitronensorbet dazu geben und cremig pürieren. Shake in Gläser abfüllen und mit Minzeblättchen garnieren.

ZUTATEN 2

1 Baby-Ananas
350 ml Ananassaft
150 ml Kokosmilch
2 Kugeln Zitronensorbet
einige Minzeblättchen

Zubereitung: 15 Min.

Einkaufsliste

Blaubeer-Smoothie

1 Tiefgefrorene Blaubeeren in einem Sieb auftauen lassen, frische Beeren waschen und von Stielresten befreien. Bananen schälen und grob zerkleinern.

2 Alles zusammen mit dem Vanillejoghurt und dem Mandelmus in einen Mixbecher geben und cremig pürieren. Anschließend in Gläser abfüllen und mit ein paar Blaubeeren dekorieren.

ZUTATEN 2

200 g Blaubeeren
2 Bananen
200 g Vanillejoghurt
3 EL Mandelmus (vegan)

Zubereitung: 10 Min.

Einkaufsliste

Erdbeer-Mangosmoothie

1 Mango waschen, schälen und am Kern entlang das Fruchtfleisch abtrennen. Anschließend in grobe Stücke schneiden.

2 Beide Joghurtsorten in einem großen Mixbecher geben, Orangensaft dazu gießen und alles gut mixen. Mit den Mangostücken und den gefrorenen Erdbeeren auffüllen und cremig pürieren. Smoothie in Gläser abfüllen und mit Minzeblättchen garnieren.

ZUTATEN 2

125 g Naturjoghurt
200 g Erdbeerjoghurt
200 ml Orangensaft
½ Mango
150 g Erdbeeren (TK)
einige Minzeblättchen

Zubereitung: 15 Min.

Einkaufsliste

Hot chocolate-Marshmallows

ZUTATEN
2

100 g Zartbitterschokolade
400 ml Milch
1 Pr. Salz
etwas Zucker
1 Tüte Mini-Marshmallows
Kakaopulver

Zubereitung: 10 Min.
Garzeit: ca. 10 Min.

Einkaufsliste

1 Milch mit einer Prise Salz in einem Topf erhitzen (nicht kochen lassen!) und darin die zerkleinerte oder geraspelte Schokolade schmelzen. Zwischendurch gut verrühren, damit sich die gesamte Schokolade auflöst.

2 Nach Geschmack noch etwas Zucker dazugeben und in große Tassen oder Becher abfüllen. Mit Mini-Marshmallows belegen und mit etwas Kakaopulver bestreuen.

Whipped Coffee (Dalgona)

ZUTATEN
2

4 EL Instant-Kaffee
4 EL brauner Zucker
300 ml Milch
evtl. Eiswürfel

Zubereitung: 10 Min.
Garzeit: ca. 5 Min.

Einkaufsliste

1 Instant-Kaffee und braunen Zucker in einer Rührschüssel mischen und 4 EL heißes Wasser dazugeben. Alles mit einem Handrührgerät oder einem Schneebesen cremig und fest aufschlagen.

2 Milch erhitzen (nicht kochen lassen!) und danach in Gläser abfüllen. Geschlagene (whipped) Kaffee-Creme vorsichtig darüber geben und Dalgona Coffee genießen.

Tipp Whipped Coffee kann man auch kalt genießen. Hierzu die Milch kalt verwenden und einige Eiswürfel dazugeben.

Chai Latte

1 Zimtstange etwas zerkleinern und zusammen mit Kardamomkapseln, Gewürznelken, Sternanis und Fenchelsaat im Mörser grob zerstoßen.

2 Anschließen die Gewürze in einem Topf 2-3 Min. erwärmen (für ein kräftigeres Aroma). Mit 600 ml Wasser und **300 ml** Milch aufgießen, Honig hineinrühren und 2-3 Min. köcheln lassen.

3 Hitze reduzieren, schwarzen Tee hinzugeben und 5 Min. ziehen lassen. Anschließend durch ein feinmaschiges Küchensieb abgießen. Die restliche Milch zu Milchschaum aufschäumen, den Tee in Gläser füllen und mit einer Milchschaumhaube versehen.

ZUTATEN 4

4 Kardamomkapseln
2 Gewürznelken
1 Zimtstange
1 Sternanis
1 TL Fenchelsaat
4 EL Schwarzer Tee (Blätter)
400 ml Milch
2 EL Honig

Außerdem:
Milchaufschäumer

Zubereitung: 15 Min.
Garzeit: ca. 5 Min.
Ruhezeit: ca. 5 Min.

Einkaufsliste

Info

Chai Latte kommt aus dem südasiatischen Raum und wird dort *Masala Chai* genannt. Die Zutaten starker Schwarztee, Zucker und Milch sind dort immer die Basis für den Chai, hinzu kommen regional unterschiedliche Gewürze.

Pumpkin Spice Latte

ZUTATEN 2

- 2 TL Lebkuchen Gewürz
- 1 TL Ingwerpulver
- 1 TL Kardamom (gemahlen)
- 2 EL Agavendicksaft
- 2 EL Kürbispüree
- 400 ml Milch
- 2 starke Espressi (Espresso)
- 100 g Schlagsahne
- etwas Zimtpulver

Außerdem:
Espressomaschine, Milchaufschäumer

Zubereitung: 15 Min.

Einkaufsliste

1 Für den Gewürzsirup Lebkuchen Gewürz sowie Inger- und Kardamompulver mit Agavendicksaft in einer Schüssel glattrühren und mit dem Kürbispüree mischen. Schlagsahne mit einem Stabmixer oder Schneebesen steif schlagen.

2 Zwei Espressi (EZ: Espresso) oder sehr starken Kaffee zubereiten. Die Milch erhitzen, mit einem Aufschäumer Milchschaum herstellen und diesen gleichmäßig in Gläser füllen. Gewürzsirup einrühren und Espresso vorsichtig und langsam aufgießen. Mit einer Sahnehaube versehen und mit etwas Zimtpulver bestreuen.

Grüner Kräuterpower

ZUTATEN 4

- 300 g Ananas
- 1 Orange
- 2 Stangen Staudensellerie
- 2 Datteln
- 1 Handvoll Brennnesseln
- 1 Handvoll Löwenzahn (beides aus der Natur)

Zubereitung: 20 Min.

Einkaufsliste

1 Ananas und Orange schälen und das Fruchtfleisch in Stücke schneiden. Staudensellerie waschen und in grobe Stücke schneiden. Brennnesseln (Handschuhe tragen!) und Löwenzahn in einem Sieb waschen und abtropfen lassen.

2 Ananas, Orange, Staudensellerie und entsteinte und zerkleinerte Datteln in einen Mixbecher füllen, die Kräuter dazugeben und mit 400 ml Wasser auffüllen. Alles zusammen auf höchster Stufe fein pürieren und in Gläser abfüllen.

Hot Hugo

ZUTATEN 2

½ l Weißwein (trocken)
50 ml Holunderblüten Sirup
1 Limette
2 Zweige Minze

Zubereitung: 5 Min.
Garzeit: ca. 5 Min.

Einkaufsliste

Info

Die kalte Variante des Hugos wird mit den gleichen Zutaten, ohne diese zu erhitzen, hergestellt. Hinzu kommen dann noch Eiswürfel.

1 Weißwein in einem Topf erhitzen (nicht kochen lassen!) und den Holunderblüten Sirup sowie den Saft einer **halben** Limette dazu rühren. Anschließend in Weingläser abfüllen und mit einer Limettenscheibe und ein paar Minzeblättchen garnieren.

Golden Milk (Turmeric Latte)

ZUTATEN 2

400 ml Milch
1 kleines Stk. Ingwer
1 TL Zimtpulver
2 TL Kurkuma (gemahlen)
schwarzer Pfeffer
2 EL Honig

Zubereitung: 5 Min.
Garzeit: ca. 10 Min.

Einkaufsliste

1 Milch in einem Topf erhitzen (nicht kochen lassen!). Ingwer mit einem Löffel schälen und in dünne Scheiben schneiden. Zusammen mit Zimtpulver, Kurkuma und schwarzem Pfeffer aus der Mühle zur Milch geben, gut unterrühren und 5 Min. ziehen lassen.

2 Alles durch ein feinmaschiges Küchensieb abgießen und mit dem Honig süßen. Anschließend in Gläser oder Becher abfüllen und - nach Belieben - mit etwas Kurkuma bestreuen.

Ingwer-Limetteneistee

ZUTATEN 2

5 g Schwarzer Tee (Blätter)
1 kleines Stk. Ingwer
2 TL brauner Zucker
2 Limetten
einige Minzeblättchen

Außerdem:
Eiswürfel

Zubereitung: 10 Min.
Garzeit: ca. 5 Min.
Kühlzeit: ca. 2-3 Std.

Einkaufsliste

1 Schwarzen Tee in 500 ml kochend heißes Wasser geben und darin ca. 5 Min. ziehen lassen. Zwischenzeitlich Ingwer mit einem Löffel schälen und in dünne Scheiben schneiden, Limetten warm abwaschen und ebenfalls in Scheiben schneiden.

2 Tee durch ein Sieb abgießen und Ingwer und braunen Zucker darunter rühren. 2-3 Std. kaltstellen. Danach in Gläser abfüllen, mit Limettenscheiben und Eiswürfel auffüllen und mit Minzeblättchen garnieren.

Fancy Crazy Ribs

ZUTATEN 2

12 cl roter Johannisbeernektar
6 cl dunkler Traubensaft
6 cl Aprikosennektar
4 cl Zitronensaft
2 cl Mandel Sirup
2 Johannisbeerrispen

Außerdem:
Eiswürfel, Cocktailshaker, Barsieb

Zubereitung: 5-10 Min.

Einkaufsliste

1 Sämtliche Zutaten, außer den Johannisbeerrispen, mit 3-4 Eiswürfel in den Shaker geben, fest verschließen und 10-15 Sekunden kräftig shaken. Dabei umschließt man den Shaker mit beiden Händen, hält diesen waagerecht vor der Brust und bewegt in von und zum Körper hin.

2 Den Inhalt des Shakers dann durch ein Barsieb in Gläser abfüllen und den alkoholfreien Cocktail mit Johannisbeerrispen dekorieren.

Tropical Sunrise

ZUTATEN 2

10 cl Orangensaft
10 cl Ananassaft
6 cl Aprikosennektar
6 cl Maracuja-Nektar
2 Spritzer Limettensaft
4 cl Grenadine Sirup

Außerdem:
Eiswürfel, Cocktailshaker, Barsieb

Zubereitung: 5-10 Min.

Einkaufsliste

1 Orangensaft, Ananassaft, Aprikosennektar, Maracuja-Nektar und 2 Spritzer Limettensaft mit 3-4 Eiswürfel in einen Cocktailshaker geben. Den Shaker fest verschließen und 10-15 Sekunden kräftig shaken. Dabei umschließt man den Shaker mit beiden Händen, hält diesen waagerecht vor der Brust und bewegt in von und zum Körper hin.

2 Jeweils 4 Eiswürfel in Longdrinkgläser geben und den Inhalt des Shakers durch ein Barsieb hineingießen. Anschließend je 2 cl Grenadinesirup über die Rückseite eines Löffels langsam in die Cocktails fließen lassen und diese mit dicken Trinkhalmen servieren.

BARUTENSILIEN

- Cocktailmaß
- Trinkhalme
- Barsieb
- Cocktailshaker

Club Mate

ZUTATEN 4

3 TL Mate Tee (Blätter)
1 Zitrone
2 EL brauner Zucker
750 ml stilles Mineralwasser

Außerdem:
Eiswürfel

Zubereitung: 5-10 Min.
Kühlzeit: ca. 25 Min.

Einkaufsliste

1 Mate Tee mit 500 ml Liter kochendem Wasser übergießen und 10 Min. ziehen lassen. Den Tee anschließend durch ein Sieb abgießen und 15 Min. kaltstellen.

2 Danach braunen Zucker und den Saft einer frisch gepressten Zitrone dazugeben und gut verrühren. In Gläser abfüllen und mit Mineralwasser und Eiswürfel auffüllen.

Detox Wasser (Infused Water)

ZUTATEN Für je 2–3

Variante Orange/Salbei:
1 Orange
einige Salbeiblätter
1 l stilles Mineralwasser

Variante Cranberry/Minze:
125 g Cranberries (getrocknet)
einige Minzeblätter
1 l stilles Mineralwasser

Variante Gurke/Kiwi:
½ Salatgurke
2 Kiwi
1 l stilles Mineralwasser

Zubereitung:
je Variante 5-10 Min.
Kühlzeit: mind. 3 Std.

Einkaufsliste

1 Für Detox Wasser werden die Früchte bzw. das Gemüse zerkleinert oder in Scheiben geschnitten (Beeren im Ganzen lassen) und in eine Karaffe oder einen Krug mit mindestens 1,5 Liter Inhalt gegeben. Hinzu kommen die Kräuter, welche zusammen mit den Früchten/dem Gemüse mit einem Holzstößel etwas angedrückt werden. Dadurch entfalten sich die Aromen besser!

2 Jeweils mit 1 Liter Mineralwasser oder auch Leitungswasser auffüllen und - nach Belieben - mit 1 EL Apfelessig und 1 EL Honig zubereiten. Anschließend abgedeckt für mindestens 3 Std. kaltstellen.

Melonen-Limo

ZUTATEN 6

1 kleine Wassermelone
2 Limetten
2 Zitronen
4 EL Agavendicksaft
2 l gekühltes Mineralwasser
einige Minzeblätter

Außerdem:
Eiswürfel

Zubereitung: 20 Min.

Einkaufsliste

1 Wassermelone waschen, in Spalten schneiden, von der Schale trennen und grob würfeln. Einige Spalten mit Schale zur Deko beiseite legen. Limetten und Zitronen warm abwaschen, halbieren und die **Hälfte** davon in dünne Scheiben schneiden. Die restlichen Zitrusfrüchte auspressen und in einen hohen Mixbecher geben.

2 Agavendicksaft dazugeben und mit den grob entkernten Melonenstücken auffüllen. Das Ganze pürieren und durch ein Küchensieb streichen.

3 Zum Servieren Melonen-Püree auf Gläser verteilen, einige Scheiben der Zitrusfrüchte dazugeben und mit Mineralwasser auffüllen. Mit ein paar Eiswürfel im Glas bleibt die Melonen-Limo schön kühl, dekoriert wird mit etwas frischer Minze und je einer Melonenscheibe.

Tipp Die Limo lässt sich mit anderen Früchten genauso herstellen, z.B. mit Orangen, Pfirsichen, Beeren.

Espresso-Tonic

ZUTATEN 2

300 ml Tonic Water
2 doppelte Espressi (Espresso)
½ Zitrone

Außerdem:
Espressomaschine, Eiswürfel

Zubereitung: 10 Min.

Einkaufsliste

1 Zwei doppelte Espressi (EZ: Espresso) mit einer Kaffee- oder Espressomaschine herstellen und darauf achten, dass genügend Crema vorhanden ist.

2 Jeweils 4-5 Eiswürfel in ein Glas geben, mit Tonic Water auffüllen und langsam, über der Rückseite eines Löffels, Espresso einlaufen lassen. Mit einer Zitronenscheibe aromatisieren.

Ananas-Limettenbowle

1 Von der Ananas den blättrigen Kopf und den Boden mit Stielansatz entfernen und anschließend ringsum die Schale abschneiden. Dabei darauf achten, dass alle braunen „Augen" entfernt werden. Geschälte Ananas vierteln und den mittleren Strunk herausschneiden. Danach Ananas in gleichmäßig große und mundgerechte Stücke schneiden.

2 Limetten warm abwaschen und in Achtel oder Scheiben schneiden, zusammen mit den Ananasstücken in ein großes Bowlegefäß mit 4-5 Liter Inhalt geben.

3 Orangensaft und gut gekühlten Prosecco oder Sekt dazu gießen und den braunen Zucker sowie den Ananaslikör unterrühren. Bowle für mindestens 1 Std. kaltstellen.

4 Zum Servieren Eiswürfel in Gläser geben, Ananas-Bowle einfüllen und mit Minzeblättchen, einer Scheibe Karambole am Glasrand sowie Trinkhalmen reichen.

Tipp

Wer eine alkoholfreie Bowle genießen möchten, ersetzt Prosecco oder Sekt gegen einen im Handel erhältlichen alkoholfreien Schaumwein. Außerdem verzichtet man auf die Zugabe von Ananaslikör, als Alternative kann *Ananassirup* verwendet werden.

ZUTATEN 8

1 Ananas
4 Limetten
500 ml Orangensaft
2 l gekühlter Prosecco oder Sekt
4 EL brauner Zucker
4 cl Ananaslikör (Pineapple)
1 Karambole (Sternfrucht)
2 Zweige Minze

Außerdem:
großes Bowlegefäß, Eiswürfel

Zubereitung: 20 Min.
Kühlzeit: mind. 1 Std.

Einkaufsliste

Sangria-Bowle

1 Zitronen und Orangen warm abwaschen und mit der Schale in Scheiben schneiden, Scheiben danach vierteln. Pfirsiche waschen und in Spalten schneiden, Erdbeeren waschen, Stielansätze entfernen und vierteln. Blaubeeren in einem Sieb waschen, abtropfen lassen und evtl. noch vorhandene Stielreste entfernen.

2 Alle Früchte in ein großes Bowlegefäß mit 4-5 Liter Inhalt geben und den Rotwein sowie das Tonic Water dazu gießen. Anschließend Rohrzucker Sirup gut unterrühren und die Bowle für mind. 1 Std. kaltstellen.

3 Zum Servieren Eiswürfel in Gläser geben, Sangria-Bowle aufgießen und mit Minzeblättchen und dicken Trinkhalmen reichen.

Info

Sangria bezeichnet ein sommerliches Mixgetränk, das als bowleähnliches Getränk mit Rotwein, Früchten und/oder auch Fruchtsäften hergestellt wird. Häufig werden auch weitere Spirituosen zugegeben oder die Bowle an sehr heißen Tagen mit Wasser verdünnt.

ZUTATEN 8

- 2 Zitronen
- 2 Orangen
- 2 Pfirsiche
- 200 g Erdbeeren
- 125 g Blaubeeren
- 1,5 l gekühlter Rotwein (trocken)
- 1 l gekühltes Tonic Water
- 8 cl Rohrzucker Sirup
- 2 Zweige Minze

Außerdem:
großes Bowlegefäß, Eiswürfel

Zubereitung: 25 Min.
Kühlzeit: mind. 1 Std.

Einkaufsliste

Caipirinha

ZUTATEN

2

2 Limetten
2 EL brauner Zucker
400 ml Crushed Eis
8 cl Cachaça (Zuckerrohrbrand)
150 ml Lime Juice

Außerdem:
Holzstößel, langer Barlöffel

Zubereitung: 10 Min.

Einkaufsliste

1 Limetten warm abwaschen, halbieren und dann jede Hälfte nochmals vierteln. In jeweils ein dickwandiges Glas 7 der 8 Limettenstücke füllen und je 1 EL braunen Zucker darüber geben. Mit dem Holzstössel die Limetten sehr stark auspressen, so dass der gesamte Saft austritt.

2 Anschließend Gläser bis knapp unter dem Rand mit Crushed Eis auffüllen und je 4 cl Cachaça darüber gießen. Mit einem langen Barlöffel das ganze gut verrühren und die Gläser bis zum Rand mit Lime Juice auffüllen. Serviert werden kann der Caipiranha mit einem Limettenachtel am Glasrand und je 2 dicken Trinkhalmen.

Info Ein "Verwandter" des Caipirinha ist der *Caipiroska,* welcher mit Wodka anstatt Cachaça hergestellt wird.

Blood and Sand

ZUTATEN

2

8 cl Scotch Whisky
6 cl Kirschlikör
6 cl roter Wermut
4 cl Blutorangensaft

Außerdem:
Eiswürfel, Cocktailshaker, Barsieb

Zubereitung: 5 Min.

Einkaufsliste

1 Scoth Whisky, Kirschlikör, Wermut und Blutorangensaft zusammen mit 3-4 Eiswürfel in einen Cocktailshaker geben und 15-20 Sekunden lang shaken.

2 Anschließend über ein Barsieb in flache Cocktailgläser gießen und - nach Belieben - mit einer Orangenzeste (ein kleines Stück abgeschnittene Orangenschale) oder einer Orangenscheibe dekorieren.

Aperol Rosé

ZUTATEN 2

300 ml Roséwein
200 ml Aperol
100 ml Tonic Water
½ Orange

Außerdem:
Eiswürfel, Trinkhalme

Zubereitung: 5 Min.

Einkaufsliste

1 Gekühlten Roséwein und Aperol auf zwei **große** Weingläser aufteilen und verrühren. Anschließend mit einigen Eiswürfeln und dem Tonic Water auffüllen.

2 Je eine Orangenscheiben ins Getränk geben oder als Deko an den Rand setzen und Aperol Rosé mit Trinkhalmen servieren.

Vodka-Lemon Cocktail

ZUTATEN 2

8 cl Vodka
4 cl Lime Juice
400 ml Bitterlemon
½ Limette
1 Zweig Rosmarin

Außerdem:
Eiswürfel

Zubereitung: 5 Min.

Einkaufsliste

1 Je 4 cl Vodka und 2 cl Lime Juice in ein vorbereitetes Longdrinkglas gießen, gut verrühren und mit einigen Eiswürfeln auffüllen.

2 Mit Bitterlemon auffüllen und mit je einer Limettenscheibe und einem halben Rosmarinzweig garniert servieren.

Gin Basil Smash

ZUTATEN 2

½ Zitrone
2 Zweige Basilikum
2 EL brauner Zucker
8 cl Gin
150 ml Soda Water

Außerdem:
Eiswürfel, Holzstößel

Zubereitung: 10 Min.

Einkaufsliste

1 Zitrone in Spalten schneiden und in 2 mittelgroße Gläser geben. Basilikum waschen und die Blätter (bis auf einige zum Dekorieren) dazugeben. Je 1 EL braunen Zucker darüberstreuen und alles mit einem Holzstößel leicht zerdrücken.

2 Anschließend je 4 cl Gin darüber gießen und mit einigen Eiswürfeln und Soda Water auffüllen. Zum Dekorieren ganze Basilikumblättchen verwenden.

Blood Orange Mimosa

ZUTATEN 2

1 Blutorange
400 ml Prosecco
1 Zweig Rosmarin

Außerdem:
Eiswürfel

Zubereitung: 10 Min.

Einkaufsliste

Info

Blood Orange Mimosa wird ursprünglich mit einem trockenen Champagner zubereitet und in einem schlanken Sekt-/Champagnerglas serviert.

1 Blutorange waschen und halbieren. 2 Orangenscheiben abschneiden und den Rest auspressen.

2 Frischen Blutorangensaft auf 2 Gläser aufteilen und den kalten Prosecco dazu gießen. Je 3-4 Eiswürfel, 2 halbierte Orangenscheiben und einen halben Rosmarinzweig dazugeben und die Drinks eiskalt servieren.

Michelada (Biercocktail)

ZUTATEN 2

2 Limetten
1 EL Meersalz
1 EL brauner Zucker
2 TL Worcester Sauce
etwas Tabasco
700 ml Lagerbier, bevorzugt mexikanisch

Außerdem:
Eiswürfel

Zubereitung: 10 Min.

Einkaufsliste

1 Meersalz und Zucker auf einem Teller mischen, Glasränder mit einer Limettenhälfte einreiben und gestürzt in die Salz-Zucker-Mischung tauchen. Etwas drehen und herausnehmen, es verbleibt ein süß-salziger Glasrand.

2 Limetten warm abwaschen und halbieren, anschließend auspressen und den Saft in die Gläser gießen. Worcester Sauce, ein paar Spritzer Tabasco und 3-4 Eiswürfel dazu geben und das Ganze gut verrühren.

3 Zum Schluss mit Lagerbier auffüllen, 1 Limettenachtel einschneiden und an den Glasrand setzen und Biercocktail kalt servieren.

Lagerbier ist ein bei niedriger Temperatur gebrautes Bier, das seine Reife durch kühle Lagerung erreicht. Lagerbiere können dunkel, bernsteinfarben oder hell sein und werden weltweit hergestellt.

Cupcakes & Süßes
16. KAPITEL

Lava Cake (mit flüssigem Kern)

ZUTATEN

4

120 g dunkle Schokolade
80 g Butter
3 Eier
80 g Zucker
1 Pck. Vanillezucker
1 Pr. Salz
40 g Mehl (Type 405)
etwas Butter
1 Zweig Minze

Außerdem:
Feuerfeste Förmchen

Zubereitung: 25 Min.
Gar-/Backzeit: ca. 20 Min.

Einkaufsliste

1 Butter in einem Topf erwärmen und schmelzen, anschließend die klein gehackte Schokolade dazugeben. Hitze reduzieren und Schokolade so lange einrühren, bis diese geschmolzen ist. Danach etwas abkühlen lassen.

2 Zwischenzeitlich Eier in eine Rührschüssel aufschlagen, Zucker, Vanillezucker und eine Prise Salz dazugeben und alles 5 Min. mit einem Mixer oder der Küchenmaschine schaumig rühren. Anschließend die etwas abgekühlte Butter-Schoko-Creme dazugeben, verrühren und am Schluss das fein gesiebte Mehl vorsichtig unterziehen.

3 Die Teigmasse in leicht gebutterte, feuerfeste Förmchen einfüllen (maximal zu ⅔ füllen) und Lava Cakes im vorgeheizten Backofen bei 180 °C Ober-/Unterhitze (Umluft 160 °C) ca. 11-13 Min. backen.

4 Anschließend herausnehmen, leicht abkühlen lassen, vorsichtig aus den Förmchen stürzen und mit Minzeblättchen auf Tellern servieren. Der Kern der Schoko-Küchlein sollte noch flüssig sein und beim Öffnen die Schokolade herauslaufen.

Info

Lava Cake, auch bekannt als *Schokoladensoufflé*, galt lange als exklusive Schlemmerei in Restaurants der Sterne-Küche. Heutzutage ist das ursprünglich aus Südfrankreich stammende Rezept eine sehr beliebte und leicht herstellbare Dessert-Variante.

SÜDFRANKREICH

Trilogie von Schoko-Bananencupcakes

Basisrezept Schoko-Bananencupcakes

1 Margarine, Zucker und Vanillezucker mit einem Mixer oder einer Küchenmaschine 5 Min. cremig rühren. Eier nacheinander zugeben und weiterrühren. Mehl, Backpulver und Kakao miteinander vermischen und unterheben. Bananen schälen, in kleine Würfel schneiden und vorsichtig unter den Teig heben.

2 Muffinform mit 12 Papiermanschetten auskleiden und den Teig gleichmäßig darin verteilen. Cupcakes im vorgeheizten Backofen bei 180 °C Ober-/Unterhitze (Umluft 160 °C) 20-25 Min. backen. Anschließend herausnehmen und auf einem Kuchengitter abkühlen lassen.

Info

Das Basisrezept für Cupcakes kann anstatt mit Bananen auch mit Zutaten wie Beeren, Zitrusabrieb, Mandel- oder Nussstückchen, klein gehackten Trockenfrüchten oder Apfelstückchen zubereitet werden. Zum Herstellen von hellen Cupcakes lässt man das Kakaopulver einfach weg. Das mit einem Spritzbeutel aufgetragene Topping, das ebenfalls individuell zusammengestellt werden kann, nennt sich *Frosting*.

Zutaten

12

125 g Margarine
100 g brauner Zucker
1 Pck. Vanillezucker
2 Eier
150 Mehl (Type 405)
2 TL Backpulver
2 EL Kakaopulver
2 Bananen

Außerdem:
Muffinform- oder Blech,
12 Muffin-Papiermanschetten

Zubereitung: 15 Min.
Backzeit: ca. 20-25 Min.

Einkaufsliste

Eierlikör - Frosting

ZUTATEN

4 Cupcakes

120 g Butter
100 g Puderzucker
100 g weiße Schokolade
4 EL Eierlikör
getrocknete Bananenchips

Außerdem:
Spritzbeutel mit Tülle

Zubereitung: 25 Min.
Garzeit: ca. 10 Min.

1 Schokolade in kleine Stücke schneiden und in einer Metallschüssel im heißen Wasserbad erhitzen. Danach etwas abkühlen lassen, nochmals kurz erhitzen und dann auf ca. 28 °C herunter kühlen (Lippenprobe oder Speisethermometer).

2 Warme Butter mit Puderzucker mischen und mit einem Mixer oder einer Küchenmaschine 5 Min. cremig rühren. Anschließend geschmolzene Schokolade und Eierlikör zur Butter geben und weitere 5 Min. schaumig rühren.

3 Die Masse in einen Spritzbeutel füllen und kreisförmig, von unten nach oben, auf 4 Cupcakes spritzen. Das aufgespritzte Frosting mit einigen Bananenchips dekorieren.

Cherry - Frosting

ZUTATEN

4 Cupcakes

120 g Butter
100 g Puderzucker
100 g dunkle Schokolade
8 Amarenakirschen
2 EL Kirschlikör
weiße Raspel Schokolade

Außerdem:
Spritzbeutel mit Tülle

Zubereitung: 25 Min.
Garzeit: ca. 10 Min.

1 Schokolade in kleine Stücke schneiden und in einer Metallschüssel im heißen Wasserbad erhitzen. Danach etwas abkühlen lassen, nochmals kurz erhitzen und dann auf ca. 28 °C herunter kühlen (Lippenprobe oder Speisethermometer).

2 Warme Butter mit Puderzucker mischen und mit einem Mixer oder einer Küchenmaschine 5 Min. cremig rühren. Anschließend geschmolzene Schokolade und Kirschlikör zur Butter geben und weitere 5 Min. schaumig rühren. Danach die in kleine Stücke geschnittenen Amarenakirschen vorsichtig unterheben.

3 Die Masse in einen Spritzbeutel füllen und kreisförmig, von unten nach oben, auf 4 Cupcakes spritzen. Das aufgespritzte Frosting mit weißen Schoko-Raspeln bestreuen.

Crunchy - Frosting

ZUTATEN

4 Cupcakes

120 g Butter
80 g Puderzucker
100 g weiße Schokolade
2 EL Honig
1 Msp. Zimtpulver
50 g Crunchy Müsli

Außerdem:
Spritzbeutel mit Tülle

Zubereitung: 25 Min.
Garzeit: ca. 10 Min.

1 Schokolade in kleine Stücke schneiden und in einer Metallschüssel im heißen Wasserbad erhitzen. Danach etwas abkühlen lassen, nochmals kurz erhitzen und dann auf ca. 28 °C herunter kühlen (Lippenprobe oder Speisethermometer).

2 Warme Butter mit Puderzucker mischen und mit einem Mixer oder einer Küchenmaschine 5 Min. cremig rühren. Anschließend geschmolzene Schokolade, Honig und Zimtpulver zur Butter geben und weitere 5 Min. schaumig rühren.

3 Die Masse in einen Spritzbeutel füllen und kreisförmig, von unten nach oben, auf 4 Cupcakes spritzen. Das aufgespritzte Frosting mit Crunchy Müsli bestreuen.

Blätterteig-Himbeermascarpone

ZUTATEN 8-10

1 Pck. Blätterteig (ca. 250-300 g)
500 g Himbeeren
250 g Mascarpone
200 g Schlagsahne
1 Pck. Sahnesteif
etwas Mehl
etwas Puderzucker

Zubereitung: 35 Min.
Backzeit: ca. 20 Min.
Kühlzeit: mind. 30 Min.

Einkaufsliste

1 Tiefgefrorenen Blätterteig (TK-Ware) auftauen lassen, Teig als Frischeprodukt kann direkt verwendet werden.

2 Blätterteig auf einer leicht bemehlten Arbeitsfläche ausbreiten und ausrollen. Anschließend in 8-10 beliebig große Teile schneiden und auf ein mit Backpapier ausgelegtes Backblech setzen. Die Teilchenformen können individuell als Kreise, Dreiecke usw. zugeschnitten werden.

3 Den Backofen vorheizen und den Blätterteig bei 200 °C Ober-/Unterhitze (Umluft 180 °C) 15-20 Min. goldbraun backen (oder nach Packungsanleitung). Anschließend herausnehmen, auskühlen lassen und Teilchen mit einem scharfen Messer jeweils waagerecht in Ober- und Unterteile halbieren.

4 Zwischenzeitlich **350 g** der Himbeeren (tiefgefrorene vorher antauen lassen) in einem Sieb waschen und abtropfen lassen. Danach Himbeeren in einer Rührschüssel mit einem Mixstab pürieren, Mascarpone dazugeben und gut unterrühren. Die Schlagsahne mit einem Päckchen Sahnesteif steif schlagen und vorsichtig unter die Himbeermascarpone-Creme heben.

5 Die Creme dann auf den Blätterteig-Unterteilen verteilen oder mit einem Spritzbeutel mit Tülle kreisförmig aufspritzen. Anschließend die restlichen Himbeeren auf die Creme geben und alles mit den Blätterteig-Oberteilen vorsichtig abdecken. Je nach Belieben bestäubt man die Blätterteig-Köstlichkeit vor dem Verzehr mit gesiebtem Puderzucker.

Blueberry-Pancakes

1 Vanilleschote mit einer scharfen Messerspitze längs einritzen und das Vanillemark herausschaben. Mehl, Backpulver, Vanillemark, Buttermilch und 1 Prise Salz in einer Schüssel mit dem Schneebesen glatt verrühren. Anschließend nach und nach die Eier einarbeiten und den Pancake-Teig danach mindestens 15 Min. ruhen lassen.

2 Zwischenzeitlich die Blaubeeren in einem Sieb waschen, abtropfen lassen und in einer Schüssel mit etwas Zitronensaft sowie 1 EL Ahornsirup marinieren.

3 Nachdem der Pancake-Teig geruht hat, in einer Pfanne etwas Butterschmalz erhitzen und Teig für die beabsichtigten Pancake-Größe einfließen lassen. Pancakes 4-5 Min. goldbraun von beiden Seiten ausbacken und anschließend mit den marinierten Blaubeeren servieren.

Info

Im Handel sind Pancake Maker und Pancake Pfannen mit einer unterschiedlichen Anzahl an Pancake Feldern erhältlich. Hierdurch lassen sich mit einem Backvorgang mehrere Cakes gleichzeitig zubereiten.

ZUTATEN 4

1 Vanilleschote
200 g Mehl (Type 405)
1 TL Backpulver
400 ml Buttermilch
3 Eier
1 Pr. Salz
2-3 EL Butterschmalz
1 EL Ahornsirup
etwas Zitronensaft
300 g Blaubeeren

Zubereitung: 20 Min.
Backzeit: ca. 20 Min.
Ruhezeit: mind. 15 Min.

Einkaufsliste

Kardamom-Schokoparfait

1 Weiße Schokolade grob zerkleinern und in einer Metallschüssel im Wasserbad langsam schmelzen. Achtung: Schokolade nicht zu stark erhitzen oder kochen!

2 Zwischenzeitlich die Schlagsahne mit einem Rührgerät oder einer Küchenmaschine halbfest schlagen und anschließend kaltstellen.

3 Kardamomkapseln öffnen, die Samen in einen Mörser geben und fein zerstoßen. 4 Eier trennen und die Eigelbe (Eiweiße werden nicht benötigt) mit Kardamom, Zucker und Kirschwasser in eine Schüssel geben und wieder über einem Wasserbad mit dem Schneebesen cremig schlagen. Anschließend Kondensmilch und die geschmolzene Schokolade hinzugeben und langsam unterrühren. Danach die Schüssel vom Wasserbad nehmen und die halbfest geschlagene Sahne vorsichtig unterheben.

4 Die Parfait-Masse in Förmchen oder Schälchen abfüllen und mindestens 8 Stunden in das Gefrierfach geben. Serviert wird das Kardamom-Schokoparfait eiskalt und mit einigen Waffel-Röllchen.

Info Ein Parfait unterscheidet sich von einem Milcheis dadurch, dass als Basis geschlagene Sahne anstatt Milch verwendet wird. Dadurch entsteht ein sehr sahniger und weicher Geschmack.

ZUTATEN 4

200 g weiße Schokolade
300 g Schlagsahne
5 Kardamomkapseln
4 Eier
75 g Zucker
2-3 EL Kirschwasser (40% Vol.)
50 ml Kondensmilch

Außerdem:
Waffel-Röllchen

Zubereitung: 35 Min.
Garzeit: ca. 15 Min.
Kühlzeit: mind. 8 Std.

Einkaufsliste

Baklava (orientalisches Nussgebäck)

ZUTATEN 24

400 g brauner Zucker
100 g Honig
1 Zitrone
150 g Butter
150 g Walnusskerne
150 g Mandelkerne
1 Pck. Filoteig (Yufka)
100 g Pistazien (gehackt)

Außerdem:
eckige Backform (ca. 20x30 cm)

Zubereitung: 40 Min.
Gar-/Backzeit: ca. 55 Min.
Kühlzeit: mind. 2 Std.

Einkaufsliste

1 Vom braunen Zucker **250 g** in einem Topf mit 250 ml kaltem Wasser unter Rühren auflösen und bei mittlerer Hitze 10 Min. zu Zuckersirup einkochen. Danach dem Honig sowie Saft und Schalenabrieb einer Zitrone dazugeben und weitere 5 Min. köcheln lassen. Vom Herd nehmen und kaltstellen.

2 Butter in einem Topf langsam schmelzen und beiseitestellen. Walnuss- und Mandelkerne grob hacken und in einer Schüssel mit dem restlichen Zucker vermengen.

3 Eine eckige Backform mit etwas flüssiger Butter auspinseln, darauf eine Teigschicht der Filo-Blätter legen. Dieser Vorgang wiederholt sich nun noch viermal, jeweils zwischen den Teigschichten Butter pinseln. Wenn 5 Teigschichten aufeinander liegen, darauf die Hälfte der Zucker-Nuss-Mischung verteilen.

4 Nun erfolgt nochmals das Aufeinanderlegen von 5 Teigschichten, jeweils etwas Butter dazwischen pinseln. Auch nach dieser Schicht wird das Gebäck mit der restlichen Zucker-Nuss-Mischung bestrichen und es erfolgt die finale Teigschicht mit wiederum 5 aufeinander gelegten Filo-Blättern.

5 Das letzte Teigblatt leicht andrücken und den Inhalt der Form mit einem scharfen Messer in 5 x 5 cm große Vierecke schneiden. Die restliche Butter darauf verteilen und die Form in den vorgeheizten Backofen geben. Die Backzeit beträgt bei 180 °C Ober-/Unterhitze (Umluft 160 °C) ca. 40 Min. Das Gebäck sollte danach goldbraun gebacken sein.

6 Nach Ende der Backzeit aus dem Ofen nehmen, den gesamten Zuckersirup darauf verteilen und Baklava mit gehackten Pistazien bestreuen. Zum Verzehren sollte das Gebäck vollständig ausgekühlt sein.

Chocolate-Cookies mit Cashew

1 In einer Schüssel warme Butter und den Zucker mit einem Rührgerät oder mit der Küchenmaschine schaumig rühren. Kakaopulver, Kardamom, eine Prise Salz und das Ei hinzugeben und zu einer homogenen Masse verrühren.

2 Mehl in einer Schüssel mit Natronpulver mischen und in die Masse sieben. Cashewkerne grob zerhacken und ebenfalls einarbeiten. Anschließend die Schokolade in erbsengroße Stücke schneiden und vorsichtig unterrühren.

3 Danach mit einem feuchten Löffel ca. 30 Teighäufchen auf ein mit Backpapier ausgelegtes Backblech setzen und darauf achten, dass genügend Abstand zu den einzelnen Häufchen besteht. Die Häufchen etwas flach drücken und die Cookies im vorgeheizten Backofen bei 200 °C Ober-/Unterhitze (Umluft 180 °C) 15-20 Min. backen.

4 Nach Ende der Backzeit herausnehmen und auf einem Kuchengitter abkühlen lassen. In einer Keksdose halten sich die Cookies über längere Zeit frisch.

ZUTATEN 30

125 g Butter
150 g brauner Zucker
1 EL Kakaopulver
1 Msp. Kardamom (gemahlen)
1 Pr. Salz
1 Ei
125 g Mehl (Type 405)
½ TL Natron (Backtriebmittel)
75 g Cashewkerne
150 g dunkle Schokolade

Zubereitung: 25 Min.
Backzeit: ca. 15-20 Min.
Kühlzeit: mind. 1 Std.

Einkaufsliste

Info

Auch zum Backen von Cookies bietet der Handel die unterschiedlichsten Backformen an. Meist bestehen diese aus antihaftbeschichteten Backblechen oder Silconformen. Die Verwendung solcher Formen erleichtert die gleichmäßige Herstellung der Kekse.

Himbeer-Crumble

1 Tiefgefrorene Himbeeren auftauen, frische Himbeeren kurz abspülen und abtropfen lassen. Einige Himbeeren zur Deko beiseitelegen.

2 Die **Hälfte** der Himbeeren in einer Schüssel mit dem Puderzucker und dem Saft einer halben Limette pürieren, anschließend die restliche Hälfte vorsichtig untermischen und die Himbeermasse durchziehen lassen.

3 Für den Crumble in einer Schüssel Mehl, Zucker, Crunchy Müsli, weiche Butter und eine Prise Salz mischen und rasch mit den Händen zu Streuseln verarbeiten.

4 Die marinierte Himbeermasse in eine etwas eingefettete Auflaufform geben und die Streusel gleichmäßig darauf verteilen. Im vorgeheizten Backofen bei 200 °C Ober-/Unterhitze (Umluft 180 °C) ca. 25 Min. überbacken, bis der Himbeer-Crumble leicht braun und knusprig geworden ist. Zum Servieren in Schälchen oder Bowls geben und mit den ganzen Himbeeren garnieren.

ZUTATEN 4

400 g Himbeeren
50 g Puderzucker
½ Limette
80 g Mehl (Type 405)
60 g Zucker
50 g Crunchy Müsli
70 g Butter
1 Pr. Salz

Außerdem:
Auflaufform

Zubereitung: 20 Min.
Backzeit: ca. 25 Min.

Einkaufsliste

Bubble Waffles

1 Vanilleschote längs einritzen und das Mark herausschaben, zusammen mit weicher Butter und dem braunen Zucker in einer Rührschüssel mit dem Handmixer oder einer Küchenmaschine mind. 5 Min. verquirlen. Nun die Eier hinzugeben und alles nochmals 5 Min. schaumig aufschlagen. Anschließend Milch einrühren und gesiebtes Mehl, Backpulver, 1 Prise Salz und 1 TL Speisestärke klümpchenfrei unterheben. Den Waffelteig danach zur Seite stellen und mind. 15 Min. ruhen lassen.

2 Zwischenzeitlich das Bubble Waffle-Waffeleisen nach Bedienungsanleitung aufheizen, mit etwas Butter oder Öl einfetten und eine entsprechende Teigmenge einfüllen. Das Waffeleisen dann um 180 Grad drehen (falls vorgesehen), damit sich der Teig gut verteilen kann. Je nach Hitze und Gerät benötigen die Waffeln jeweils 3-4 Min.

3 Fertig gebackene Waffeln ablegen und auskühlen lassen oder sofort in die gewünschte Form bringen. Beim Rollen der Bubble Waffle zu einer Tüte dreht man die Waffeln in einen Becher oder eine Tasse. Wenn diese erkaltet sind, behalten sie so ihre Form.

ZUTATEN 5-6

1 Vanilleschote
100 g Butter
80 g brauner Zucker
3 Eier
250 g Mehl (Type 550)
1 TL Backpulver
1 Pr. Salz
1 TL Speisestärke
200 ml Milch
etwas Butter oder Öl
allerlei Süßes zum Befüllen

Außerdem:
Waffeleisen „Bubble Waffle“ oder entsprechende Backplatten

Zubereitung: 30 Min.
Backzeit: ca. 20 Min.
Ruhezeit: mind. 15 Min.

Einkaufsliste

Tipp Befüllen oder dekorieren kann man „Bubble Waffles“ mit allerlei Süßem wie z.B. Sahne-Mascarpone-Creme, Joghurt oder auch Speiseeis. Wer es fruchtig mag, gibt noch frische Erdbeeren oder Bananenscheiben dazu. Mit etwas Schoko-Sauce und allerlei anderen Süßigkeiten dekoriert sind die Waffeln für Süß-Fans ein Genuss.

Cinnamon Rolls (Zimtschnecken)

ZUTATEN 20

250 ml Milch
60 g Zucker
40 g frische Hefe
500 g Mehl (Type 405)
150 g Butter
1 Ei
1 Pr. Salz
50 g Pekannüsse
100 g brauner Zucker
2 TL Zimtpulver
200 g Puderzucker

Zubereitung: 40 Min.
Gar-/Backzeit: ca. 30 Min.
Ruhezeit: mind. 1 Std.

Einkaufsliste

1 Milch und Zucker in einem Topf lauwarm erwärmen, die Hefe dazu bröckeln, gut darin auflösen und in eine große Rührschüssel umfüllen.

2 Mehl, **80 g** der Butter, ein Ei und eine Prise Salz hinzugeben und mit dem Knethaken des Handrührgeräts oder einer Küchenmaschine zu einem homogenen Teig verarbeiten. Diesen anschließend mit einem feuchten Küchentuch abgedeckt an einem warmen Ort mind. 1 Stunde „gehen" lassen.

3 Nach der Ruhezeit den Teig nochmals kurz mit den Händen durchkneten und anschließend auf einer leicht bemehlten Arbeitsfläche rechteckig und dünn - auf Backblechgröße - ausrollen. Die restliche Butter schmelzen und auf den Teig aufpinseln. Zucker, Zimt und klein gehackte Pekannüsse in einem Schälchen mischen und alles gleichmäßig auf dem mit Butter bestrichenem Teig verteilen.

4 Danach den Teig einrollen und die Rolle in 2 cm breite Scheiben schneiden. Einzelne Rollen - mit den Schnittkanten nach oben bzw. unten - auf ein mit Backpapier belegtes Backblech setzen (können aneinander anliegen) und im vorgeheizten Backofen bei 180 °C Ober-/Unterhitze (Umluft 160 °C) ca. 25 Min. backen. Anschließend mit einem Tuch abdecken und auskühlen lassen.

5 Puderzucker mit 3 EL heißem Wasser glatt verrühren und Rolls damit dick bestreichen. Die Zuckerglasur vor dem Verzehr erhärten lassen und anschließend Zimtschnecken genießen.

Dreierlei Cake-Pops

Basisrezept Cake-Pops

1 Schokokuchen mit den Händen fein zerkrümeln. Erdnussbutter, Puderzucker und Kirschkonfitüre in einer Schüssel mischen und mit den Kuchenbröseln zu einer gut formbaren Masse verarbeiten. Anschließend mit einem Löffel in 16-18 Portionen teilen und mit angefeuchteten Händen zu Kugeln drehen. Diese für 45 Min. kühl stellen.

2 Zwischenzeitlich Schokolade fein hacken und in einer Schüssel, zusammen mit dem Kokosöl, in einem Wasserbad schmelzen. Danach die Enden der Cake-Pop-Stiele kurz in die Schokolade tauchen, um ein späteres Abrutschen der Kugeln zu vermeiden. Stiele jeweils in eine Kugel stecken und diese erneut 15 Min. kühl stellen.

3 Danach werden die Kugeln komplett in die warme Schokolade getaucht, mit der gewünschten Dekovariante (siehe Rezeptvorschläge) bestreut oder verziert und zum Erhärten auf einen Styroporblock oder Cake-Pop-Halter gesteckt.

Zutaten

16–18

250 g Schokokuchen
40 g Erdnussbutter
20 g Puderzucker
1 EL Kirschkonfitüre
100 g dunkle Schokolade
½ TL Kokosöl

Außerdem:
Cake-Pop-Stiele, Styroporblock oder Cake-Pop-Halter

Zubereitung: 30 Min.
Garzeit: ca. 10 Min.
Kühlzeit: mind. 1 Std.

Einkaufsliste

Deko Pistazien-Pops

ZUTATEN 5-6

50 g Pistazien (gehackt)

Zubereitung: 5 Min.

1 Auf die noch nicht erhärteten Schokokugeln (Basisrezept) gehackte Pistazien streuen und fest werden lassen.

Deko Lavendel-Pops

ZUTATEN 5-6

50 g weiße Schokolade
1 TL Lavendelblüten

Zubereitung: 20 Min.
Garzeit: ca. 10 Min.

1 Schokolade in kleine Stücke schneiden und in einer Schüssel im heißen Wasserbad erhitzen. Danach etwas abkühlen lassen, nochmals kurz erhitzen und dann auf ca. 28 °C herunter kühlen (Lippenprobe oder Speisethermometer).

2 Weiße Schokolade mit Hilfe eines kleinen Löffels kreisförmig auf die erkalteten Cake-Pops (Basisrezept) auftragen. Dazu je einen Pop beim Auftragen drehen und ein linienförmiges Muster erzeugen. Anschließend die grob gehackten Lavendelblüten einzeln auf der weißen Schokolade platzieren; hilfreich ist hierfür eine Pinzette. Cake-Pops gut aushärten lassen.

Deko Cranberry-Pops

ZUTATEN 5-6

50 g Kokosraspeln
50 g Cranberries (getrocknet)

Zubereitung: 10 Min.
Garzeit: ca. 3 Min.

1 Kokosraspel in einer Pfanne ohne Öl goldgelb anrösten. Zusammen mit grob gehackten Cranberries auf die noch nicht erhärteten Schokokugeln (Basisrezept) streuen und erkalten lassen.

Tipp

Cake-Pop Varianten

z.B. für

- Halloween
- Ostern
- Weihnachten
- Geburtstag
- Hochzeit
- Mottoparty
- Valentinstag
- Karneval/Fasching

Crêpes

GRUNDREZEPT

ZUTATEN 10–12

500 ml Milch
4 Eier
250 g Mehl (Type 405)
2 Pr. Salz
4 EL Zucker
2 EL Butter

Zubereitung: 15 Min.
Backzeit: ca. 20 Min.

Einkaufsliste

1 Milch, Eier und 2 Prisen Salz in einer Schüssel mit dem Schneebesen verquirlen, anschließend Mehl und Zucker esslöffelweise einrühren.

2 Wenig Butter in einer großen Pfanne bei mittlerer Hitze schmelzen und eine kleine Menge Teig eingießen. Die Teigmasse dann sofort in der Pfanne durch drehende Bewegungen verteilen, so dass der Pfannenboden gleichmäßig und nur etwa 1 Millimeter dünn bedeckt ist. Crêpes dann von jeder Seite 1 Min. backen, der Teig sollte nur leicht gebräunt sein.

Tipp: *Crêpes* (dünne französische Pfannkuchen) kann man pur genießen, aber auch süß belegen oder füllen. Eine leckere Variante ist Crêpes mit süßen Beeren und einem flüssigen Schokoladenüberzug.

Haferflocken-Rosinenmuffins

ZUTATEN 8

80 ml Milch
150 g Dinkelmehl (Type 630)
150 g Haferflocken
2 Eier
50 g Zucker
1 Pck. Backpulver
1 TL Zimtpulver
50 g Rosinen
100 g Haselnüsse

Außerdem:
Muffinblech oder-förmchen

Zubereitung: 20 Min.
Backzeit: ca. 20 Min.

Einkaufsliste

1 Rosinen in Wasser einweichen, Nüsse grob zerkleinern. Eier und Zucker in einer Rührschüssel mind. 5 Min. schaumig rühren, anschießend die Milch hinzugießen und gut verrühren. Dinkelmehl, Haferflocken, Backpulver und Zimtpulver miteinander mischen und unter die Eier-Milch rühren, am Ende die abgetropften Rosinen und Nüssen unterheben.

2 Den Teig in ein leicht gefettetes Muffinblech oder in feuerfeste Muffinförmchen geben, maximal zu ⅔ füllen. Im vorgeheizten Backofen bei 180 °C Ober-/Unterhitze (160 °C Umluft) ca. 20 Min. backen. Anschließend aus den Formen nehmen und noch warm mit einigen Haferflocken- und Nussresten bestreuen.

Erdbeer-Joghurtmousse

1 Zitrone warm abwaschen und halbieren, Zitronenschale mit einer Raspel abhobeln und Saft der halben Zitrone auspressen. Alles zusammen mit dem Vanillejoghurt in einer Schüssel glatt verrühren.

2 Gelatine-Blätter in einem Schälchen mit kaltem Wasser 5 Min. einweichen, anschließend herausnehmen, etwas ausdrücken und in **2 EL** erwärmtem Orangenlikör auflösen. Danach in den Vanillejoghurt einrühren und diesen anschließend 20 Min. kaltstellen.

3 Die Eier trennen und die Eiweiße in einen Mixbecher zusammen mit dem Zucker geben. Masse mit einem Handrührgerät zu steifem Eischnee schlagen. Dasselbe geschieht mit der Schlagsahne, ebenso mit dem Handrührgerät in einer Schüssel steif schlagen.

4 Die mittlerweile gelierte Joghurtmasse nochmals glattrühren, danach zuerst die Sahne und anschließend den Eischnee vorsichtig unterheben. Mousse in Gläser verteilen (max. zu ⅔ füllen) und mindestens 2 Std. kaltstellen.

5 Vor dem Servieren die gewaschenen und zerkleinerten Erdbeeren mit 1 EL Puderzucker und dem restlichem Orangenlikör in einer Schüssel pürieren und über der Mousse in die Gläser füllen. Mit ein paar halben Erdbeeren und Minzeblättchen garniert servieren.

ZUTATEN 4

- 500 g Vanillejoghurt
- 1 Zitrone
- 4 Blatt Gelatine
- 4 EL Orangenlikör
- 2 Eier
- 30 g Zucker
- 100 g Schlagsahne
- 300 g Erdbeeren
- 1 EL Puderzucker
- 1 Zweig Minze

Zubereitung: 20 Min.
Garzeit: 2-3 Min.
Kühlzeit: 2 Std. 20 Min.

Einkaufsliste

Bunte Macarons

ZUTATEN ca. 30

150 g Mandeln (gemahlen)
170 g Puderzucker
3 Eier
etwas Zitronensaft
40 g Zucker
Lebensmittelfarbe blau und grün

Außerdem:
Spritzbeutel, Backpapier oder Backmatte für Macarons

Zubereitung: 60 Min.
Gar-/Backzeit: ca. 30 Min.
Ruhezeit: 2 Std. 20 Min.

Einkaufsliste

BASISREZEPT MANDEL-MACARONS

1 Gemahlene Mandeln und Puderzucker mischen und mit einem Mixer nochmals sehr fein zerkleinern. Anschließend durch ein Sieb in eine Schüssel geben.

2 Die Eier trennen und die Eiweiße mit einem Spritzer Zitronensaft mischen und leicht aufschlagen. 40 g Zucker nach und nach zugeben und Eiweiß steif schlagen. Die Mandel-Puderzucker-Mischung vorsichtig unter den Eischnee heben.

3 Backpapier für 2 Backbleche zuschneiden und mit einem Bleistift je 30 kleine Kreise (Größe einer 2-Euromünze) aufzeichnen. Alternativ dazu gibt es im Handel sogenannte Backmatten für Macarons, die bereits für die Teigaufnahme vorgefertigt sind.

4 Den Macaron-Teig nun dritteln und zwei Teile davon einfärben. Hierzu Lebensmittelfarbe in beliebigen Ausführungen verwenden (in diesem Rezept wird blau und grün verwendet). Den naturfarbenen Teig nun in einen Spritzbeutel füllen und sehr genau auf 20 Kreise aufspritzen. Das zweite Drittel Teig mit blauer Lebensmittelfarbe mischen und ebenso auf 20 Kreise spritzen und das letzte Teigdrittel mit grüner Lebensmittelfarbe mischen und auf die letzten 20 Kreise spritzen (Spritzbeutel zwischendurch gründlich reinigen!)

5 Anschließend die Macarons 20 Min. antrocknen lassen und danach auf Backblechen im vorgeheizten Backofen bei 140 °C Umluft 15 Min. backen. Zum Schluss herausnehmen und vor der Weiterverarbeitung und dem Füllen auf einem Kuchengitter 1 Std. abkühlen lassen.

Kaffee-Ganache

ZUTATEN ca. 10

60 g dunkle Schokolade
40 g Schlagsahne
1 EL Espressopulver
2 cl Kaffeelikör

Zubereitung: 15 Min.
Garzeit: ca. 10 Min.
Kühlzeit: mind. 1 Std.

1 Schlagsahne in einem Topf aufkochen und vom Herd nehmen. Schokolade in kleine Stücke schneiden und in der Sahne schmelzen. Espressopulver und Kaffeelikör einrühren und 1 Stunde kaltstellen.

2 Anschließend Kaffee-Ganache mit einem Rührgerät 2-3 Min. schaumig rühren und die Hälfte der ungefärbte Macarons damit bestreichen. Mit den restlichen 10 ungefärbten Macarons abdecken und auskühlen lassen.

1 Schlagsahne in einem Topf aufkochen und vom Herd nehmen. Schokolade in kleine Stücke schneiden und in der Sahne schmelzen. Johannisbeer Konfitüre und Creme de Cassis Likör einrühren und 1 Stunde kaltstellen.

2 Anschließend Cassis-Ganache mit einem Rührgerät 2-3 Min. schaumig rühren und die Hälfte der blauen Macarons damit bestreichen. Mit den restlichen 10 blauen Macarons abdecken und auskühlen lassen.

Cassis-Ganache

ZUTATEN ca. 10

60 g weiße Schokolade
40 g Schlagsahne
1 EL Johannisbeerkonfitüre
2 cl Creme de Cassis Likör

Zubereitung: 15 Min.
Garzeit: ca. 10 Min.
Kühlzeit: mind. 1 Std.

Schoko-Minz-Ganache

ZUTATEN ca. 10

30 g dunkle Schokolade
40 g Schlagsahne
30 g Schoko-Minz-Täfelchen
(z.B. After Eight)

Zubereitung: 15 Min.
Garzeit: ca. 10 Min.
Kühlzeit: mind. 1 Std.

1 Schlagsahne in einem Topf aufkochen und vom Herd nehmen. Schokolade in kleine Stücke schneiden und zusammen mit den Schoko-Minz-Täfelchen in der Sahne schmelzen. Fertige Ganache 1 Stunde kaltstellen.

2 Anschließend Schoko-Minz-Ganache mit einem Rührgerät 2-3 Min. schaumig rühren und die Hälfte der grünen Macarons damit bestreichen. Mit den restlichen 10 grünen Macarons abdecken und auskühlen lassen.

Tipp Macarons lassen sich auch sehr gut als üppige Dekorationen von Kuchen und Torten verwenden. Dabei passt man die Farbe des Macaron-Teigs durch Einfärben mit Lebensmittelfarben so an, dass eine hübsche Komposition entsteht.

Panna cotta

1 Vanilleschote mit einer scharfen Messerspitze längs einritzen und das Vanillemark herausschaben. Das Vanillemark sowie die ausgeschabte Schote mit der Schlagsahne und **70 g** Zucker in einem Topf aufkochen, gut verrühren und 15 Min. bei mittlerer Hitze köcheln lassen.

2 Kurz vor Kochzeitende die Gelatine-Blätter 5 Min. in kaltem Wasser einweichen, herausnehmen, etwas ausdrücken und anschließend zur gekochten Sahne geben. Topf vom Herd nehmen, die ausgeschabte Vanilleschote entfernen und die Gelatine durch Rühren auflösen. Danach die Masse in 4 Förmchen geben und mindestens 10 Stunden im Kühlschrank kaltstellen.

3 Für die Erdbeersauce die Erdbeeren in einem Sieb waschen, abtropfen lassen, Stielenden entfernen und etwas zerkleinern. Erdbeeren dann mit dem restlichen Zucker und etwas Kirschwasser zum Aromatisieren mit einem Stabmixer oder Rührgerät fein pürieren. Anschließend durch ein feinmaschiges Küchensieb streichen, damit die Kerne herausgefiltert werden. Die Erdbeersauce ebenso kaltstellen.

4 Zum Servieren die Panna cotta auf Teller stürzen, mit der Erdbeersauce angießen oder überziehen und mit einigen Himbeeren (oder Erdbeeren) und Minzeblättchen garnieren.

ZUTATEN 4

500 g Schlagsahne
1 Vanilleschote
120 g Zucker
6 Blatt Gelatine
400 g Erdbeeren
1 cl Kirschwasser (40% Vol.)
einige Himbeeren
1 Zweig Minze

Außerdem:
Pudding- oder
Panna cotta-Förmchen

Zubereitung: 25 Min.
Kochzeit: ca. 20 Min.
Kühlzeit: mind. 10 Std.

Einkaufsliste

Info

Panna cotta Förmchen vor dem Stürzen ganz kurz im Wasserbad anwärmen. Danach am Förmchenrand mit einem scharfen, kleinen Messer die Panna cotta von der Form trennen, dann rutscht diese leichter heraus.

Tiramisu

1 Eier trennen, Eigelbe zusammen mit Zucker und Vanillezucker in einer großen Rührschüssel mindestens 5 Min. schaumig rühren. Mascarpone hinzugeben und gut in der Masse verrühren.

2 Eiweiß der 3 Eier mit dem Rührgerät steif schlagen und vorsichtig unter die Mascarpone-Creme heben, anschließend mit Cognac aromatisieren.

3 Zwei starke, doppelte Espressi (EZ: Espresso) kochen, in eine flache Schale gießen und die Löffelbiskuits jeweils einzeln **kurz** darin eintauchen und benetzen. Nach und nach den Boden der Auflaufform damit auslegen und anschließend **die Hälfte** der Mascarpone-Creme glatt darauf verstreichen. Nochmals eine Schicht Biskuits und danach Mascarpone-Creme einbringen und diese in der Form glatt verstreichen.

4 Tiramisu mit gesiebtem Kakopulver großzügig bestäuben, so dass die gesamte Mascarpone-Creme damit bedeckt ist. Anschließend vorsichtig abdecken und 3-4 Std. im Kühlschrank kaltstellen.

5 Zum Servieren mit einem scharfen Messer in beliebig große Rechtecke schneiden, mit einem Pfannenwender oder Ähnlichem vorsichtig auf Teller setzen und mit Minzeblättchen dekorieren.

ZUTATEN 6-8

3 Eier
3 EL Zucker
1 Pck. Vanillezucker
300 g Mascarpone
2 EL Cognac
20 Löffelbiskuits
2 doppelte Espressi (Espresso)
50 g Kakaopulver
einige Minzeblättchen

Außerdem:
Rechteckige Auflaufform

Zubereitung: 30 Min.
Ruhezeit: 3-4 Std.

Einkaufsliste

Seidentofu-Kokoscreme mit Keks

ZUTATEN 4

400 g Seidentofu
½ Zitrone
100 g Kokosmilch (cremig)
2 EL Agavendicksaft
200 g Kekse (vegan)
50 g Mandelkerne
2 Feigen

Außerdem:
Gefrierbeutel

Zubereitung: 20 Min.
Kühlzeit: mind. 1 Std.

Einkaufsliste

1 Vegane Kekse in einen Gefrierbeutel geben, verschließen und mit dem Boden einer Stielkasserolle krümelig klopfen. Zitrone heiß abwaschen, die Hälfte der Schale abraspeln und den Zitronensaft auspressen. Seidentofu grob zerkleinern, in einen großen Mixbecher geben und zusammen mit Zitronensaft und Schalenabrieb, dem cremigen Anteil der Kokosmilch und dem Agavendicksaft fein pürieren.

2 Creme mindestens 1 Stunde kaltstellen und anschließend schichtweise, Creme und Kekse abwechselnd, in Gläser füllen. Mit einigen Mandelkernen und frischen Feigenspalten dekoriert servieren.

Crème brûlée

ZUTATEN 4

1 Vanilleschote
250 ml Milch
200 g Crème double
4 Eier
60 g weißer Zucker
60 g brauner Zucker

Außerdem:
Feuerfeste Förmchen,
evtl. Flambierbrenner

Zubereitung: 25 Min.
Koch-/Backzeit: ca. 50 Min.
Kühlzeit: mind. 3 Std.

Einkaufsliste

1 Vanilleschote längs einritzen und das Vanillemark herausschaben. Milch, Crème double, das Vanillemark und die ausgekratzte Schote in einem Topf kurz aufkochen, vom Herd nehmen, 10 Min. ziehen lassen und die Vanilleschote herausnehmen.

2 Eier trennen und Eigelbe sowie weißen Zucker mit einem Handrührgerät cremig verrühren (Eiweiße werden nicht benötigt). Die Vanillecreme dazu gießen, gut verrühren und alles in feuerfesten Schälchen abfüllen. Im Backofen bei 110 °C Ober-/Unterhitze 35-40 Min. stocken lassen, bis sich oben eine Haut gebildet hat.

3 Förmchen herausnehmen und für mind. 3 Stunden kaltstellen. Vor dem Servieren mit braunem Zucker bestreuen und karamellisieren (mit der Grillfunktion im Backofen oder mit einem Flambierbrenner).

Vegane Smoothie-Bowl

ZUTATEN 4

200 g Brombeeren
200 g Blaubeeren
4 Bananen
etwas Zitronensaft
400 g Kokos-Mandelmus (vegan)
4 TL Chia Samen
4 EL Crunchy Müsli
2 EL Agavendicksaft
2 EL Kürbiskerne (geschält)
2 EL Sonnenblumenkerne
einige Minzeblättchen

Zubereitung: 30 Min.

Einkaufsliste

1 Tiefgefrorene Beeren auftauen lassen, frische Beeren in einem Sieb abwaschen und abtropfen. ⅔ der Beeren in eine Rührschüssel oder einen großen Mixbecher geben, restliche Beeren werden im Ganzen für das Topping benötigt.

2 **Die Hälfte** der Bananen schälen, in Scheiben schneiden und zu den Beeren in den Mixbecher geben. Ebenso Kokos-Mandelmus, Agavendicksaft und **2 TL** Chia Samen hinzufügen. Alles zusammen kräftig pürieren und anschließend in Bowls abfüllen.

3 Nun folgen als Topping, das schön angeordnet und nach Zutaten getrennt aufgelegt wird. 2 in Scheiben geschnittene Bananen (mit etwas Zitronensaft beträufeln, sonst werden die Scheiben braun), etwas zerkleinertes Crunchy Müsli, den Rest der Chia Samen, die restlichen ganzen Beeren sowie die Kürbis- und Sonnenblumenkerne in den Bowls verteilen. Zum Schluss mit Minze garniert servieren.

Smoothie-Bowl Varianten

Kuchen & Torten

17. KAPITEL

Ombré-Torte

ZUTATEN 16

Für den Boden/Teig:
100 g Butter
4 Eier (Bio-Qualität)
250 g Zucker
1 Pck. Vanillezucker
200 ml Milch
400 g Mehl (Type 405)
1 Pck. Backpulver
Lebensmittelfarbe lila (intensiv)

Für die Füllung:
1 TL Agar-Agar
250 g Schlagsahne
1 Pck. Sahnesteif
250 g Frischkäse (Doppelrahmstufe)
150 g Puderzucker
200 g Blaubeeren

Für die Buttercreme:
4 Eier (Bio-Qualität)
1 Pr. Salz
300 g Butter
200 g Zucker
etwas Zitronensaft

Außerdem:
Springform Ø 24-26 cm, Streichpalette, Spritzbeutel und Tülle

Zubereitung: 1 Std. 30 Min.
Backzeit: ca. 1 Std. 15 Min.
Kühlzeit: mind. 2 Std.

Einkaufsliste

Tipp

Ombré-Torte, auch Schattentorte oder Ombré-Cake genannt, kann aus beliebig vielen und unterschiedlich gefärbten Teigböden bestehen. Der Fantasie sind hier keine Grenzen gesetzt.

1 Die zimmerwarme Butter zusammen mit 4 Eiern (Bio-Qualität wegen hellen Dottern), 250 g Zucker und Vanillezucker in eine große Rührschüssel mind. 5 Min. schaumig rühren. Die Milch langsam einrühren und das gesiebte Mehl und das Backpulver unterziehen. Den Teig in 3 Schüsseln gleichmäßig verteilen und 2 davon mit lila Lebensmittelfarbe einfärben. 1 Teil bleibt Natur, der zweite Teil leicht lila und der dritte Teig wird etwas dunkler lila eingefärbt.

2 Eine Spring-Backform leicht einfetten und den ersten, hellen Teig darin im vorgeheizten Backofen bei 180 °C Ober-/Unterhitze (160 °C Umluft) 20-25 Min. backen. Anschließend heraus und aus der Form nehmen. Springform dann säubern, wieder etwas einfetten und den zweiten Teig (leicht lila) einfüllen. Der Backvorgang und die Backzeit ist analog dem ersten Teig und wird am Ende nochmals mit dem dritten Teig (dunkellila) wiederholt. Alle Teigböden vor der Weiterverarbeitung auskühlen lassen.

3 Für die Frischkäse-Füllung zuerst Agar-Agar mit 50 ml Wasser ca. 2 Minuten sprudelnd aufkochen und gut abkühlen lassen. Anschließend Schlagsahne steif schlagen und dabei Sahnesteif nach und nach einrieseln lassen. Danach Frischkäse, Puderzucker und Agar-Agar Saft hineinrühren. Die aufgetauten und gewaschenen Blaubeeren - bis auf einige für die Deko - unter die Creme heben und Tortenfüllung kurz kaltstellen.

4 Anschließend den dunkellila eingefärbten Teigboden in die gesäuberte Springform legen und mit der Hälfte der Frischkäse-Creme bestreichen. Den zweiten, leicht lila eingefärbten Boden daraufsetzen, leicht andrücken und mit der restlichen Creme bestreichen. Zum Schluss den ungefärbten Teigboden auflegen und leicht andrücken. Torte in der Form kaltstellen.

5 Für die umschließende Buttercreme die restlichen 4 Eier trennen und das Eiweiß mit 1 Prise Salz zu einem steifen Eischnee schlagen (Eigelb wird nicht benötigt). Die restlichen 300 g Butter (zimmerwarm) mit den restlichen 200 g Zucker schaumig aufschlagen, einen Spritzer Zitronensaft dazugeben und den Eischnee vorsichtig unterheben.

6 Torte aus der Springform nehmen und mit einer Streichpalette die Buttercreme am Tortenrand und auf der Oberseite glatt aufstreichen. Wer möchte, kann die Creme auch wieder mit lila Lebensmittelfarbe einfärben und am Tortenrand ein Schattenmuster auftragen. Hierzu gehört etwas Übung, wobei es nicht problematisch ist, wenn die Farbschichten etwas ineinanderlaufen.

7 Die abschließende Torten-Deko wird mit der restlichen Buttercreme, die dunkellila eingefärbt wird, in Form von aufgespritzten Rosetten ausgeführt. Hierzu die Creme in einen Spritzbeutel mit Tülle füllen und gleichmäßige Rosetten aufspritzen. Zwischen diese noch einige Blaubeeren streuen und die Torte vor dem Verzehr mindestens 1 Std. kaltstellen.

Schwarzwälder Kirschtorte

1 Von den Eiern **4** trennen und die Eigelbe in eine Rührschüssel geben (Eiweiße hiervon werden nicht benötigt). Hinzu kommen 4 ganze Eier und 200 g Zucker. Masse mit einem Handmixer oder einer Küchenmaschine 5 Min. schaumig aufschlagen, anschließend Mehl, 50 g Speisestärke, Kakaopulver und Backpulver unter die Masse heben.

ZUTATEN 16

Für den Boden/Teig:
8 Eier
200 g Zucker
150 g Mehl (Type 405)
50 g Speisestärke
50 g Kakaopulver
2 TL Backpulver
etwas Butter

Für die Füllung:
80 g Zucker
150 ml Kirschwasser (40% Vol.)
350 g Sauerkirschen (Glas)
20 g Speisestärke
4 Blatt Gelatine
1000 g Schlagsahne
50 g Zucker
1 Pck. Vanillezucker

Für die Deko:
100 g Raspelschokolade (Späne)

Außerdem:
Springform Ø 26-28 cm, Tortenschneider, Streichpalette, Spritzbeutel mit Sterntülle

Zubereitung: 2 Std.
Backzeit: ca. 50 Min.
Kühlzeit: mind. 2 Std.

Einkaufsliste

2 Springform leicht einfetten und den Teig einfüllen. Im vorgeheizten Backofen bei 180 °C Ober-/Unterhitze (160 °C Umluft) ca. 30 Min. backen, herausnehmen und etwas abkühlen lassen. Danach Backform öffnen, ein Küchentuch über den Teigboden legen und die Springform wenden.

3 Aus 80 g Zucker und 100 ml Wasser einen „Läuterzucker" aufkochen. Nachdem sich der gesamte Zucker aufgelöst hat, etwas abkühlen lassen und **100 ml** des Kirschwassers einrühren.

4 Sauerkirschen in einem Sieb abtropfen lassen und den Saft in einer Schüssel auffangen, 16 Kirschen für die Deko beiseite legen. 3 EL des Kirschsafts mit 20 g Speisestärke glattrühren und zusammen mit dem restlichen Kirschsaft 10 Min. erhitzen. Die restlichen Kirschen dazugeben, 2-3 Min. weiter köcheln, etwas abkühlen lassen und **30 ml** Kirschwasser unterrühren.

5 Schlagsahne in eine **sehr große** Rührschüssel geben und mit dem Rührgerät oder einer Küchenmaschine steif schlagen. Dabei nach und nach 50 g Zucker und den Vanillezucker einrieseln lassen. Gelatine in kaltem Wasser 5 Min. einweichen, ausdrücken und in einem Topf mit **20 ml** Kirschwasser leicht erhitzen. Glattrühren, etwas abkühlen lassen und vorsichtig unter die steife Sahne heben.

6 Den ausgekühlten Tortenboden mit einem Tortenschneider oder einem Bäckermesser zweimal waagerecht teilen, so dass sich 3 Böden ergeben. Der erste Boden wird großzügig mit dem fertigen Läuterzucker eingestrichen, darauf folgt die Schicht mit den eingekochten Kirschen. Die Kirschschicht gleichmäßig mit ¼ der Schlagsahne bestreichen, den zweiten Boden auflegen und leicht andrücken. Wieder mit Läuterzucker und ¼ der Schlagsahne bestreichen und beim Auflegen des dritten Bodens genauso vorgehen.

7 Zum Schluss wird der Tortenrand noch mit etwas Sahne bestrichen, eine Streichpalette ist hierfür hilfreich. Die restliche Sahne in einen Spritzbeutel mit Sterntülle füllen und 16 kleine Rosetten auf die Torte spritzen. Auf jede Rosette eine Kirsche setzen und die Torte, auch am Rand, mit Raspelschokolade bestreuen.

Pistazien-Karottenkuchen

Stäbchenprobe Backen:
Info
Mit einem Holzstäbchen/ einem Holzspießer kann man das Backergebnis eines Rührteigs leicht überprüfen. Haften beim Hineinstechen und Herausziehen des Stäbchens noch Teigreste am Holz, muss der Kuchen/der Boden nochmals für 5-10 Min. in den Backofen.

ZUTATEN 16

400 g Karotten
100 g Pistazien
100 g Mandeln (gemahlen)
200 ml Pflanzenöl
3 Eier
200 g Zucker
1 Pck. Vanillezucker
250 g Mehl (Type 405)
2 TL Backpulver
1 Pr. Salz
400 g Frischkäse (Doppelrahmstufe)
100 g Schlagsahne
100 g Puderzucker
½ Zitrone

Außerdem:
Springform Ø 28 cm, Tortenschneider

Zubereitung: 45 Min.
Backzeit: ca. 60 Min.
Kühlzeit: mind. 1 Std.

Einkaufsliste

1 Karotten waschen, schälen und mit einem Küchenhobel fein reiben. Die Hälfte der Pistazien nochmals etwas zerkleinern.

2 In einer großen Rührschüssel Mehl, Backpulver, Zucker, Vanillezucker und eine Prise Salz mischen und unter Zugabe von Pflanzenöl mit einem Handrührgerät oder einer Küchenmaschine verrühren. Anschließend die Eier nach und nach zugeben und 2-3 Min. weiterrühren.

3 Geriebene Karotten, die zerkleinerten Pistazien und die Mandeln unter den Teig heben und diesen in eine leicht gefettete Spring-Backform füllen. Den Karottenkuchen im vorgeheizten Backofen bei 180 °C Ober-/Unterhitze (Umluft 160 °C) ca. 50-60 Min. backen.

4 Nach Ende der Backzeit - diese prüft man mit der „Stäbchenprobe" - den Kuchen herausnehmen und auskühlen lassen. Anschließend aus der Form nehmen und den Kuchen mit einem Tortenschneider oder einem Bäckermesser vorsichtig waagerecht teilen.

5 In einer Schüssel Frischkäse und flüssige Schlagsahne glatt verrühren oder verquirlen, Puderzucker und den Saft und Abrieb der halben Zitrone dazugeben und alles gut aufschlagen. Die Hälfte der Frischkäse-Creme auf der untere Bodenhälfte verteilen und glattstreichen. Obere Kuchenhälfte daraufsetzen, leicht andrücken und mit der restlichen Frischkäse-Creme bestreichen.

6 Zum Schluss noch mit den beiseite gelegten Pistazien bestreuen und den Karottenkuchen vor dem Verzehr mind. 1 Std. kaltstellen.

Bananenbrot

ZUTATEN 10-12

- 1 Vanilleschote
- 4 Bananen
- 80 ml Pflanzenöl
- 100 ml Haferdrink
- 200 g Dinkelmehl (Type 630)
- 50 g Haferflocken
- 2 TL Backpulver
- 1 Pr. Salz
- ½ TL Zimtpulver
- 80 g Walnusskerne

Außerdem:
Kastenbackform 25-30 cm

Zubereitung: 20 Min.
Backzeit: 55 Min.

Einkaufsliste

1 Vanilleschote einritzen und Mark herausschaben, **3** Bananen schälen und mit einer Gabel grob zerdrücken (die vierte Banane wird später verwendet). Dinkelmehl, Haferflocken, Backpulver, Salz und Zimtpulver trocken mischen und mit Pflanzenöl sowie Haferdrink in einer großen Schüssel gut verquirlen. Anschließend die zerdrückten Bananen sowie die grob gehackten Walnusskerne unterheben.

2 Bananenbrotteig in einer leicht gefettet Kastenbackform glatt verstreichen, die letzte Banane schälen, längs halbieren und die beiden Hälften in den Teig drücken. Im vorgeheizten Backofen bei 180 °C Ober-/Unterhitze (Umluft 160 °C) ca. 50-55 Min. goldbraun backen.

Gató de almendra (mallor. Mandelkuchen)

ZUTATEN 12

- 6 Eier
- 250 g Puderzucker
- 1 Vanilleschote
- 1 Zitrone
- ½ TL Zimtpulver
- 1 Pr. Salz
- 250 g Mandel (gemahlen)
- etwas Butter
- 1 Pck. Mandeleis

Außerdem:
Springform Ø 26 cm

Zubereitung: 30 Min.
Backzeit: ca. 45 Min.
Kühlzeit: mind. 1 Std.

Einkaufsliste

1 Eier trennen, Eiweiße kaltstellen und Eigelbe mit **200 g** des Puderzuckers 5-10 Min. schaumig schlagen. Vanilleschote einritzen und Mark herausschaben. Zusammen mit dem Schalenabrieb der Zitrone und dem Zimtpulver unter die Eigelbmasse rühren. Eiweiße und 1 Prise Salz mit dem Mixer zu steifem Eischnee schlagen.

2 Mandeln sowie den Eischnee vorsichtig unter die Eigelbmasse heben und den Teig in eine leicht gefettete Springform einfüllen. Im vorgeheizten Backofen bei 175 °C Ober-/Unterhitze (Umluft 155 °C) 40-45 Min. goldbraun backen und anschließend mind. 1 Std. abkühlen lassen. Serviert wird Gató de almendra mit dem restlichen Puderzucker bestreut und mit einer großen Kugel Mandeleis.

Erdbeer-Sahnetorte

ZUTATEN
16

Für den Boden:
200 g Butterkekse
100 g Butter

Für die Füllung:
500 g Erdbeeren
600 g Vanillejoghurt
80 g Puderzucker
8 Blatt Gelatine
½ Zitrone
300 g Schlagsahne

Für den Tortenguss:
2 Pck. roter Tortenguss
250 g Erdbeerkonfitüre
2 cl Kirsch- oder Orangenlikör

Außerdem:
Gefrierbeutel,
Springform Ø 26 cm

Zubereitung: 40 Min.
Backzeit: ca. 20 Min.
Kühlzeit: mind. 3 Std.

Einkaufsliste

1 Butterkekse in einen Gefrierbeutel geben, gut verschließen und mit einer Teigwalze oder einem Topfboden krümelig zerkleinern. Anschließend in einem Topf Butter schmelzen, die Kekskrümel dazugeben und alles zu einem Teig vermengen.

2 Eine Spring-Backform leicht ausbuttern, Keksteig gleichmäßig auf dem Boden verteilen und gut andrücken. Den Keksboden ca. 20 Min. im vorgeheizten Backofen bei 160 °C Ober-/Unterhitze (Umluft 140 °C) backen. Anschließend herausnehmen und auskühlen lassen.

3 Erdbeeren in einem Sieb waschen, einige Exemplare zur Deko zur Seite legen und den Rest an den Stielansätzen gerade abschneiden. Die Erdbeeren in der Springform, mit der Schnittfläche nach unten, auf dem Keksboden stellen und gleichmäßig verteilen.

4 Gelatine-Blätter in kaltem Wasser 5 Min. einweichen, Sahne mit einem Handrührgerät oder der Küchenmaschine steifschlagen.

5 Zwischenzeitlich Joghurt, Puderzucker und den Saft einer halben Zitrone in einer Schüssel glattrühren. Die Gelatine leicht ausdrücken und in einem Topf bei geringer Hitze auflösen. Danach Gelatine mit einem Schneebesen unter den Joghurt rühren und die geschlagene Sahne vorsichtig unterheben. Anschließend die Joghurt-Sahnemasse zügig in der Backform auf den Erdbeeren verteilen, oben glattstreichen und die Torte für min. 1 Std. kaltstellen.

6 Erdbeerkonfitüre in einem Topf mit dem Likör erhitzen, glattrühren, vom Herd nehmen und Tortenguss-Pulver einrühren. Ist der Guss zu fest, etwas Wasser oder Saft hinzugeben. Anschließend sofort auf der Torte verteilen, glattstreichen und die Erdbeer-Sahnetorte 1-2 Std. kaltstellen. Zum Servieren mit den restlichen Erdbeeren dekorieren.

Zwetschgenkuchen vom Blech

1 Von der Milch **60 ml** in einem Topf leicht erwärmen, in eine Schüssel geben und die frische Hefe hineinbröckeln. Unter ständigem Rühren die Hefe auflösen. **1 EL** Zucker und **2 EL** Mehl hinzugeben, gut verrühren und so einen zähflüssigen Vorteig herstellen. Diesen mit ein wenig Mehl bestäuben und in der Schüssel zugedeckt an einem warmen Ort 30 Min. „gehen" lassen, bis der Vorteig Blasen wirft.

2 In einer zweiten, großen Rührschüssel warme Butter, restliche Milch und restlichen Zucker mit einer Prise Salz verrühren. Anschließend das übrige Mehl, abwechselnd mit dem Vorteig einarbeiten und den Hefeteig gut verkneten. Dies kann mit den Händen oder mit dem Knethaken einer Küchenmaschine erfolgen. Sobald der Teig richtig durchgearbeitet und geknetet ist, sollte dieser seidig glänzen und glatt sein. Die Schüssel dann erneut mit einem Tuch abdecken und den Teig an einem warmen Ort wieder 30 Min. „gehen" lassen. Das Teigvolumen sollte sich jetzt nochmals verdoppeln.

3 Zwischenzeitlich Zwetschgen waschen, mit einem scharfen Messer der Länge nach bis zum Kern einschneiden, halbieren und Kerne entfernen. Den Teig nochmals gut durchkneten und auf einer leicht bemehlten Arbeitsfläche zu einer rechteckigen Teigbahn in Backblechgröße ausrollen. Auf ein mit Backpapier ausgelegtes Backblech setzen, die Zwetschgen „dachziegelartig" darauf anordnen und den Kuchen im vorgeheizten Backofen bei 200 °C Ober-/Unterhitze (Umluft 180 °C) ca. 20 Min. backen.

4 Herausnehmen, etwas abkühlen lassen und auf dem Blech in beliebig große Kuchenstücke schneiden. Wer möchte, kann Schlagsahne dazu servieren.

ZUTATEN 12-16

Für den Boden/Teig:
10 g frische Hefe
125 ml Milch
250 Mehl (Type 405)
3 EL Zucker
120 g Butter
1 Pr. Salz

Für den Belag:
1,5 kg Zwetschgen

Zubereitung: 55 Min.
Backzeit: ca. 20 Min.
Ruhezeit: mind. 1 Std.

Einkaufsliste

VARIANTEN OBST-BLECHKUCHEN

Einfache und schnelle Blechkuchen lassen sich mit den unterschiedlichsten Früchten und Zutaten versehen, z.B.

- Äpfel und Rosinen
- Aprikosen und Quark
- Beerenfrüchte und Joghurt
- Kirschen und Streusel
- Rhabarber und Pudding

American Cheesecake

1 Butterkekse in einem verschlossenen Gefrierbeutel mit einer Teigwalze oder einem Topfboden krümelig zerkleinern und in einem Topf mit 50 g geschmolzener Butter zu einem Teig vermengen. Diesen auf dem Boden der leicht gefetteten und wasserdichten Springform gleichmäßig verteilen und gut andrücken. Den Keksboden 5-10 Min. im vorgeheizten Backofen bei 160 °C Ober-/Unterhitze (Umluft 140 °C) vorbacken.

2 Zwischenzeitlich Frischkäse, Saure Sahne, 180 g Zucker, Vanillezucker und 2 EL Mehl klümpchenfrei mit dem Handrührgerät oder einer Küchenmaschine verrühren. Zum Schluss die Eier vorsichtig unterheben und Masse in die etwas abgekühlte und nochmals eingefettete Backform gießen.

3 Traditionell wird der Cheesecake im Wasserbad gebacken, hierzu die Springform in ein größeres Gefäß/tiefes Backblech stellen und mit 2-3 cm Wasser auffüllen (alternativ hierzu kann man auch den Cheesecake normal backen und unter oder neben die Backform ein größeres Gefäß mit Wasser stellen).

4 Im vorgeheizten Backofen bei 160 °C Ober-/Unterhitze (Umluft 140 °C) ca. 60 Min. backen, bis der Cheesecake auf der Oberfläche leicht gebräunt ist. Backofen dann abschalten, Backofentüre einen Spalt öffnen (Holzkochlöffel dazwischen klemmen) und den Cake ca. 1 Std. abkühlen lassen.

5 Anschließend herausnehmen und nochmals 1 Std. auskühlen lassen, danach mit einem scharfen Messer am Rand lösen und den äußeren Backring entfernen. Im Kühlschrank auf dem Springform-Boden für weitere 4 Std. oder über Nacht kaltstellen.

6 Für das Topping die Hälfte der Beerenmischung in einem Topf mit 30 g Zucker sowie etwas Zitronensaft und -abrieb 5 Min. einkochen. Danach mit einem Mixer pürieren und durch ein Küchensieb streichen. Zum Servieren Cheesecake mit der Sauce überziehen und mit den restlichen Beeren dekorieren.

ZUTATEN 8

Für den Boden:
100 g Butterkekse (Vollkorn)
50 g Butter

Für den Cheesecake:
600 g Frischkäse (Doppelrahmstufe)
200 g Saure Sahne
180 g Zucker
1 Pck. Vanillezucker
3 Eier
2 EL Mehl (Type 405)

Für das Topping:
300 g Beerenmischung (TK)
30 g Zucker
½ Zitrone

Außerdem:
Springform Ø 18 oder 20 cm, Gefrierbeutel

Zubereitung: 35 Min.
Backzeit: ca. 60 Min.
Kühlzeit: mind. 6 Std.

Einkaufsliste

Biskuit-Sahnerolle

ZUTATEN 10-12

4 Eier
100 g Zucker
1 Pck. Vanillezucker
½ Zitrone
100 g Mehl (Type 405)
500 g Erdbeeren
300 g Schlagsahne
1 Pck. Sahnesteif
etwas Puderzucker

Zubereitung: 45 Min.
Backzeit: ca. 12 Min.
Kühlzeit: mind. 2 Std.

Einkaufsliste

1 Eier aufschlagen und trennen, Eiweiße beiseite stellen. Eigelbe mit der **Hälfte** des Zuckers in eine Rührschüssel geben, Vanillezucker und den Schalenabrieb einer halben Zitrone hinzufügen und alles zusammen mind. 5 Min. mit dem Handmixer oder einer Küchenmaschine schaumig rühren.

2 In einer weiteren Schüssel die Eiweiße, zusammen mit dem restlichen Zucker, zu Eischnee aufschlagen und anschließend vorsichtig unter die Eigelbmasse heben. Mehl darüber sieben und locker unter den Teig ziehen.

3 Ein Backblech mit Backpapier auslegen und den Biskuitteig fingerhoch darauf ausstreichen. Im vorgeheizten Backofen bei 200 °C Ober-/Unterhitze (Umluft 180 °C) 10-12 Min. backen. Anschließen herausnehmen, Biskuitboden leicht mit Mehl bestäuben und darauf ein trockenes, sauberes Küchentuch ausbreiten. Den Teigboden auf das Tuch stürzen und auf der Rückseite das Backpapier vorsichtig abziehen.

4 Erdbeeren waschen und einige Exemplare für die Deko zur Seite legen, den Rest klein schneiden. Die Schlagsahne mit dem Handmixer oder einer Küchenmaschine steif schlagen und dabei nach und nach Sahnesteif einrieseln lassen. Anschließend die klein geschnittenen Erdbeeren unterheben.

5 Biskuitboden zu ⅔ mit der Erdbeer-Sahne bestreichen und dann vorsichtig - über die lange Seite - zu einer Rolle einwickeln. Dabei benutzt man das Tuch als Wickelhilfe. Anschließend die fertige Sahne-Rolle mindestens 2 Std. kaltstellen und zum Servieren mit frischen Erdbeeren und mit etwas Puderzucker bestreut servieren.

Irish Cream Torte

1 Warme Butter und Zucker mit einem Handrührgerät oder einer Küchenmaschine 5 Min. schaumig rühren, anschließend die Eier nach und nach unterrühren. Mehl mit Backpulver und Kaffeepulver mischen und ebenfalls unter die Masse ziehen.

2 Spring-Backform mit Backpapier auslegen oder leicht ausbuttern und den Teig einfüllen. Im vorgeheizten Backofen bei 180 °C Ober-/Unterhitze (Umluft 160 °C) 25-30 Min. goldbraun backen. Anschließend Biskuitboden in der Form etwas abkühlen lassen, stürzen und das Backpapier vorsichtig abziehen.

3 Gelatine 5 Min. in kaltem Wasser einweichen, herausnehmen, etwas ausdrücken und zusammen mit dem Irish Cream Likör in einem Topf erhitzen. So lange rühren, bis sich die Gelatine aufgelöst hat und anschließend etwas abkühlen lassen.

4 Zwischenzeitlich die Schlagsahne und **2 EL** Puderzucker mit einem Rührgerät steif schlagen und ein Drittel davon unter die bereits etwas gelierte Irish Cream rühren. Den Rest der Sahne dann vorsichtig unterheben.

5 Den fertig gebackenen Biskuitboden mit einem Tortenbodenschneider oder einem Bäckermesser waagerecht in der Hälfte teilen. Die Spring-Backform erneut mit Backpapier auslegen und die untere Hälfte des Biskuitteigs hineinlegen. Darauf die Irish Cream Sahne gleichmäßig verteilen und die andere Teigplatte vorsichtig auflegen. Leicht andrücken und die Torte für mind. 3 Std. kaltstellen.

6 Vor dem Servieren den Backring entfernen, Torte mit etwas Puderzucker bestäuben und in Kuchenstücke teilen.

ZUTATEN 12

175 g Butter
175 g Zucker
3 Eier
225 g Mehl (Type 405)
1 TL Backpulver
1 EL löslicher Kaffee (Instant)
6 Blatt Gelatine
200 ml Irish Cream Likör
500 g Schlagsahne
4 EL Puderzucker

Außerdem:
Springform Ø 26 cm,
Tortenbodenschneider

Zubereitung: 40 Min.
Backzeit: ca. 25 Min.
Kühlzeit: mind. 3 Std.

Einkaufsliste

Tarte au chocolat

1 Von der Zartbitterschokolade **80 g** schmelzen und sehr dünn mit einer Palette auf einer Marmorplatte oder der Rückseite eines Backblechs ausstreichen. Anschließend bei Zimmertemperatur auskühlen lassen.

2 Restliche Schokolade klein hacken und die Nougatmasse in kleine Stücke schneiden. Beides in einer Metallschüssel über dem Wasserbad schmelzen und die Butter stückchenweise dazugeben. Unter ständigem Rühren Schokolade, Nougat und Butter komplett auflösen. Flüssige Schoko-Nougatmasse vom Herd nehmen und etwas abkühlen lassen.

3 Eier, Puderzucker und Kardamom in einer Rührschüssel mit dem Handrührgerät oder einer Küchenmaschine mind. 5 Min. schaumig rühren, anschließend die Schoko-Nougatmasse langsam einrühren. Zum Schluss Speisestärke, Kakaopulver und Puddingpulver mischen und unter den Teig heben. Nochmals kurz auf niedriger Stufe glattrühren und in eine etwas gefettete Tarte-Backform einfüllen. Alternativ kann man die Form auch mit Backpapier auslegen.

ZUTATEN 12

Für die Tarte:
200 g Zartbitterschokolade
100 g Nuss-Nougat (zum Backen)
200 g Butter
1 EL Speisestärke
2 EL Kakaopulver
1 Pck. Puddingpulver Schoko
4 Eier
120 g Puderzucker
½ TL Kardamom (gemahlen)

Für die Deko (Schoko-Röllchen):
80 g Zartbitterschokolade

Außerdem:
runde Tarteform, Streichpalette

Zubereitung: 30 Min.
Gar-/Backzeit: ca. 35 Min.
Kühlzeit: mind. 2 Std.

Einkaufsliste

4 Schokoladen-Tarte im vorgeheizten Backofen bei 180 °C Ober-/Unterhitze (Umluft 160 °C) 20-25 Min. backen, herausnehmen und abkühlen lassen.

5 Für die Deko die ausgestrichene und erkaltete Schokolade mit einem Spachtel oder Ähnlichem zu feinen Röllchen von der Platte oder dem Blech schaben. Bei etwas Druck mit dem Spachtel nach unten und vorne rollt sich die abgeschabte Schokolade auf, wobei die Röllchen nicht unbedingt gleichmäßig sein sollten.

6 Die ausgekühlte Tarte au chocolat anschließend aus der Form nehmen, in Stücke teilen und mit den handgemachten Schoko-Röllchen verzieren.

Donuts

ZUTATEN 12

Für den Donuts-Teig:
120 ml Milch
1 Pck. Trockenhefe (7 g)
350 g Mehl (Type 405)
50 g Butter
80 g Zucker
1 Ei
1 Pr. Salz

Zum Frittieren:
1 l Pflanzenöl

Zum Dekorieren:
Zucker-/Schokoguss und
Deko nach Belieben

Außerdem:
Runde Ausstechförmchen,
evtl. Fritteuse

Zubereitung: 30 Min.
Backzeit: ca. 25 Min.
Ruhezeit: mind. 1 Std.

Einkaufsliste

1 Milch leicht erwärmen und die Hefe darin glattrühren. In einer großen Rührschüssel Hefe-Milch zusammen mit gesiebtem Mehl, warmer Butter, Zucker, 1 Ei und 1 Prise Salz gut verkneten (mit der Hand oder einem Rührgerät mit Knethaken) und danach abgedeckt an einem warmen Ort 30 Min. „gehen" lassen.

2 Anschließend Teig auf einer leicht bemehlten Arbeitsfläche mit einer Teigwalze (Nudelholz) ca. 1 cm hoch ausrollen. Mit einem Kreisausstecher von 9-10 cm Durchmesser Teigkreise ausstechen und mit einem kleineren Ausstecher von 2-3 cm Löcher in der Mitte der ausgestochenen Teigkreise ausstanzen. Die Teiglinge nochmals abgedeckt 30 Min. „gehen" lassen und danach in einer Fritteuse oder einem Topf mit heißem Frittierfett (Pflanzenöl) von beiden Seiten 3-4 Min. goldbraun ausbacken. Anschließend auf Kuchenpapier abtropfen lassen.

3 Donuts kann man mit einer Backspritze füllen oder mit Zuckerguss in verschiedenen Farben überziehen und nach Belieben mit Schokolade, Nüssen, Mini-Marshmallows oder Zuckerstreusel dekorieren.

Tipp Puderzuckerglasur aus 250g Puderzucker, etwas Vanille (oder Vanille Extrakt) sowie 2-3 EL Milch cremig anrühren und - je nach Belieben - alles oder Teile davon mit Lebensmittelfarben abtönen. Bevor die Glasur trocknet, die gewünschte Deko aufstreuen oder nach Aushärten der Glasur Verzierungen auf die Donuts aufspritzen (z.B. mit flüssiger Schokolade).

Mohnschnecken

1 Milch leicht erwärmen, in eine große Rührschüssel umfüllen und die frische Hefe hineinbröckeln. Hefe durch gutes Verrühren in der Milch auflösen und 10 Min. beiseite stellen.

2 Anschließend gesiebtes Mehl, Salz, Zucker, Vanillezucker, warme Butter und die Eier in die Hefe-Milch geben und alles mit den Knethaken des Mixers oder einer Küchenmaschine zu einem homogenen Hefeteig verarbeiten. Den Teig dann auf einer leicht bemehlten Arbeitsfläche nochmals mit den Händen durchkneten und abgedeckt mind. 30 Min. „gehen" lassen.

3 Nach dem „Gehen" den Teig nochmals kurz durchkneten und auf einer leicht bemehlten Arbeitsfläche mit einer Teigwalze (Nudelholz) zu einem Rechteck von ca. 30 x 40 cm ausrollen. Die backfertige Mohnfüllung nicht ganz bis zum Rand aufstreichen und den Teig von der langen Seite her fest aufrollen. Nun mit einem scharfen Messer ca. 2 cm breite Scheiben von der Teigrolle schneiden und diese auf ein mit Backpapier belegtes Backblech geben. Die Enden der schmalen Rollen jeweils unter die Schnecken schieben, damit die einzelnen Rollen beim Backen nicht aufgehen. Auf genügend Abstand zwischen den Teiglingen achten, evtl. auf 2 Blechen backen.

4 Mohnschnecken im vorgeheizten Backofen bei 180 °C Ober-/Unterhitze (Umluft 160 °C) ca. 20-25 Min. goldgelb backen, herausnehmen und auf einem Kuchengitter etwas abkühlen lassen.

5 Aus gesiebtem Puderzucker und etwas Zitronensaft eine Zuckerglasur anrühren. Diese mit einem Löffel in langen Hin- und Herbewegungen streifenartig über die Mohnschnecken ziehen und Glasur vor dem Verzehr erhärten lassen.

ZUTATEN 15-16

150 ml Milch
20 g frische Hefe
500 g Mehl (Type 405)
1 TL Salz
60 g Zucker
1 Pck. Vanillezucker
100 g Butter
2 Eier
250 g Mohnfüllung (backfertig)
100 g Puderzucker
etwas Zitronensaft

Zubereitung: 45 Min.
Backzeit: ca. 25 Min.
Ruhezeit: ca. 30 Min.

Einkaufsliste

Red Velvet Cake

ZUTATEN 12

Für den Boden/den Cake:
150 g Butter
200 g Zucker
3 Eier
250 g Mehl (Type 405)
1 Pck. Backpulver
1 TL Kakaopulver
1 Pr. Salz
200 ml Buttermilch
Lebensmittelfarbe rot oder Rote Bete Saft

Für die Füllung/das Frosting:
150 g Puderzucker
150 g Butter
etwas Zitronensaft
150 g Frischkäse, (Doppelrahmstufe)
150 g Mascarpone
300 g Himbeeren
4 Blatt Gelatine
1 EL Puderzucker

Außerdem:
Springform Ø 22 cm oder Herzbackform, Tortenschneider, Palette

Zubereitung: 1 Std. 20 Min.
Backzeit: ca. 45 Min.
Ruhezeit: mind. 4 Std.

Einkaufsliste

1 In einer großen Rührschüssel 150 g weiche Butter und 200 g Zucker mit dem Handmixer oder einer Küchenmaschine aufschlagen. Eier nach und nach dazugeben und alles mind. 5 Min. schaumig rühren. Anschließend Mehl, Backpulver, Kakaopulver, 1 Prise Salz und die Buttermilch einrühren. Zuletzt den Teig mit roter Lebensmittelfarbe oder Rote Bete Saft **intensiv** einfärben.

2 Backform etwas einfetten, den Teig einfüllen, glattstreichen und den Cake im vorgeheizten Backofen bei 180 °C Ober-/Unterhitze (Umluft 160 °C) ca. 35-40 Min. backen. Herausnehmen und komplett auskühlen lassen.

3 Für das Frischkäse-Frosting Puderzucker mit 150 g weicher Butter aufmixen, 1 Spritzer Zitronensaft hinzugeben und Frischkäse sowie Mascarpone nach und nach glatt einrühren. Creme anschließend kühl stellen.

4 Gelatine 5 Min. in kaltem Wasser einweichen. Anschließend herausnehmen, etwas ausdrücken und zusammen mit 1 EL Puderzucker und der **Hälfte** der Himbeeren in einem Topf leicht aufkochen. Himbeeren anschließend mit einem Stabmixer fein pürieren.

5 Den ausgekühlten Tortenboden aus der Form nehmen und mit einem Tortenschneider oder einem Bäckermesser waagerecht teilen. Die untere Hälfte wieder in die Form geben, mit einem Hauch von Frischkäse-Creme überziehen und die pürierten Himbeeren darüber verstreichen. Die Torte in der Form 1 Std. kaltstellen.

6 Zum Schluss auf die gelierte Himbeerschicht die Hälfte der Frischkäse-Creme glatt aufstreichen, den zweiten Teigboden auflegen und leicht andrücken. Nun die Backform entfernen und den Cake oben und rundherum mit Frischkäse-Frosting bestreichen. Die Torte anschließend nochmals mind. 3 Std. kaltstellen und vor dem Verzehr mit den restlichen Himbeeren dekorieren.

Müslikuchen

ZUTATEN 10-12

150 g Butter
150 g Zucker
3 Eier
180 g Weizenvollkornmehl
2 TL Backpulver
1 Pr. Salz
150 g Müslimischung Nuss
100 ml Milch

Außerdem:
Kastenbackform 25-30 cm

Zubereitung: 25 Min.
Backzeit: ca. 50 Min.

Einkaufsliste

1 Weiche Butter und Zucker in einer großen Rührschüssel mit dem Handmixer oder einer Küchenmaschine aufschlagen und die Eier nach und nach dazugeben. Alles mind. 5 Min. schaumig rühren. Die anderen Zutaten wie Weizenvollkornmehl, Backpulver und 1 Prise Salz hinzugeben und einrühren. Zum Schluss die Müslimischung und die Milch zum Teig geben und diesen glattrühren.

2 Kastenbackform leicht einfetten und den Rührteig einfließen lassen, anschließend im vorgeheizten Backofen bei 180 °C Ober-/Unterhitze (Umluft 160 °C) ca. 45-50 Min. goldbraun backen. Nach Ende der Backzeit in der Form etwas abkühlen lassen und danach herausstürzen.

Marzipan-Muffins

ZUTATEN 10-12

200 g Marzipanrohmasse
300 g Mehl (Type 405)
1 TL Backpulver
1 Pr. Salz
150 g Puderzucker
1 Pck. Vanillezucker
100 g Mandelblättchen
75 ml Pflanzenöl
150 ml Buttermilch
1 Ei

Außerdem:
Muffinblech oder-förmchen

Zubereitung: 20 Min.
Backzeit: ca. 30 Min.

Einkaufsliste

1 Pflanzenöl, Buttermilch und 1 Ei in einer Rührschüssel verquirlen und anschließend Mehl, Backpulver, 1 Prise Salz, Puderzucker und Vanillezucker unterrühren. Zuletzt noch **70 g** der Mandelblättchen und die sehr fein gewürfelte Marzipanrohmasse einarbeiten.

2 Teig in ein leicht gefettetes Muffinblech (oder Förmchen) einfüllen und die restlichen Mandelblättchen darauf verteilen. Im vorgeheizten Backofen bei 180 °C Ober-/Unterhitze (Umluft 160 °C) ca. 30 Min. goldbraun backen. Muffins herausnehmen, in den Förmchen noch 10 Min. ruhen lassen und anschließend herausstürzen.

Walnuss-Erdnussbrownies

1 Schokolade klein schneiden und zusammen mit der Butter in einer Schüssel über dem Wasserbad schmelzen.

2 Eier in einer Rührschüssel aufschlagen und den Zucker dazugeben. Mit dem Rührgerät oder einer Küchenmaschine mindestens 5 Min. schaumig rühren.

3 Flüssige Schokolade, Erdnussbutter, klein geschnittenen Nougat und Crème fraîche langsam unter die Eiermischung rühren. Anschließend Mehl, fein gehackte Walnusskerne, Kakaopulver und eine Prise Salz in einer weiteren Schüssel mischen und mit einem Kochlöffel zügig in die Schaummasse einarbeiten.

4 Den fertigen Teig auf ein mit Backpapier belegtes Backblech vollflächig aufstreichen und im vorgeheizten Backofen bei 180 °C Ober-/Unterhitze (Umluft 160 °C) ca. 30 Min. backen. Anschließend auskühlen lassen und zum Verzehren in beliebig große Stücke schneiden.

ZUTATEN 40

250 g dunkle Schokolade
200 g Butter
75 g Nuss-Nougat (zum Backen)
150 g Walnusskerne
6 Eier
250 g brauner Zucker
150 g Erdnussbutter
150 g Crème fraîche
4 EL Kakaopulver
320 g Mehl (Type 405)
1 Pr. Salz

Zubereitung: 25 Min.
Gar-/Backzeit: ca. 40 Min.

Einkaufsliste

Goosberry Crumble-Cake

1 Stachelbeeren in einem Sieb waschen, Stielansätze entfernen und abtropfen lassen. Amarettini in einen Gefrierbeutel geben, gut verschließen und mit einer Teigwalze (Nudelholz) oder dem Boden einer Stielkasserolle durch Klopfen grob zerkleinern. Die Kekskrümel anschließend mit **50 g** weicher Butter, **50 g** Zucker und **50 g** Mehl auf einer Arbeitsfläche mit den Händen zu einem Streuselteig verkneten.

2 Restliche weiche Butter, restlichen Zucker, 1 Prise Salz, etwas Bittermandel Aroma sowie den Schalenabrieb der Zitrone in einer großen Rührschüssel vermengen und mit einem Mixer oder der Küchenmaschine 4-5 Min. cremig rühren. Anschließend die Eier einzeln hinzugeben und immer weiter kräftig rühren. Zuletzt Buttermilch eingießen, restliches Mehl und das Backpulver dazugeben und alles langsam unter den Teig ziehen.

3 Eine Spring-Backform mit etwas Butter einfetten, den flüssigen Teig darin verteilen und die Stachelbeeren darauf geben. Zum Schluss den Streuselteig bröselig darüber streuen und die Crumbles gleichmäßig verteilen.

ZUTATEN 12

500 g Stachelbeeren
60 g Amarettini
250 g Butter
250 g brauner Zucker
350 g Mehl (Type 405)
1 Pr. Salz
½ Zitrone
etwas Bittermandel Aroma
4 Eier
1 TL Backpulver
75 ml Buttermilch

Außerdem:
Gefrierbeutel,
Springform Ø 26 cm

Zubereitung: 40 Min.
Backzeit: ca. 60 Min.
Kühlzeit: mind. 2 Std.

Einkaufsliste

4 Im vorgeheizten Backofen bei 180 °C Ober-/Unterhitze (Umluft 160 °C) ca. 45 Min. backen, anschließend kurz herausnehmen, mit Alufolie abdecken (Vorsicht, Backform ist heiß!) und nochmals 15 Min. fertig backen. Den Cake vor dem Verzehr auskühlen lassen.

Naked Cake

1 Eier in einer großen Rührschüssel aufschlagen und zusammen mit Zucker und Vanillezucker mit dem Mixer oder einer Küchenmaschine min. 5 Min. schaumig aufschlagen. Anschließend Pflanzenöl und Milch langsam einrühren und gesiebtes Mehl, 1 Prise Salz, Backpulver und Kakaopulver vorsichtig unterziehen.

2 Den Teig in eine leicht gefettete Springform einfüllen und im vorgeheizten Backofen bei 180 °C Ober-/Unterhitze (Umluft 160 °C) ca. 25-30 Min. backen (Stäbchenprobe!). Anschließend herausnehmen und mind. 1 Std. auskühlen lassen.

3 Zwischenzeitlich Schlagsahne in einer großen Rührschüssel und auf hoher Mixstufe steif schlagen, Mascarpone und Puderzucker vorsichtig unterheben und glatt verrühren. Danach die Creme bis zum Bestreichen des Cakes kaltstellen.

4 Den ausgekühlten Teigboden mit einem Tortenschneider oder einem Bäckermesser waagerecht in 4 oder 5 dünne Böden teilen und diese in Schichten, abwechseln mit Creme bestrichen, wieder in die Springform geben. Leicht andrücken und Kuchen dann aus der Backform nehmen.

5 Oben als Topping noch eine Schicht Mascarpone-Creme aufstreichen und die Torte mit beliebigen Früchten, Schokolade, Süßigkeiten und/oder Blüten verzieren. „Naked Cake" wird am Rand **nicht** mit Creme bestrichen, man soll die einzelnen Kuchenschichten erkennen.

ZUTATEN

12

Für den Boden/den Cake:

4 Eier
200 g Zucker
1 Pck. Vanillezucker
1 Pr. Salz
200 ml Pflanzenöl
200 ml Milch
300 g Mehl (Type 405)
1 Pck. Backpulver
50 g Kakaopulver
etwas Butter

Für die Füllung/das Topping:

400 g Schlagsahne
500 g Mascarpone
150 g Puderzucker
beliebige Früchte und
Blüten zum Verzieren

Außerdem:
Springform Ø 20 cm,
Tortenschneider

Zubereitung: 45 Min.
Backzeit: ca. 30 Min.
Kühlzeit: mind. 1 Std.

Einkaufsliste

REZEPTE NACH ZUTATEN

... mit Nudeln

... mit Reis, Bulgur, Couscous, Hirse oder Quinoa

... mit Blumenkohl, Brokkoli, Grün-, Rot- oder Weißkohl